中青年经济与管理学者文库

本书受到国家自然科学基金项目（72202058）、教育部人文社会科学基金项目（21YJC630150）、中国博士后科学基金面上项目（2022M723544）和湖北省教育厅哲学社会科学基金项目（20Q046）的资助。

资本市场分析师网络视角下公司融资决策同群现象研究

许汝俊　著

中国财经出版传媒集团

中国财政经济出版社

图书在版编目（CIP）数据

资本市场分析师网络视角下公司融资决策同群现象研究／许汝俊著．－－北京：中国财政经济出版社，2023.3

（中青年经济与管理学者文库）

ISBN 978－7－5223－0387－1

Ⅰ．①资… Ⅱ．①许… Ⅲ．①资本市场－市场分析－作用－上市公司－企业融资－融资决策－研究－中国 Ⅳ．①F279.246

中国版本图书馆 CIP 数据核字（2021）第 032334 号

| 责任编辑：武志庆 | 责任印制：党 辉 |
| 封面设计：智点创意 | 责任校对：张 凡 |

资本市场分析师网络视角下公司融资决策同群现象研究
ZIBEN SHICHANG FENXISHI WANGLUO SHIJIAO XIA GONGSI RONGZI JUECE
TONGQUN XIANXIANG YANJIU

中国财政经济出版社 出版

URL：http：//www.cfeph.cn

E－mail：cfeph@ cfeph.cn

（版权所有　翻印必究）

社址：北京市海淀区阜成路甲 28 号　邮政编码：100142

营销中心电话：010－88191522

天猫网店：中国财政经济出版社旗舰店

网址：https：//zgczjjcbs.tmall.com

北京财经印刷厂印刷　各地新华书店经销

成品尺寸：148mm×210mm　32 开　9.125 印张　220 000 字

2023 年 3 月第 1 版　2023 年 3 月北京第 1 次印刷

定价：43.00 元

ISBN 978－7－5223－0387－1

（图书出现印装问题，本社负责调换，电话：010－88190548）

本社质量投诉电话：010－88190644

打击盗版举报热线：010－88191661　QQ：2242791300

策划人语

题记：一个人的精神成长史，取决于他的阅读史。只有阅读能最有效地培养精神生活习惯，而好的习惯又培养性格，性格决定人生。

——我们自豪，因为我们就是创造这精神产品的人。

选择了飞翔，总能看到蓝天；选择了远航，总能感受大海。人生不仅要作出选择，也要坚持住自己的选择。学会计、当编辑是我的意外选择。人说编辑是为人作嫁，可是这一选择我坚持了30年，苦在其中，乐在其中，也算是有声有色。每当我把一本本好书呈献给人们的时候，我觉得我是"富贵"的人：富，不是你身上的钱财，而是你心里的满足；贵，不是你地位的显赫，而是你被人需要的程度。

书海探寻，情怀永恒

我要说，做编辑我幸运，因为我不仅是第一个读者，可以对作品"品头论足"，也可以对作品"生杀予夺"；更重要的是，这是一个有很高层次的平台，在多年与名家的交往和名著的"对话"中，深深地为他们的人格和才学所感动，被作品的精彩所吸引，这不仅使我"下笔如有神"，更使我的思想和灵魂也受到一次次洗礼和震撼，得到一次次升华。对于我的作者我的书，如数家珍，作者中不乏才学和为人同样过人的多位泰斗和"颜值高责任大"的众多才子佳人；策划的作品不仅立足专业还兼顾人文，也是情怀所在，专业加人文路才会更宽更远。

多年的体会是，作为一名编辑，起码要"三心二意"，即"责任心、细心、耐心"和"服务意识、创新意识"。要多策划一些拳头产品，用一个选题推动一个系统工程，用一个系统工程培养一个出版社品牌。给新入职编辑讲座时我做过一个比喻：编辑两项基本功，审稿——甚至要比博导审批学生论文还要全面、细致；选题策划——要像电影导演一样做"星探"，善于发现优秀作者和挖掘好的原创作品。记不清30年来我策划和编辑了多少书，组织和策划了大批教材、业务培训用书、通俗读物、理论专著等，有的获得过国家、省部级各类奖项，有的以其填补空白、社会热点、风格新颖、开拓尝试等特点受到读者的欢迎。正是：

一入书门情似海，
探寻经典职责在。
苦辣酸甜何其乐，
编辑人生也精彩。

想是问题，做是答案

众所周知，目前的图书出版业在行业竞争和纸质图书受到严重冲击的情况下，出版人无不感到莫大的危机。在这种背景下，我们还要积极应对，完善纸质图书的固有特质，拓宽纸媒的功能，挖掘出版内容和形式都精彩的原创作品，适应新形势下读者的更高需求。2017年至今，在新的时代环境下不断出新，我又策划了多套系列丛书和单本图书，不乏名家著作、教材、学术专著和实务丛书等，继续为扶持学术研究和总结实践最新成果，在高端研究与专业知识普及和应用之间搭建一座座有益的桥梁。

每一个时代的经济环境不同，理论研究和实务探索所需要解决的问题也有所差别。当前我国处于新的历史时期，市场环境和组织模式不断演变发展、推陈出新，经济、管理、财税等领域的新理论、新思想、新方法、新工具也层出不穷。乱花渐欲迷人眼，击水三千浪几何？这些领域的研究人员被时代赋予了更艰巨的责任，也面临着更高、更多元的要求，我们不仅要具备更广阔的学术视野，而且要有更严谨的学术思维。

输在犹豫，赢在行动

《中青年经济与管理学者文库》的作者，都是我国经济与管理领域的中坚力量，也是未来的大家。他们中有些人潜心从事理论研究，有些人则深耕在实务一线，但无论现实身份如何，视野全都没有被拘泥在"象牙塔"内。他们从不同视角对市场经济的不同要素进行细致审视，然后汇聚于"财经版"这面旗帜之下，相互碰撞，彼此激荡，力求在市场经济转型升级的关键时期留下最新鲜的"中国印记"。

这些经济与管理领域的中青年学者，就是我国市场经济发展的潜力与优势，他们的研究成果，不仅将引领市场经济的各个组成环节向更科学、更先进的方向发展，而且将成为我国政府和企业在未来经济世界扮演更重要角色的支点与动力。祝愿这些中青年学者能攀上更高的学术之山，走向更远的研究之路，也期待宏观、中观、微观各个层面的市场参与者都能从这套文库中得到切实的启发与指引，在全面深化改革、增强发展活力的关键时期，发挥正能量和积极作用，为经济社会发展增添新的动力！——这也是我策划此套丛书的初衷。

作始也简，毕也必巨

2021年，是一个非凡之年，纵观世界风云，抗击疫情"风景这边独好"，"十四五"规划开局，我们喜迎建党百年。"其作始也简，其将毕也必巨。"从"开天辟地""改天换地"到"翻天覆地""惊天动地"，我们党经历了四个历史时期——救国大业、兴国大业、富国大业、强国大业，四件大事铸就了中国共产党百年辉煌。我们不禁感叹——风雨百年创辉煌，"天地"之间"有杆秤"。

2021年，还是一个纪念之年，出版社成立65周年和我从事编辑工作30周年。65年来，财经出版社始终坚持正确的舆论导向和鲜明的出版特色，努力为经济建设和财政工作服务，致力于为读者奉献经典作品，在中国财经出版传媒集团旗下发挥着更大的作用，取得更大的成就。作为一个有着20多年党龄的党员，我是生在新中国长在红旗下的幸运的一代，怀着对党无限的热爱和感恩，浓情做事、淡泊做人，用30年的情怀和坚守见证了出版业的转型，践行了编辑的天职，向党递交一份努力的答卷。

2017年策划出版《中青年经济与管理学者文库》至今已五年，得到了众多中青年学者的热烈响应与大力支持，文库诞生至今已囊括专著60余种，为中青年学者们提供了展示学术研究成果的平台，作者队伍不断壮大，作品陆续出版。如果您认可，如果您有意愿，欢迎您和您的朋友加盟我们的作者队伍！在中国财经出版传媒集团的"旗舰"下，中国财政经济出版社这"老字号"，一定励精图治，谱写新的篇章。敬请关注"龙媒玉制新书坊"微信公众号，我们用"龙的精神，玉的品质"来助力您实现梦想！

策划人：樊清玉
邮箱：qingyuf@sina.com
2021年12月31日

前 言

当前我国分析师行业逐渐发展，并不断影响着国内资本市场的活动，资本市场主体行为特征受到广泛关注。2017年国家自然科学基金委员会"基于中国情景的会计审计与公司财务关键科学问题研究"重大项目指南中明确了五大研究方向，其中就包含以资本市场融资及利益主体行为动机、信息中介机构行为特征等为主要研究对象的资本市场行为特征研究，这也进一步说明了新兴资本市场行为主体对上市公司行为、资本市场效率等方面的影响越显重要，相关研究不论是对上市公司决策、投资者投资决策及监管部门针对性监管措施的制订都能提供一定程度的借鉴与参考。随着相关研究的推进，近年来探索分析师角色的研究逐渐显现，不再仅仅局限于分析师作为缓解公司与投资者间信息不对称的作用，国内外学者

将重点由分析师信息传递中介角色研究逐渐转移到分析师预测行为的影响及经济后果的分析上,有学者开始致力于分析师治理效应的探索研究,并通过相关分析逐渐认识到分析师与公司治理之间的重要关系,不论是基于盈余管理还是企业价值,分析师跟踪行为的外部治理效应不容忽视,对其研究有利于更好地理解上市公司外部治理机制及其互动进而最大限度提升治理绩效。与此同时,分析师跟踪与单个公司并购行为、投融资行为的研究层出不穷,旨在了解分析师跟踪对单个公司的影响,进而一定程度上缓解投资者与上市公司间信息不对称问题。而近年来关系网络的相关研究也越来越多,主要集中于社会网络、高管网络、董事网络等方面,国外有关分析师关系网络及其经济后果的研究主要探索了分析师与董事社会关系带来的经济后果,相关学者运用社会网络分析法构建分析师与董事的关系网络研究发现,分析师与董事关系越密切,即网络中心度越高的情况下,这些分析师预测行为将会更精确,业绩也会更好,一定程度上说明了分析师关系网络带来的信息优势进而影响到其职业成就。

由于分析师跟踪网络也可视为关系网络的一种,但目前基于分析师跟踪网络的研究尚属鲜见,作为信息资源的优势一方,分析师的相关信息资源是否会通过其广泛的跟踪网络进行传递,并促进上市公司管理层与分析师、上市公司管理层之间的交流互动?分析师跟踪网络形成的信息环境是否会对上市公司融资决策关系产生一定影响?这种影响如果存在,会有信息传递程度的异质性差异吗?进而影响到相关公司决策的价值。这对于探索分析师新的角色扮演、扩展关系网络研究范畴、拓宽公司融资决策影响因素及同群效应来源研究具有重要意义,也进一步为投资者投资价值判断、管理层决策行为、监管部门制定针对性监管政策提供更多的借鉴与参考。

本书主要的研究内容如下：

第一，研究了分析师跟踪网络引致的公司融资决策同群现象。研究发现：（1）我国证券分析师跟踪网络下上市公司融资决策间存在同群效应，即存在更多共同分析师跟踪且采用某融资方式（尤其是借贷及增发融资）的同伴公司时，本公司更易采用相同的融资决策，证实了分析师跟踪在公司融资决策之间的信息传递作用；（2）这种融资决策同群效应来自不同产业的同伴公司影响，即存在更多共同分析师跟踪且采用某融资方式的不同产业的同伴公司时，本公司更易采用相同的融资决策，同群效应更为明显，说明了分析师在公司融资决策间不同产业公司相关信息传递的有用性；（3）分析师跟踪网络下领军同伴公司采用某种融资决策且存在更多共同分析师跟踪时，则非领军公司更易采用相同的融资决策，这种融资决策同群是一种跟随策略的模仿机制，反之则不存在相关同群现象。

第二，研究了不同类型分析师跟踪网络对上市公司融资决策同群程度的影响。研究发现：通过不同类型的分析师跟踪网络的分类分析，发现不同类型的分析师跟踪网络引致的融资决策同群现象存在一定程度的差异。总体来看，不论是不同产业同伴公司还是领军同伴公司的影响，高经验、非明星、高跟踪量分析师及小规模券商分析师跟踪网络引致的融资决策同群现象更为明显，本公司更易采用与前述类型跟踪网络下同伴公司的融资决策，这也说明上述四类分析师跟踪网络对不同产业公司及领军公司融资信息传递的有效性更高，本公司更容易利用相关信息作出融资跟随决策。

第三，研究了分析师跟踪网络及其类型差异引致的公司融资决策同群行为的经济后果，总体上来看，上市公司在更易出现融资决策同群行为的借贷及增发融资方式上，其作出的相关融资决策能够对公司价值产生不同影响，主要表现在会计业绩及市场业绩上。研究发现：（1）上市公司借贷融资决策同群行为对本公司会计业绩及市场业绩均产生了显著的负向影响，一定程度上说明，虽然共同分析师人数的增加促进了本公司与同伴公司借贷融资决策的趋同，但这种具有跟随性质的行为并未提升公司价值，相反，其损害了公司价值，支持了权衡假说，即借贷融资规模的趋同并非对每个公司都具有正向的边际贡献，借贷率的不同对公司的可持续发展影响不同，借贷率的上升可能会使某些公司边际税盾收益将小于边际财务困境成本，此时，继续增加借贷融资反而会导致更大的财务风险及经营风险，最终损害公司价值；（2）上市公司增发融资同群行为对各类绩效指标均产生了显著的正向影响，随着共同分析师人数的增加，本公司采用的融资决策能够提升公司价值，进一步证实了分析师跟踪网络在公司融资决策间信息传递有效性及其经济后果，表明了相关跟随性质的融资趋同战略在增发融资方式上能够为公司注入优质资产，公司综合绩效得到显著提升，进而提升公司可持续发展能力，进一步提升公司价值。

本书的主要创新点在于：

第一，验证了分析师跟踪网络引致的融资决策同群效应，在前人研究基础上证实了分析师跟踪网络作为融资决策同群效应的来源，发现了分析师在公司融资决策之间信息传递的新角色扮演。鉴于国内外分析师角色的相关探索较少，从基于分析师角色的相关前期文献来看，专门针对分析师角色、功能及作用的研究虽然已存在，但绝大多数文献集中于探索分析师跟踪行为对缓解投资者与上市公司间信息不对称的作用，后期有部分研究开始涉及分析师对管理层行为的影响。总体而言，分析师角色的探索停留在缓解投资者与上市公司间信息不对称作用、分析师治理作用及价值发现等方面，其他的角色探索尚未涉猎，这也为本书的研究尤其是新兴资本市场分析师的角色研究提供了可能与启发。

第二，本书拓宽了分析师跟踪、关系网络尤其是分析师跟踪网络的相关研究。国外分析师跟踪网络的相关研究较少，且在国内研究中尚为鲜见，由于一个分析师每年会跟踪多家上市公司，即会对多家上市公司发布年度盈余预测报告（我国只有年度预测，国外为季度预测）及相关评级报告，且每家上市公司也会被多个分析师跟踪，一定程度上分析师与上市公司之间形成了交叉的跟踪网络结构，由于这类数据的处理具有一定的难度且分析师跟踪网络本身可以视为一种小范围的信息环境，分析师跟踪网络形成的信息环境对公司决策的影响与相关关系网络经济后果的深入探索具有重要意义。

第三，基于分析师跟踪网络可能引致公司融资决策同群效应，本书深入探索了跟踪网络异质性影响及相关同群行为的价值影响，进一步了解跟踪网络带来的同群现象的经济后果，一定程度上丰富了企业价值影响及跟踪行为引发的经济后果的相关文献。通过引入分析师跟踪网络下的上市公司会计业绩及市场业绩指标，研究了存在同群行为的融资方式带来的价值影响，具体来看，通过观测共同分析师人数赋权的同伴公司融资决策变量对本公司价值指标影响进行分析，为上市公司融资决策影响因素及其经济后果提供一定的实证依据，并从分析师、上市公司等视角提出相关建议，为充分发挥分析师跟踪网络信息环境作用及提升上市公司融资效率提供一定程度的参考。

第1章 绪论 (1)
1.1 研究背景与意义 (1)
1.2 研究思路与内容 (10)
1.3 关键概念界定 (13)
1.4 研究方法与创新 (17)

第2章 文献综述 (20)
2.1 分析师跟踪与融资行为 (22)
2.2 分析师跟踪与企业价值 (24)
2.3 融资决策与企业价值 (27)
2.4 公司决策与同群行为 (29)
2.5 关系网络及其经济后果研究 (32)
2.6 文献述评 (35)

第3章 理论基础 ……………………………………… （38）
3.1 信息不对称理论 ………………………………… （40）
3.2 同群效应理论 …………………………………… （43）
3.3 趋势跟随理论 …………………………………… （45）
3.4 公司治理理论 …………………………………… （47）

第4章 资本市场分析师跟踪网络影响融资决策的机理分析 ……………………………………………………… （51）
4.1 分析师跟踪网络引致融资决策同群的缘由 …… （51）
4.2 分析师跟踪网络异质性对融资决策同群程度的影响 …………………………………………………… （55）
4.3 分析师跟踪网络下融资同群行为价值影响 …… （57）

第5章 资本市场分析师跟踪网络与融资决策同群 …… （60）
5.1 理论分析与研究假设 …………………………… （60）
5.2 研究设计 ………………………………………… （65）
5.3 实证结果与分析 ………………………………… （72）
5.4 内生性处理 ……………………………………… （94）
5.5 稳健性检验 ……………………………………… （105）

第6章 资本市场分析师跟踪网络、异质性与融资决策同群 ………………………………………………………… （112）
6.1 理论分析与研究假设 …………………………… （112）
6.2 研究设计 ………………………………………… （116）
6.3 实证结果与分析 ………………………………… （123）
6.4 内生性处理 ……………………………………… （148）

6.5 稳健性检验 …………………………………………… (155)

第7章 资本市场分析师跟踪网络、融资决策同群与企业价值 …………………………………………………… (161)
   7.1 理论分析与研究假设 ………………………………… (161)
   7.2 研究设计 ……………………………………………… (165)
   7.3 实证结果与分析 ……………………………………… (171)
   7.4 内生性处理 …………………………………………… (187)
   7.5 稳健性检验 …………………………………………… (190)

第8章 研究结论、政策建议与展望 ………………………… (194)
   8.1 主要结论 ……………………………………………… (194)
   8.2 政策启示 ……………………………………………… (197)
   8.3 研究局限 ……………………………………………… (199)
   8.4 未来展望 ……………………………………………… (200)

附录A 主要回归结果的内生性检验全变量数据 ……… (202)
参考文献 ……………………………………………………… (253)
致谢 …………………………………………………………… (274)

第1章 绪 论

1.1 研究背景与意义

1.1.1 研究背景

我国资本市场经过了近 30 年的发展，逐步实现由小到大、由弱到强的发展历程，并形成了具有中国特色的资本市场环境及体制。尽管目前和国外资本市场更为成熟的状况相比还存在一定差距，但资本市场的功能逐渐被完善，相关资本市场主体也发挥着各种各样的作用，为上市公司及投资者提供了越来越多且更为有效的信息。1978 年改革开放以来，我国在经济发展过程中形成的复杂环境对资本市场的影响较为深远，面临的挑战也异常之大，这也是经济发展中人民日益增长的生活需求与不平衡不充分发展之间主要矛盾的表现。2017

年，党的十九大针对金融体制改革及多层次资本市场发展做出了明确指示，通过不断提高诸如发行债券、股权融资等直接融资方式比例，来满足相关的融资需求，积极对接国家发展战略。

资本市场发展战略的贯彻实施，其中重要的一部分便是资本市场中介机构的发展与规范，在我国资本市场快速发展的近些年，包括证券公司、会计师事务所、期货经纪公司等在内的中介机构体系也逐步发展并不断完善。首先，资本市场中介机构包括广义中介机构和狭义中介机构两种类别，但凡在资本市场中专门从事中介服务的市场主体都应当纳入广义的中介机构范畴之内，具体包括承担证券咨询业务的资产评估机构、投资咨询机构、财务咨询机构和信用评级机构，从事审计服务的会计师事务所，从事法律咨询服务的律师事务所等。由于专业证券服务机构与其他既提供证券专业中介服务又作为机构投资者、证券经纪商、保荐人、承销人的机构在机构特点、服务类型、业务要求等诸多方面存在相当的区别，因此，中介机构的广义与狭义定义之间存在交集但又不尽相同。《证券法》对中介机构及其专业人员进行了定义，主要包括通过从事证券业活动提供专业意见并以审计报告、法律意见报告等为主要成果的专业机构及其从业人员。虽然证券公司较为特殊，但从其提供的相关服务类型及人员性质来看，它囊括了资本市场IPO、投融资等一系列中介服务，是作为资本市场信息中介场所的重要一员。

中介机构通过对上市公司相关信息的搜集、整理、分析及研究，以自己的专业知识和判断为市场参与者提供高质量的决策信息参考，与此同时，这种外部的鉴于公司信息披露的分析模式也对相关上市公司形成了一定的外部监督。一方面，外部投资者基于中介机构的权威性及公信力，会非常信任相关机构，并以他们的信息作为自身的投资决策参考，而监管方也依然更愿意相信来

第1章 绪　论

自相关中介机构评价较好的上市公司，并给予优先上市审批等一系列权利；另一方面，如若存在上市公司虚假信息披露等方面的违法违规行为，相关中介机构也会通过发布声明予以宣告，最为及时地通知相关利益者，最大限度保护投资者利益，让不良的资本市场信息暴露于整个社会中。不论是哪类中介机构，他们的设立都是基于法律要求前提，所以其所提供的服务也具有唯一性，存在即是合理的，它们对资本市场的发展作用不可或缺。中介机构的相关行为必须为投资者、相关上市公司及自身声誉负责，对披露信息及公告信息的真实性负责，通过参与资本市场的相关证券活动来表现职业权威性、专业独立性、身份专家性、从业环境依附性、职业后果责任性、体制行业自律性等等诸多法律特征，提高自身的道德素质及专业素质，最大限度致力于为投资者、上市公司的相关信息传递、披露贡献自己的力量。

近年来，我国中介机构①中券商的不断发展让证券行业的业务更加多元化，相关工作也带来了经济效率的不断提高。券商作为中介机构之一，与其他中介机构基于上市公司信息披露为主要挖掘重点而有所不同，它更加倾向于为投资者推荐和发现高价值的上市公司，便于后期的相关投资决策，进一步充分发挥券商行业的价值发现功能。具体来看，其一，券商以托管、交易、清算等主经济业务为机构客户提供服务，当然，目前也逐渐出现了外包、融资融券等主经济业务经营模式，而私募基金也对券商情有独钟，不论是从交易佣金、券商较好的研究能力（分析师参与）还是其他因素考虑，私募基金客户也扮演着重要的角色，让券商机构也能接触到更多不同类型的资本市场信息。其二，近年来随

---

①　这里的中介机构主要指金融中介机构，包括证券、银行、保险、会计师事务所、律师事务所、资本评估机构等代理性中介机构及信息咨询机构。

着证监会、银监会的一系列监管措施的出台，商业银行和信托机构会将大量通过理财产品聚集的资金委托券商机构进行投资，且由原先的指令投资转为目前的券商主动进行相关资产管理，对券商机构的整个业务收入贡献非常大，量大且多元化的投资方式让券商的主动管理能力得到了充分发挥，债券、信托计划及股票投资占据投资组合中的绝大比例。其三，便是固定收益、商品期货及大宗商品业务在券商的不断发展，目前中信证券、招商证券、广发证券等券商已经基本建立相关大宗商品的自营业务，自营业务的不断出现及发展丰富了相关券商的业务多元及收入来源。

作为资本市场中券商所属重要的中介成员，金融分析师在近年来受到越来越多的关注，其行为研究也越来越频繁，而行为金融研究作为2017年诺贝尔经济学获奖领域，也越来越受到学界及实务界的关注。金融分析师是我国新兴资本市场的重要组成部分，分析师行业发展在我国也才刚刚兴起，他们利用自己的优势对营造资本市场有效及良好的信息环境具有重要作用。一方面，从分析师角度而言，分析师拥有相关专业知识和独特信息优势，尤其是对盈余公告及不易被一般投资者察觉的信息解读及传播是发布盈余预测报告或评级的重要依据（Chen 等，2010），与此同时，分析师自身声誉及发展与盈余预测精度及相关的综合预测能力密切相关，直接影响其明星分析师评定，进而影响其职业成就及发展；另一方面，从投资者角度而言，分析师发布盈余预测及评级的相关信息一定程度上为投资者提供了有价值的投资决策参考，具有显著降低公司与投资者间信息不对称的重要作用（Cang 等，2014；Luo 等，2015）。鉴于以上分析，金融分析师在资本市场尤其是新兴资本市场的作用及角色发展尤显重要，一定程度上其行为特点将直接影响资本市场信息效率。

然而，我国的分析师发展模式在借鉴国外做法的同时，也立足于我国具体的实际业务需求,所以与国外分析师发展模式之间有所联系但也存在一定的区别。首先,从联系上来看,我国分析师很多均学习国外分析师的相关制度,譬如包括新财富明星分析师的评选即是学习美国全明星分析师的相关模式及做法,由机构投资者参与选票及评定。其次,从区别上来看,国外证券分析师隶属于投资银行机构成员,而投资银行在国外是作为独立的投资机构而设立,国内证券分析师一般隶属于国内证券公司中的投行部,分为多个行业研究板块。与此同时,国外一般以季度预测为主要预测周期,而国内多以年度预测为预测周期,预测频度及工作量上会存在较大的区别。此外,我国证券分析师行业尚处于兴起阶段,独立性的相对缺失和道德风险的存在也逐渐滋生了很多内幕交易行为,而新兴资本市场证券分析师在如今也并未得到很好的监管和自律,这也进一步降低了相关违规行为的成本,譬如相关调查发现分析师经常不得已做基金客户想让他们做的事,而分析师帮助机构投资者参与"老鼠仓"[①]等事件也是非常多见,他们的评级行为对相关投资者将产生显著的影响。2018年来更是出现了证券分析师与新财富评选方的内幕行为,使相关评选的公正、公平性有待证实,30家券商退出新财富的评选也让明星分析师的相关活动受到了很大的影响[②]。我国证券分析师倾向于利用自身信息优势搜集的私有信息(或优势信息)来寻求投机性质的短线技术分析,而这些信息并非来自且并不能反映公司的内在价值,所以一定程度上这种私有信息不但对投资效率的提升

---

① 老鼠仓指通过一定的个人账户在低位建仓,等共有资金拉升股票后则高位卖出,最后导致相关券商承担亏损的后果,致使掏空行为的产生。

② 2018年9月,由于明星分析师评选可能出现的不正当竞争及相关的负面媒体报道,新财富榜单的公正性、权威性及专业性备受质疑,导致30家券商及部分参评个人决定退出新财富分析师评选,一度引起广泛关注。

没有帮助，更可能会引发更多的内幕交易行为，有失市场公平。而与国内不同，国外成熟的资本市场环境让其证券分析师更加注重公司基本面的分析，进而引导较为科学的价值推荐模式，避免存在通过私有信息来寻求股价操纵，维护资本市场信息公平，充分发挥证券分析师应有的作用。

近年来，国外学者发现分析师与管理层的交流日渐频繁（Brown 等，2015），且管理层热衷于听取分析师的相关建议，一方面是分析师的相关建议具有一定的价值，另一方面，则是管理层为了迎合分析师的相关跟踪行为（Degeorge 等，2013），即为了达到分析师预测的水平，可能会采取改变投资、融资及并购方式（Gunny，2010；Becher 等，2015；Kaustia 和 Rantala，2015），这也是分析师间接影响公司决策的方式，但相关探索还是停留在分析师跟踪行为与单个公司决策上。与此同时，关系网络作为各领域研究的重要方面也受到了越来越多的关注，关系网络研究对了解行为学在经济、管理及金融领域发挥的作用至关重要，关系网络的形成及特点对网络中各群体的信息搜集及运用都会造成重要影响，国内外研究均表明关系网络对 CEO、高管、董事及监事的认知等多群体产生影响，但目前尚未针对分析师跟踪网络有所探索，作为分析师关系网络的一种，一方面，从分析师视角来看，跟踪网络对融合公司相关信息，进而发布更为准确的盈余预测信息具有重要作用；另一方面，从上市公司视角来看，跟踪网络为上市公司信息获取进而辅助相关公司做出更为科学、合理及精确的各项决策提供了更多资源与条件。

作为资本市场具有明显信息优势的分析师一方，在其广泛地跟踪网络下上市公司管理层与分析师跟踪行为的互动能否影响公司融资决策间关系，进而产生公司融资决策同群效应？这种影响如果存在，会有信息传递程度的异质性差异吗？进一步地，这种分析师跟踪网络带来的信息传递是否存在效率性，即相关融资决策同群效应是否会对相关公司的价值产生影响？这对于探索分析师新的角色扮演与上市公司融资决策影响因素、扩展关系网络研究范畴及拓宽同群效应来源研究具有重要意义。

1.1.2 研究意义

分析师作为投资者与上市公司之间的信息供给者，对缓解两者间信息不对称具有重要作用，而这其中分析师对信息的整理、分析能力的差异会对信息有效性产生重要的影响，所以当前文献主要集中于研究影响分析师盈余预测精度的因素。与此同时，随着相关研究的推进，近年来探索分析师角色的研究也逐渐显现，不再仅仅局限于分析师作为缓解投资者与上市公司间信息不对称的角色作用，国内外学者将重点由分析师信息传递中介角色研究逐渐转移到分析师预测行为的影响及经济后果（治理效应、公司价值）的分析上，有学者开始致力于分析师治理效应的探索研究，并通过相关分析逐渐认识到分析师与公司治理之间的重要关系（李春涛等，2014；李丹蒙等，2015；李春涛等，2016），不论是基于盈余管理还是企业价值，分析师跟踪行为的外部治理效应不容忽视，对其研究有利于更好地理解上市公外部治理机制及其互动进而最大限度提升治理绩效。而在此后的研究中分析师的价值发现等功能也被证实，分析师新的角色扮演也开始引起关注。

作为信息资源的优势一方，分析师的相关信息资源是否会被上市公司充分并有效地利用，进而通过吸收有用信息来进行更为科学、合理的决策？这对于了解资本市场分析师新的角色扮演至关重要，为分析师在上市公司之间的信息传递作用提供更多证据、信息与思考。本书拟通过相关理论来研究分析师可能影响上市公司之间融资决策关系的缘由,并探索分析师异质性在其中的重要影响,并进一步分析这种信息传递效应的经济后果,为分析师新的角色扮演提供一定的实证依据,并为上市公司融资决策的制定提供更多分析师角度的信息来源,为投资者投资价值判断、监管部门对相关行为监督及政策制定提供更多的借鉴与参考。

本书研究的理论意义如下:

第一,揭示了分析师作为公司融资决策间信息传递的新角色扮演。国内外基于公司决策关系视角的分析师角色探索尚为鲜见,本书通过构建相关分析师跟踪网络赋权融资变量对企业融资决策之间的关系进行深入探索,为分析师跟踪在企业融资决策之间关系的作用提供实证证据,进一步探索分析师职业的新角色扮演。

第二,丰富了上市公司融资决策影响因素的文献。目前针对上市公司影响因素的探索主要体现在内外部要素的研究,且从关系网络尤其是分析师跟踪网络所形成的信息环境对公司融资决策的影响研究较为鲜见,而本书则基于分析师跟踪网络所形成的信息环境对公司融资决策关系间的影响来进行研究,为上市公司管理层融资决策行为影响因素的理论研究提供了更多实证依据及信息。

第三,拓宽了关系网络与同群行为来源研究的分析范畴[①]。目前,关系网络相关探索主要集中于高级管理层、监管层、董事等相关范围,针对分析师跟踪网络的相关研究尚为鲜见,为此本书拓宽了相关研究的分析范围。与此同时,本书的研究也进一步探索了同群行为的来源,为同群现象的产生缘由提供更多信息。

---

① 同群行为均指上市公司融资行为的同群现象,并非分析师层面的同群行为,特此区分,下同。

第四，丰富了企业价值影响的相关研究。分析师跟踪网络作为分析师跟踪行为研究的进一步探索，其对公司融资决策行为影响或大或小，进而会对企业价值产生不同影响，本书通过研究分析师跟踪网络带来的同群效应的经济后果，丰富了企业价值影响研究的相关文献。

本书研究的现实意义如下：

第一，有助于实践中分析师行业及职能的多元化发展①。当前有关分析师行为的作用绝大部分局限于缓解投资者与上市公司间信息不对称问题，进而对公司相关盈余信息的搜集、整理与分析。而作为新兴资本市场中介参与者之一，分析师根据自身情况完全可以充分搜集非盈余信息，诸如融资信息，在遵循相关法律法规的前提下对相关信息进行分析并予以传递，为上市公司及投资者提供更多决策信息来源，不断探索分析师行业未来发展的角色定位及职能的多元化发展。

第二，有助于上市公司进行融资决策分析时充分、合理及有效地利用分析师相关信息。当前国内外对分析师跟踪在公司决策关系之间的作用探索甚少，尤其是分析师跟踪网络的影响更为鲜见。本书通过实证研究为分析师在上市公司融资决策关系间的信息传递作用提供经验证据，为上市公司进行科学合理的融资决策判断提供更多的信息来源参考。

第三，有助于提升公司可持续发展能力。不同类型的分析师在同群效应中的信息接收和传递的能力存在或多或少的差异，致使相关信息对公司决策间关系存在不同的影响，上市公司会根据

---

① 职能的多元化发展主要倾向于分析师能够发挥缓解信息不对称、治理效应、价值创造等功能，尤其是在信息传递方面提供除盈余信息之外的对投资者决策具有一定作用的其他类型信息。

相关信息做出融资决策,进而对公司价值产生影响。本书通过相关实证检验分析师及其异质性跟踪网络下上市公司融资决策同群现象的经济后果,为上市公司决策行为的价值提升路径的实践提供了一定方向。

第四,为资本市场信息监管提供了一定的方向。分析师跟踪行为中必然存在对相关上市公司的决策信息搜集,这种信息对于分析师而言属于私有信息,此类信息后期的加工和运用是否会对投资者、上市公司的相关决策产生正面的直接影响,还是会成为利益相关者的交易筹码?这些都是未来需要资本市场监管者应予以关注的重要方面。本书通过相关研究为分析师在公司融资决策间信息传递的特点提供了证据,为实践中资本市场监管者相关规范制定及信息监督提供了一定的方向。

1.2 研究思路与内容

1.2.1 研究思路

根据前述研究背景及意义,本书拟对分析师跟踪网络下的上市公司融资决策间关系进行研究,总体上分为导论、理论分析、实证检验及结论建议四大部分,其中导论部分以研究背景、意义、研究框架、关键概念界定及创新点介绍为主要内容。在理论分析部分,则分为文献综述、理论基础的阐述及研究内容逻辑链的分析,前者分为与分析师跟踪行为密切相关的信息不对称理论、行为金融学中同群效应理论及趋势跟随理论、与公司价值相联系的公司治理理论;而后者则从分析师跟踪网络与上市公司融资决策关系、不同类型分析师跟踪网络的异质影响及分析师跟踪网络下可能存在的融资决策同群行为价值效应进行理论分析，构建三者间的逻辑框架及理清三者之间的逻辑链关系，使文章框架更为明确。实证检验部分则根据前述理论分析内容进行数据搜集和实证设计，验证相关假设的正确与否。最后通过实证检验结果的分析，得出主要结论并从多方视角提出相关建议。

1.2.2 研究内容

本书共分 8 章，研究内容及思路如图 1-1 所示，具体内容如下：

第 1 章为绪论，论述了本书研究背景与意义、研究思路与内容、关键概念界定及研究方法与创新。

第 2 章为文献综述，从分析师跟踪与融资决策、分析师跟踪与企业价值、融资行为与企业价值、公司决策与同群行为、关系网络及其经济后果 5 个方面梳理了已有文献。并结合前人文献进行相关述评，明确有待研究的方向和议题，并指出本书在前人研究基础上可能存在的突破与创新。

第 3 章为理论基础，对本书研究涉及的信息不对称理论、同群效应理论、趋势跟随理论及公司治理理论进行了系统阐述。

第 4 章通过理论分析，对分析师跟踪网络引致融资决策同群的缘由、分析师跟踪网络异质性对融资决策同群程度的影响及分析师跟踪网络下融资同群行为价值影响的机理进行了详细分析，强化本书研究的理论逻辑链，更好突出本书的研究意义。

第 5 章研究了分析师跟踪网络与融资决策。通过共同分析师人数作为权重计算分析师跟踪网络下的同伴公司融资决策加权值，探索考虑了共同分析师跟踪人数后的同伴公司融资决策与本公司融资决策的关系。实证研究发现在分析师跟踪网络下上市公司融资决策存在同群现象，且存在更多共同分析师跟踪时，与本

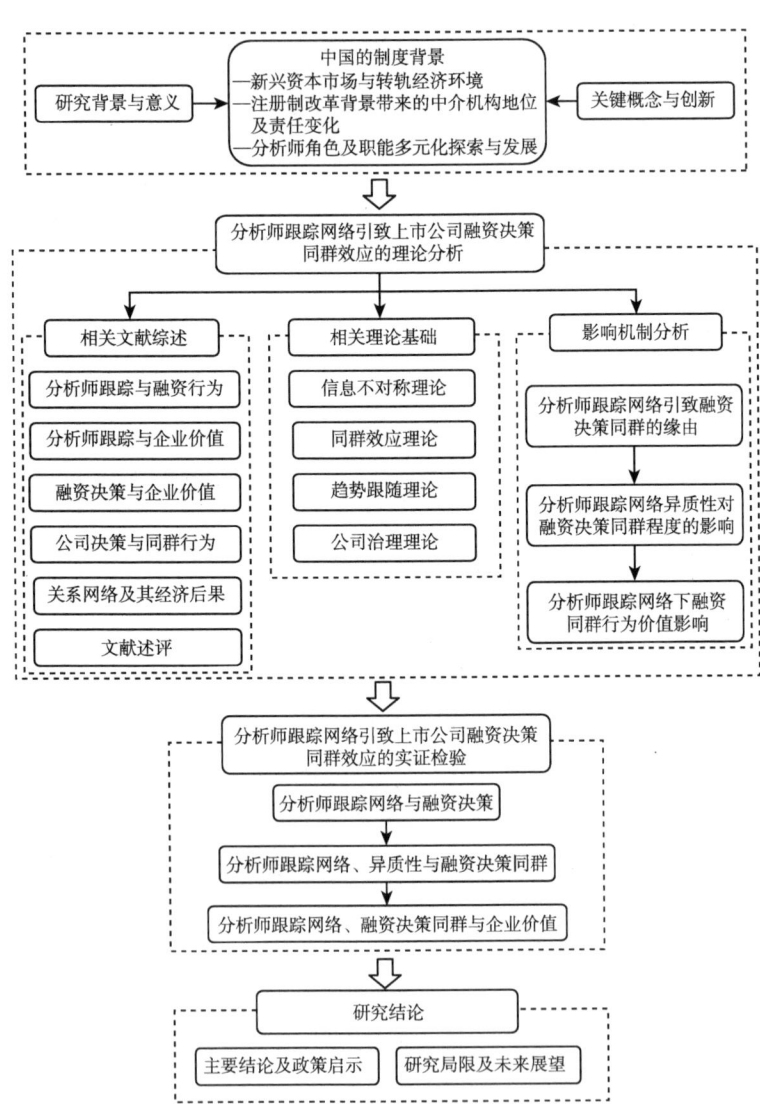

图 1-1 研究框架图

公司不同产业的同伴公司采用某类融资方式，本公司则更易采用相同融资方式。此外，这种同群效应具有一定的方向性，主要表现为非领军公司对领军同伴公司融资决策的一种跟随机制。

第6章研究了分析师跟踪网络异质性对融资决策同群程度的影响。本章检验了不同类型分析师跟踪网络对公司融资决策同群程度产生的不同影响。

第7章研究了分析师跟踪网络引致的公司融资决策同群行为的经济后果。本章检验了融资决策同群对公司价值的影响，主要从会计业绩及市场业绩角度对采用了与同伴公司相似融资决策的相关公司价值影响进行了分析，并进一步比较了不同类型分析师跟踪网络引致的融资决策同群对公司价值的影响。

第8章为研究结论、政策建议与展望。对前述实证结果进行总结，并据此从上市公司、分析师、投资者及监管部门视角提出相关政策建议，同时也指出本书的研究局限及未来可能的研究方向。

1.3　关键概念界定

1.3.1　分析师跟踪网络

一般意义上的分析师跟踪指的是基于公司视角，一家公司被多个分析师进行跟踪，且前期有关分析师跟踪的研究均集中于分析师跟踪人数对本公司的相关决策、管理层行为等方面的影响，旨在探索单纯的分析师跟踪人数变化所带来的缓解公司与外部投资者信息不对称程度变化，或是发挥外部监督效应程度的变化。而本书的分析师跟踪网络则与一般意义上的分析师跟踪有所不同，主要表现在本书的分析师跟踪网络并非计算对 A 公司进行跟踪的分析师人数，而是统计与 A 公司在同一分析师跟踪下的相关公司（公司 B，公司 C 等等，全文统称"同伴公司"），并计算出 A 公司与同伴公司（公司 B，公司 C，公司 D 等等）存在的共同分析师的人数 n_1，n_2，n_3 等等，则本书有关分析师跟踪网络的定义即此处的共同分析师人数 n_1，n_2，n_3 等等，可视化定义见图 1-2。当然，分析师跟踪网络在本书中的运用是一个权重的概念，因为本书中的关键解释变量需要通过同伴公司（公司 B，公司 C，公司 D 等）融资变量（PF_B，PF_C，PF_D）进行加权计算，即 n_1，n_2，n_3 是作为计算关键解释变量中同伴公司（公司 B，公司 C，公司 D 等等）融资变量的权重，进而形成本书的关键解释变量 APF_A（融资加权值，见公式 1-1）。基于 A 公司融资决策变量与前述融资加权值的回归来探索分析师跟踪网络下公司融资决策的关系问题，即可能存在的融资决策同群问题。

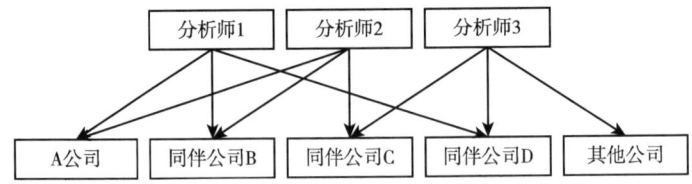

(以图中分析师跟踪网络为例，则 $n_1 = 2$，$n_2 = 1$，$n_3 = 1$)

图 1-2 分析师跟踪网络可视化定义

$$APF_A = (PF_B \times n_1 + PF_C \times n_2 + PF_D \times n_3)/(n_1 + n_2 + n_3)$$

(1-1)

而分析师跟踪网络一方面是基于共同分析师人数来进行计算，体现了人数变化所带来的信息传递程度的变化，但是，在这种人数变化带来的信息量变化基础上，不同类型的共同分析师所形成的跟踪网络是否会在 A 公司融资决策与融资加权值的回归

第1章 绪　论

关系上产生不同影响尚未可知，这会进一步从跟踪网络信息质量的方面去衡量跟踪网络所带来的信息传递程度变化，即本书所指的分析师跟踪网络的异质性。具体来看，不同类型的分析师所形成的跟踪网络中 A 公司与同伴公司间共同分析师人数会因为分析师类型不同而有所差异，譬如 A 公司与同伴公司（公司 B，公司 C，公司 D）间高经验共同分析师人数为 M_1，M_2，M_3，明星共同分析师人数为 N_1，N_2，N_3，高跟踪量共同分析师人数为 P_1，P_2，P_3，大券商所属共同分析师人数为 Q_1，Q_2，Q_3 等（见图 1-3），此时根据同伴公司决策变量计算的融资加权值也会有所不同，进而形成不同类型分析师跟踪网络下的融资加权值，即不同类型分析师跟踪网络下的关键解释变量 APF_{AE}［此处以高经验分析师跟踪网络为例，公式（1-2）］。最后通过 A 公司与该关键解释变量间回归来观测分析师跟踪网络异质性对上市公司融资决策间关系的影响。

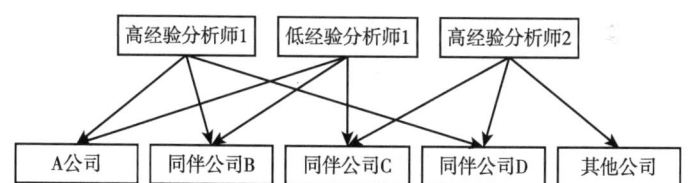

（以图中高经验分析师跟踪网络为例，则 $M_1=1$，$M_2=0$，$M_3=1$）

图 1-3　不同类型分析师跟踪网络可视化定义

$$APF_{AE} = (PF_B \times M_1 + PF_C \times M_2 + PF_D \times M_3)/(M_1 + M_2 + M_3)$$

(1-2)

1.3.2　融资决策同群行为

同群行为又称趋同行为，一般意义上的同群行为指多个行为人或行为主体的行动不仅受到价格、收入等个体自身经济利益的激励影响，同时也会受到他周围的与他相同地位的其他人影响。在进行同群效应的研究时，由于研究主体及其同群群体必然也会受到自身及其他因素的影响，所以同群效应是否存在及存在的程度变化必须要建立在将自身及其他因素都予以控制的基础上，得出的结论才具有相当的说服力。而同群效应又有别于"羊群效应"与学习效应，主要表现在以下方面，首先，"羊群效应"又称"从众效应"，是指个人的观念或行为由于真实的或想象的群体的影响或压力，而向与多数人相一致的方向变化的现象，表现为对特定的或临时的情境中的优势观念和行为方式的采纳，或是对长期性的占优势地位的观念和行为方式的接受，与"羊群效应"相比，同群效应的范围更为狭窄，一般只局限在一定的群体范围中，而相较"羊群效应"更为盲目的行为，同群效应中行为主体更为理性，是真正意义上的实质影响，而并非盲目随潮。其次，学习效应常被作为经济学研究中的理论进行研究，主要侧重于强调由于生产过程中的经验积累而通过提高产量来达到降低长期平均成本的目的，而在管理学研究中，组织学习作为学习效应具体方面之一被广泛运用，但它也在于着重强调经验积累所带来的管理方法创新及管理效率的提升。而同群效应不同于学习效应更加注重自身长期经验的积累，它更加侧重于对其他公司战略的跟随目的，即存在一定的选择性且更加关注同群群体的行为，并根据同群群体的行为来进行自身的跟随。

一般意义上的融资决策同群行为指一家上市公司采取某种融资决策，则另一家上市公司可能会基于相似的行业特征、战略目的等原因而采用相同的融资决策，但是一般意义上的融资决策同群行为也仅仅是一种同群现象，并非同群效应的来源，所以，后期学者们开始基于行业视角探索了资本结构（融资决策）同群效应，证实了行业作为融资决策同群效应的来源之一。而本书则是基于分析师跟踪网络所形成的同伴公司的融资加权值(前文已述),来探索 A 公司融资决策(PF_A)与同伴公司融资加权值(APF_A,相关计算前文已述)之间的关系,进而探寻分析师跟踪网络可能引致的融资决策同群行为[公式(1-3)],本书预测如果系数 a 为正,且通过了一定程度的显著性水平,则总体而言,表明相关公司融资决策存在同群效应,一方面,一定程度上说明了分析师信息增量对公司融资决策行为趋同的影响,另一方面也证明了分析师在公司融资决策之间信息传递的新角色扮演。进一步地,如果这种分析师跟踪网络下的融资决策同群现象存在,则本书通过不同类型的共同分析师人数赋权来形成不同跟踪网络下的同伴公司融资加权值(还是以高经验分析师跟踪网络为例,APF_{AE}),进而深入分析 A 公司融资决策与不同跟踪网络下的同伴公司融资加权值之间的回归关系,研究相关同群行为程度的差异[公式(1-4)],如果高经验分析师跟踪网络下相关回归系数 b 为正,且通过了一定的显著性水平,则表明高经验分析师跟踪网络引致的公司融资决策同群行为的存在,可以与低经验分析师跟踪网络相关结果进行对比分析,更深一步了解跟踪网络异质性差异对融资同群行为程度带来的影响,依此类推。

$$PF_A = a \times APF_A \qquad (1-3)$$
$$PF_A = b \times APF_{AE} \qquad (1-4)$$

1.4 研究方法与创新

1.4.1 研究方法

本书采用理论分析法、文献归纳法、关系网络构建分析法及计量经济学方法。

第一，通过理论分析法对本书涉及的信息不对称等主要基础理论进行了简要的梳理与解释，并基于相关基础理论对本书分析师跟踪网络、融资决策与企业价值的影响机理进行了详细分析，具体来看，分为分析师跟踪网络引致融资决策同群的缘由、分析师跟踪网络异质性对融资决策同群行为程度差异影响及相关融资决策同群行为的经济后果三者的机理及相互之间的逻辑进行了系统性解释。

第二，通过文献归纳法对分析师跟踪、公司融资、同群行为、关系网络等相关文献进行了梳理与述评，指出了目前相关研究的局限，并提出了可能存在的相关研究方向，进一步地表明本书在前期文献基础上进行的拓展研究及可能的创新。

第三，通过关系网络构建分析法对分析师跟踪网络、融资决策同群行为进行了概念界定并构建了相关跟踪网络加权融资变量，便于进一步分析与研究，通过设计及引入分析师跟踪网络融资决策加权变量来更为科学地探索融资决策同群行为及其可能的来源。

第四，通过计量经济学实证方法对相关数据进行回归分析，深入研究分析师跟踪网络下上市公司融资决策同群现象及其经济后果。

1.4.2 研究创新

第一，本书运用分析师跟踪网络样本构建了以共同分析师跟踪人数为权重的同伴公司加权融资决策变量，首次探索了分析师跟踪网络引致的融资决策同群现象，揭示了分析师新的角色扮演。目前国内外针对分析师跟踪网络的相关文献寥寥无几，而分析师作为信息传递者的研究也始终停留在有关缓解投资者与上市公司的信息不对称、分析师治理作用及价值发现等方面，其他的角色探索尚未涉猎。因此，本书的研究发现了分析师通过其跟踪网络在上市公司融资决策之间的信息传递作用，为新兴资本市场分析师的角色探索提供了实证证据及启发。

第二，本书拓宽了分析师跟踪尤其是分析师跟踪网络相关研究。目前国内关系网络的相关文献集中于高层管理者、董事、监事等群体，缺乏分析师群体的关系网络研究，而前期国内外文献均已证实上市公司同产业特性将会引起融资决策同群现象（肖虹，2006；李洋和杨晶宇，2013；邓翔等，2014；Leary、Roberts，2014），这是目前为止发现的有关同群效应来源的重要因素，而本书正是基于分析师跟踪关系网络研究相关公司融资决策同群效应的存在及影响，在控制了同产业特性基础上以期探索分析师跟踪网络作为融资决策同群的又一来源，进一步拓宽关系网络研究的对象范围与同群现象产生缘由的研究范畴。

第三，基于分析师跟踪网络可能引致公司融资决策同群效应，本书深入探索了跟踪网络异质性对融资决策同群程度差异影响及相关信息传递的价值影响，进一步了解分析师跟踪网络带来的信息环境引致的融资决策同群行为的经济后果，一定程度上丰富了分析师跟踪行为引发的公司行为变化及价值影响的相关文献。

第2章 文献综述

当前分析师的相关研究主要集中于影响分析师预测行为的诸多因素,尤其是影响预测精度、评级及其价值等主要方面,《新财富》每年会发布券商产业明星分析师榜单,该发布表明明星分析师预测准确性高于非明星分析师,《新财富》权威性也被学者们所证实(李丽青,2012),而上榜的关键因素还是在于分析师个人能力,尤其是分析师盈余预测精度及其发布报告频率(杨飞,2016)。学者们通常将分析师盈余预测精度与市场因素相结合进行分析,探讨了包括与投资评级效率、信息透明度、信息不对称、媒体关注等关系,发现盈余预测精度对分析师投资评级有促进作用,而在不同投资者类型间呈现不同特征,进而导致信息不对称情况加剧,媒体关注则会通过分析师关注间接提高盈余预测精度(洪剑峭等,2012;杜浩阳,2016)。在分析师评级影响因素的研究中,分析了诸如规模等信息优势及券商利益对分析师预测和评级的影响，且表明市场可识别其中利益关系（冯体一等，2013），与此同时，业绩预告类型及质量会对盈余误差及分歧度产生影响（王玉涛和王彦超，2012），此外，有学者发现上市公司高管证券从业背景、新闻报道等都会影响分析师评级偏差（饶育蕾等，2014），而券商地理位置及券商与上市公司地理距离也被认为会直接影响分析师预测与评级行为，即位于京沪深的券商及券商与上市公司的短距离会减小预测误差（冯体一等，2013；王菊仙等，2016）。在分析师荐股价值的研究方面，学者们集中于评级有效性及不同类型分析师对评级价值程度的分析上，发现中国 A 股市场的分析师荐股评级具有价值，即市场会对分析师评级做出反应，产生超额收益（李春涛等，2016），明星分析师在荐股评级价值将会高于一般分析师，这与其专业能力密切相关而非信息披露等因素影响，且不同券商声誉影响下，其附属明星分析师也存在着评级价值的区间效应（李勇等，2015；王宇熹等，2012）。

随着预测行为影响因素研究的逐渐深入，针对分析师角色研究主要集中于分析师跟踪与信息不对称、分析师跟踪治理效应等方面（李志刚等，2015；吴井峰，2015；Bowen 等，2008；Dyck 等，2010；Lan 等，2013；朱红军等，2013），这些研究为分析师角色扮演提供了更多信息，既为分析师跟踪与公司行为研究提供了理论基础，也为后期针对分析师角色的进一步探索提供了线索。所以针对前人文献及本书的研究主题，本章通过对分析师跟踪与融资行为、分析师跟踪与企业价值、融资决策与企业价值、同群效应及关系网络相关文献进行梳理，并对前人研究成果予以评述，指出前人研究成果的不足及尚待研究的方向，并突出本书在前人研究基础上的创新与发展。其一，有关分析师跟踪行为与公司决策关系的研究越来越多，其中分析师跟踪与融资行为的相关研究也在近年来逐渐显现（邓博夫等，2016；宫义飞、夏艳春，2017；钱乐乐，2017）。其二，基于经济后果视角的国内外分析师跟踪行为与企业价值研究（Chung、Jo，1996；Doukas 等，2000；Lang 等，2004；Yu，2008；Manso，2011；蒋艳辉、李林纯，2014；李常安等，2016；陈钦源等，2017）、融资决策与企业价值的相关文献也层出不穷（王化成等，2008；Fairchild，2009；刘长奎、孙维，2011；毕金玲、赵宇凌，2013；李永壮等，2014；何瑛、张大伟，2015；朱佳俊、周方召，2017；王燕妮、杨慧，2018）。其三，关于公司决策同群现象的相关文献，国内外学者在前期也进行了一定程度的探索（Shue，2013；Duong 等，2015；Bird、Karolyi，2015；张敦力、江新峰，2016；赵颖，2016；万良勇等，2016；陆蓉等，2017；苏诚，2017）。其四，关系网络经济后果及同群效应的相关研究也是近年来国内外分析师行为研究重点（陈运森等，2014；Leary and Roberts，2014；Cai 等，2014；Lee 等，2014；Schmidt，2015；Baschieri 等，2015；陈文婷、壬俊梅，2015；李瑶等，2015；El-Khatib 等，2015；张萃，2016；董振林等，2016；陈运森、郑登津，2017）。最后，本书指出前人研究可能的局限及在前人研究基础上可能存在的研究及创新方向。

2.1 分析师跟踪与融资行为

融资行为作为公司战略决策的重要内容，对公司未来的发展起着至关重要的作用，资金流来源将对资金运用产生重要影响，分析师作为信息报道及宣传的重要中介，也被证实在证券发行过程中扮演着重要的角色（Cliff、Denis，2004）。国外相关研究从资本成本角度进行了探索，发现了分析师信息生成对公司资本成本的影响（Derrien 和 Kecsk'es，2013；Fracassi 等，2014），国内学者也研究了分析师跟踪行为与融资约束、融资成本的关系，发现分析师具有降低政府干预较少的高投资敏感性进而缓解融资困境的作用，对管理者通过投资者关系管理来降低各类投资者与公司的信息不对称具有重要意义（宫义飞、夏艳春，2017）。而在控制了分析师异常跟踪的自选择问题后，相关研究也发现高分析师跟踪的上市公司较同规模同产业的低跟踪量上市公司更倾向采用外部融资，且过度的分析师跟踪会带来过度投资及未来较低的收益，分析师也更倾向于通过跟踪行为来参与到有利可图的投行业务关系中来（Doukas 等，2008）。与此同时，分析师的私有信息搜集、预测质量对公司债务融资成本的降低具有明显的作用，这为上市公司营造更好的融资环境与条件提供了更多信息（钱乐乐，2017），而审计质量、机构持股比例的上升与分析师预测质量对降低融资成本的影响形成了一定的替代关系（黄波等，2018）。此外，证券发行决策也被证实受到分析师信息的关键性影响，有学者以分析师跟踪人数为信息不对称替代变量，发现具有较低数量分析师跟踪的公司更不倾向于发行股权，更青睐于债务发行，一定程度上也表明了在信息不对称存在的市场中，公司股权发行将会受到市场因素驱动，使管理层会择时发行股权（Chang 等，2006）。Degeorge 等（2013）的研究表明投资组合的公司往往倾向于接受与分析师建议相一致的财务决策。国内学者通过测度权益资本成本探索了分析师跟踪带来的预测分歧度与权益资本成本的关系，发现分析师经验、分析师预测一致性会显著影响上市公司权益资本成本（肖作平等，2013），而后期国内学者也尝试将分析师预测引入股权资本成本的测算中，让相关股权成本的计算更加精确（邓博夫等，2016）。

近年来，银行提供的融资方式也受到学者们逐渐关注，商业信用融资也被证实会随着分析师跟踪而有所增大，且民营企业、高机构持股比例及信息披露质量都会对前者的关系产生重要影响（黄波、王满，2018）。还有学者基于证监会处罚视角探索了银行贷款签约率、规模的影响，并发现分析师跟踪在上市公司受处罚后的银行借贷融资上发挥的信息作用，一定程度上缓解了处罚公司的贷款签约率的下降（刘星、陈西婵，2018）。国外学者则通过对所有中介机构尤其是金融分析师对银行贷款非价格条款和银团结构的影响进行了研究，发现分析师覆盖率较高的公司提供的贷款契约限制明显较低，要求抵押品的可能性较低，且有绩效定价准备金的可能性较低，此外，他们的结果也表明了分析师覆盖率和贷款期限之间的负向关系，这意味着银行在向分析师覆盖率较大的公司贷款时会变得更加敏感，期限不会延续太长，他们还发现当分析师人数增加时，放贷机构往往形成不太集中的银团（Liu，2015）。

2.2　分析师跟踪与企业价值

资本市场丰富的信息环境和管理层、金融中介机构与投资者之间较低的信息不对称程度将对资本市场的有效运行产生积极的影响，包括形成有效定价、更好的收益预测、增加股票流动性以及对相关风险因素（公司价值的不确定性、资本成本和未来股票回报波动性）的良好控制（Rogers 等，2009；Kothari 等，2009；Billings 等，2015）。而分析师预测修正变化所带来的分歧度变化也将会直接影响上市公司未来预期现金流、盈余及股票收益的变化（Avramov 等，2009）。分析师跟踪逐渐被视为公司价值最重要的决定因素之一（Claessens 等，2002；Lang 等，2003），一些证据表明在分析师跟踪越多的上市公司中，更低投资者保护对企业估值的负面影响会被减轻（Lang 等，2004）。而基于外部监督视角的分析师跟踪与企业价值的相关性研究也越来越多。分析师跟踪一定程度上会提高上市公司价值（刘晔、肖斌卿，2009），但低治理水平的上市公司价值会随着分析师跟踪而有所下降（李常安等，2016）。

也有学者从更为具体方面发现分析师对公司价值的提升是通过提升上市公司股票流动性来实现的（Brennan、Tamarowski，2000；Amihud、Mendelson，2000；Roulston，2003）。基于流动性理论，国外学者利用分析师启动跟踪行为，提供了支持流动性论点的证据，研究发现，分析师对公司价值的积极影响主要归因于分析师增加股票流动性的能力（Irvine，2003）。所以分析师跟踪人数下降会致使相关公司管理层抱怨他们的管理及公司情况并不能有效地传递给外部投资者，进而导致股票流动性的下降及公司股价的下降（Friedlander，2005）。也有学者从股价同步性视角探索分析师跟踪与企业价值间的相关关系，鉴于目前分析师跟踪人数与股价同步性关系的研究结论不尽相同，看法不一，一部分学者认为由于分析师属于产业专家，他们对相关公司的跟踪必将引起相关公司股价收益随着产业及市场收益联动（Piotroski、Roulstone 2004；Chan、Hameed 2006），另一部分学者则认为分析师跟踪带来了更多公司层面信息，将降低公司股价的同步性（Liu，2011；Xu 等，2013），新成立的上市公司可能需要更多分析师进行报道和宣传，相关公司也更愿意为其支付报酬（Cliff、Denis；2004）。基于 IPO 市场规则的改变研究了分析师跟踪人数与股票同步性的关系，发现在 2009 年 IPO 新规后分析师跟踪降低了股票同步性，进一步区分承销分析师与独立分析师后，发现

2009年前仅承销分析师存在相关效应，而在2009年后两类分析师均存在相关影响效应（Bai等，2016）。当然，还有学者基于分析师的乐观偏见（Lim，2001年）和过度覆盖（Doukas等，2005年）分析了其对股票价格的影响，发现了分析师乐观偏见、过度覆盖与股票高估密切相关，在效率低下的市场中，这一假设假定管理者倾向于最大化受未形成需求影响的短期股价，当然，基本价值或长期价值是由投资政策决定的。

  而作为一种外部治理机制，国外学者也将分析师跟踪视为一种监督，认为通过降低因两权分离带来的信息不对称问题而对公司管理层起到监督作用进而提升公司价值，而分析师可以通过实地调研、与管理层面对面沟通、电话会议等方式对管理者直接监督，降低管理者机会主义行为对企业价值的损害（Chung、Jo，1996；Doukas等，2000），从监督效应的另一方面来看，管理层可能会因具有迎合分析师动机而提升企业价值（Yu，2008），此时，利益冲突会使分析师做出利益最大化的选择。但前期研究也有学者认为分析师跟踪与公司价值存在不确定的相关关系（Lang等，2004），而在后期研究中有学者也探索了分析师预测与公司价值不确定性间的关系，例如新闻及预测离散度的改变等预测修正特征如何影响隐含波动率的变化，发现好新闻预测修正降低了投资者对公司不确定性的感知，而分析师并未用隐含波动率的变化来隐藏他们对好新闻或坏新闻的预测修正（Andrews等，2018）。与此同时，也有研究通过引入分析师跟踪中介变量，发现智力资本多元化、互联网信息披露对企业价值具有明显的正向作用，揭示了分析师跟踪对企业价值影响的中介作用，提升投资者认知（Chung、Jo，1996；Doukas等，2000；蒋艳辉、李林纯，2014）。而分析师跟踪在公司治理、客户满意度、信息环境与企业价值的影响上也具有一定的调节作用，有学者研究了公司治理机制对分析师跟踪人数的影响,发现公司治理机制尤其是薪酬部分得分会显著提高分析师跟踪人数,并进一步探索了跟踪人数在公司治理与公司价值间的关系影响,没有证据表明跟踪人数与公司治理在公司价值上的共同效应(Mouselli、Hussainey,2014)。而基于客户满意度下的分析师评级行为,发现客户满意度提高了评级且降低了分歧度,在产品市场竞争和财务不确定性较高时效应更明显,进一步研究发现分析师评级行为一定程度上调节了满意度对公司异常收益、系统风险的影响关系(Luo等,2010)。以信息环境视角出发,也有学者探索了综合性收益及其他综合收益报告的价值相关性,以分析师跟踪作为替代变量,分析师覆盖越广,会增加相关信息的精确性,进而提高综合收益报告的价值相关性(He、Lin,2015)。

当前由于分析师跟踪与企业价值的研究层出不穷,所以很多学者开始从新的视角进行探索,比如企业创新绩效方面的影响。以企业创新活动为研究对象,部分学者探索了分析师跟踪对企业绩效的影响。一方面,发现了分析师通过缓解信息不对称问题引致专利产出增加进而促进企业创新的重要路径,且在高信息不对称及高两权分离度的条件下,这种现象更为明显(陈钦源等,2017),另一方面,认为分析师具有助益投资者认知企业创新的作用,避免企业价值的低估,并提高了管理层创新投入的主体意愿(Manso,2011)。

2.3 融资决策与企业价值

融资决策一定程度上也会对企业价值产生影响,融资差异所带来的价值效应及其影响因素研究受到广泛关注。Morris

(1976）和 Leland 等（1996）的模型表明债务到期决策对公司绩效的重要作用。有学者基于外部融资需求视角探索了其价值影响，相关研究表明具有外部融资需求的公司在治理水平上的提高能够降低外部股权融资成本，进而提升公司价值（Chen 等，2010）。相关研究也表明外部融资需求与公司价值之间存在正相关关系，并且规模和营利能力与公司价值正相关，引入公司治理指数（CGI）后发现，较大的中小企业和低负债水平的中小企业具有更好的公司治理结构（Al‐Najjar、Al‐Najjar，2017）。从公司治理机制视角来看，部分学者发现通过董事会治理等方式的完善对直接影响融资决策的最优化进而提高企业价值具有重要作用，且这种现象在境内外上市公司中均存在（王化成等，2008；刘长奎、孙维，2011）。

  与此同时，针对内外部融资的具体研究也层出不穷。银行贷款作为融资方式之一，受到了一定关注，有学者基于政治关联视角研究了银行贷款问题及其与公司价值的关系，发现政治关联企业会获得更多银行贷款，且在机构环境弱化的条件下更为明显，而银行贷款本身对具有政治关联的企业具有一定治理效应，进而会提高相关企业价值，通过政治关联的银行贷款分配是具有一定效率的（Yang 等，2012）。而从再融资方式视角出发，有学者研究发现配股方式融资、非定向增发融资方式更易提高公司价值（毕金玲、赵宇凌，2013），Fairchild（2009）基于行为金融视角探索管理层异质性对负债融资及企业价值的影响，发现负债融资能够缓解企业代理问题进而提升企业价值，且管理层过度自信、受教育水平、经验都会显著影响负债融资的价值效应（李永壮等，2014；何瑛、张大伟，2015）。但也有研究表明负债融资与企业价值间的负向关系，通过对债务比率，如贸易信贷、短期债务和长期债务的探索，相关研究表明在营利能力方面对公司绩效有负面影响,由于高负债率似乎增加了代理成本和失去对公司控制的风险,所以中小企业所有者和管理者倾向于以相当高的股权资本为其企业融资(Yazdanfar、Öhman,2015),也有学者研究发现销售本土化能够强化债务融资与公司绩效负向关系,而债务融资也能够降低公司系统性风险,但考虑销售本土化及区域因素后发现在服务型公司及国际公司样本上并未表现出相似结果(Khasawneh、Dasouqi,2017)。后续研究还发现负债融资前期对企业价值影响较弱,后期则会出现反弹,提升企业价值,且更高的市场份额及预期扩大了负债融资的价值提升效应(朱佳俊、周方召,2017)。

此外,也有学者开始从资本化研发角度探索了融资决策差异、融资币种差异对企业价值的影响,发现外币债务融资与公司价值存在显著的负向关系,进一步发现这种负向关系并非源于外币融资所带来的高风险,而是来源于货币衍生工具的低效套期保值(Bae 等,2016)。基于融资类型差异来看,相关研究发现内部融资和债务融资较股权融资更大程度上强化了资本化研发选择与企业价值的提升效应(王燕妮、杨慧,2018)。

2.4 公司决策与同群行为

有别于"羊群效应",同群效应的产生并非盲目跟随,且同群行为研究范围集中于同群组下的个体交互,近些年国内外学者对同群效应的研究逐渐显现,领域也由之前的社会学逐渐延伸到经济金融领域。有学者发现管理层权力会明显削弱企业投资同群现象,且在非国有上市公司中更为明显(张敦力、江新峰,

2016）。还有学者发现资本结构也存在同群效应，高竞争、高成长性及高不确定性都会增加这种同群行为，且这种现象是从"强者到弱者"的一种影响机理，即具有一定的方向性（陆蓉等，2017）。而相关研究也发现同伴公司在公司资本融资决策中起着核心作用，公司根据同伴公司资产互补性选择其组织形式（Hoberg、Phillips，2010），同产业性质会引起公司债务结构的趋同性（Duong 等，2015）。运用在美国证券交易委员会和司法部的会计错报采取强制监管的大样本公司，相关学者针对财务错报尤其是知名公司的财务错报对同伴公司的影响，发现了知名公司财务报告扭曲对同伴公司资本投资决策的影响，且这种扭曲不仅限于资本投资，它们还扩展到同伴公司在研发、广告和定价政策决策方面做出的选择。此外，扭曲的程度随同伴公司的特征、财务错报公司外部特征及错误陈述的行业特定信息环境而变化，但规模更大的同伴公司及被能干管理者管理的同伴公司扭曲程度更小，被更广泛跟踪的及处于更多公司错误陈述的行业公司扭曲程度更大（Li，2016）。基于自愿性信息披露视角，相关学者分析了同群效应的存在与否，他们基于机构所有权分布的不连续性，这种不连续性是由每年的罗素 1000/2000 指数重组造成的，在罗素 1000/2000 指数的门槛附近，由于指数基金的标杆策略，排名靠前的罗素 2000 指数公司比排名靠后的罗素 1000 指数公司在机构所有权上经历了一次显著的跃升，顶级罗素 2000 指数公司机构所有权的增加和信息环境的改善给行业同伴公司带来了增加自愿披露的压力，研究发现，顶级罗素 2000 指数公司的这种不连续的更高机构所有权将会显著增加行业同伴公司发布管理预测的可能性和频率，进一步的分析也表明，这种效应可能是由企业竞争资本管制的动机所驱动（Lin 等，2018）。当然除了公司投融资可能存在的同群效应，也有学者发现了并购过程中的同群效应（万良勇等,2016;苏诚,2017),他们发现企业并购行为受到同区域企业并购行为的影响,且存在产业同群的现象,而低董事网络中心度会强化这种同群行为。

与此同时,高管薪酬的同群效应也逐渐被学者们所关注,相关研究表明在限薪的大背景下,高管薪酬具有同群效应,且外聘经理人、同产业特性都将强化这种同群行为,进而为公司价值提升做出贡献(赵颖,2016),而还有研究发现来自同一MBA班级的学员在公司政策的制定上具有明显的一致性,尤其是薪酬水平的设定上(Shue,2013)。基于薪酬与公司管理层行为关系,相关研究也探讨了同伴公司高管薪酬对本公司盈余管理的影响,鉴于竞争性基准实践在高管中的盛行,潜在同伴公司的首席执行官(CEO)可能会对本公司CEO产生影响,相关结论也表明产品市场中其他公司的CEO薪酬与公司的应计利润正相关,且这种关系对于具有CEO双重性的公司更为明显,该发现贡献了有关高管薪酬和盈余管理的文献,对同伴公司高管薪酬对盈余管理的溢出效应提供了有益的见解(Park,2018)。

此外,基于税收方面的同群效应研究也在近年来逐渐显现。避税行为同群效应的存在得到了部分学者的证实(Bird和Karolyi,2015),与此同时,税收合规性的同群效应也被作为最新的研究内容,相关学者发现如果一些企业进行合规性的纳税申报,则另外一些企业也会追随相关的纳税申报行为,但相反,如果一些企业在合规性纳税申报上存在"作弊",则另一些企业可能也会在纳税行为上存在违规行为(James等,2017)。而基于社会学习理论方法相关学者对合规纳税行为也进行了分析,通过要求参与者估计报告收入的可能性,并在能够观察他们所相信的情况下做出二元合规决策,最终研究表明与那些看到顺从同伴的决定的参与者相比,那些看到不顺从同伴的决定的参与者进行诚实报告的可能性更小,这一发现为同伴带来的潜在影响提供了进一步证据,补充实验表明,相信他们的反应会被同伴看到的参与者比那些相信他们的反应会被继续保持的参与者而言更不可能如实报告(Martha、Timothy,2015)。也有学者通过检查纳税和相关财务报告的变化如何影响同伴公司来进行研究,尽管由于行业层面的税收政策变化或审计风险也可能会影响到行业同伴公司,即可能存在许多共同的影响因素,因此相关学者利用外生对同伴公司的冲击来分析,根据 Dyreng、Hanlon、Maydow(2010)的方法,他们估计了管理避税固定效应,并利用这些效应确定与高管离职相关的税率冲击,结果发现,同伴公司通过改变其 GAAP 税率来应对这些冲击,这种同群效应只发生在账面(即财务报告)上,而不是现金(即实际效应)上,并且集中在对外国收益纳税具有潜在的更大自由裁量权的公司中(Bird 等,2018)。

2.5 关系网络及其经济后果研究

关系网络的相关研究集中于社会网络、董事网络、高管网络等主要方面,且大多数从对企业绩效、财务决策、治理水平及企业风险的影响视角来探索关系网络的经济后果,而国外分析师关系网络研究已存在一定文献,但国内尚为鲜见,且国内外均缺乏跟踪网络的相关研究。

社会关系网络的研究已层出不穷,众多研究都集中于企业的社会网络与绩效、创新的关系研究上,且民营企业的相关研究占主导地位。国内学者发现与发审委委员存在关系的民营企业 IPO 过会率及抑价幅度更高,但聘任前发审委委员的公司使这种现象的影响是暂时的,这为管理层新的寻租行为提供了一定的证据

（陈运森、郑登津，2014），而民营企业社会关系网络由于目前的一些政策偏见问题进而导致创新绩效并未有显著提升（张萃，2016），商业关系与政府关系在企业创新绩效上的表现随着制度环境变化有所不同，前者会在更为健全的制度体系下发挥更好的作用（董振林、邹国庆，2016）。与此同时，也有学者从创业者与产业特性视角探寻企业创新绩效性，发现政府关系较商业关系在提升企业创新绩效方面具有更大的贡献（陈文婷、壬俊梅，2015），而从机会主义视角来看，产业与法规体系环境不确定性的提升将明显影响到政府关系、商业关系对管理层机会主义行为的抑制作用（李瑶等，2015）。此外，郭海（2013）从高管网络视角相关研究通过管理者关系探索高管网络对民营企业绩效的作用，发现了管理者关系可以提高组织合法性但并不能够直接对企业绩效产生影响。

国内外基于上市公司视角的关系网络研究也逐渐增多，有学者通过高管层及董事社会关系数据研究了公司财务决策是否会受到上述社会关系的影响，结果发现了投资决策趋同（Fracassi，2017），还有学者基于并购视角发现社会网络关系程度高的 CEO 能够明显影响公司决策，并通过兼并活动最大化自身收益（El-Khatib 等，2015），而通过建立董事网络探索公司间投资水平关系，国内学者也发现趋同效应的存在，且公司的信息环境、产业特性及非独董关系网络都会对这种趋同效应产生显著影响（陈运森、郑登津，2017）。国外学者通过搜集美国数据研究发现上市公司的融资决策受到业务性质、规模程度相似的同类公司融资决策的影响（Leary、Roberts，2014），而相关研究也表明财务违规行为也具有联动效应，"相似"的公司具有相关的模仿行为（Parsons 等，2014）。与此同时，还有研究发现高管收入、决策及谈判都将受到其社会关系的数量及层次的重要影响（Engelberg 等, 2013), 董事与高管网络将显著影响并购双方股价收益率及相关人员的留用 (Ishii、Xuan, 2013)。相反, 也有学者认为上市公司与投资者机构之间的社会关系会造成内幕消息的传递进而对公司价值产生负面影响,且在校友关系中尤为明显 (Cai 等, 2014)。而基于政治信仰视角的相关研究发现高管与董事信仰的高一致性将导致更高的财务舞弊发生率、低企业利润等一系列负面影响 (Lee 等, 2014)。此外, 有学者认为社会关系的经济后果影响应区分不同情况予以分析, 他们指出董事会与高管的社会关系会随着董事会不同的职能及目标而有所不同 (Schmidt, 2015)。通过对首次公开募股和再融资行为的调查发现证券承销商网络下的上市公司股价走势具有高度一致性 (Grullon 等, 2014)。国外研究还发现本地企业间距离将会直接影响其他企业的股价走势且在公司上市与退市的时候影响更为明显 (Baschieri 等, 2015)。对于治理水平及风险影响方面的研究近年来也逐渐增多, 有学者基于信息双向传递理论发现独立董事网络在弱内部控制及高环境不确定下对企业风险的降低具有明显的作用 (王文姣等, 2017), 而从治理效应角度来看, 在区分了独立董事类别后相关研究发现实际独立董事具有明显的治理效应, 但在经理人与独董关系网络下这种治理并不存在 (刘诚等, 2013)。相关研究也证明了董事网络明显降低了股价崩盘风险, 且低市场化程度及非独董网络下这种现象更为明显 (周军等, 2018)。

  国外有关分析师关系网络及其经济后果的研究已经存在, 国外学者运用社会网络分析法构建分析师与董事的关系网络研究发现分析师与董事关系越密切, 即网络中心度越高的情况下, 这些分析师评级行为将会更精确, 业绩也会更好 (Hochberg 等, 2007; Cohen 等, 2009), 一定程度上说明了分析师关系网络带来的信息优势进而影响到其职业成就。

2.6 文献述评

目前，有关分析师跟踪行为的相关研究主要集中于分析师跟踪决策（或关注度）、盈余预测精度与分歧度及其影响因素、跟踪行为的治理效应、价值发现、对单个公司决策行为及管理层行为的影响等主要方面，为新兴资本市场的分析师行为研究提供了丰富的信息与成果，为后期分析师跟踪行为研究奠定了基础。而在这其中分析师跟踪行为与融资行为、公司价值研究在近年来也逐渐显现，同群效应、关系网络等社会学范畴的相关理论和概念也由之前的社会学领域研究逐渐渗透到当前管理学领域的公司决策及行为研究中来，但当前研究仍然存在如下局限：

（1）有关分析师新角色的相关探索较少。从基于分析师跟踪的相关前期文献来看，专门针对分析师角色、功能及作用的研究虽然已存在不少，但绝大多数文献主要还是在探索分析师跟踪行为对缓解投资者与上市公司间信息不对称的作用，后期有部分研究开始涉及分析师与公司价值、分析师对管理层行为的影响，尤其是对管理层盈余管理行为的影响，一定程度上对分析师的治理作用、价值发现功能进行了探索。总体而言，分析师角色的探索仅仅围绕在缓解投资者与上市公司信息不对称作用、分析师治理作用及价值发现几个方面，其他的角色探索尚未涉及，这为本书的研究尤其是新兴资本市场分析师的角色研究提供了更多可能。

（2）分析师跟踪网络的研究尚为鲜见[①]。由于一个分析师每

[①] 分析师跟踪网络信息环境引致的相关公司行为研究目前尚未涉及，多数均集中于分析师跟踪与单个公司行为决策的大样本统计方面。

年会跟踪多个上市公司,即会对多家上市公司发布年度盈余预测报告(我国只有年度预测,国外为季度预测)及相关报告,且每个上市公司也会被多个分析师跟踪并发布不同的盈余预测报告,一定程度上分析师与上市公司之间就形成了交叉的跟踪网络结构,由于这类数据的处理具有一定的难度且分析师跟踪网络本身可以视为一种小范围的信息环境,所以针对分析师跟踪网络的探索具有重要意义,但目前国外研究中存在分析师网络的探索,且主要基于分析师关系网络视角来进行分析和研究,而国内的研究中尚未对分析师跟踪网络、关系网络进行针对性的探索,这也为本书乃至后续分析师跟踪网络及关系网络的研究提供了可能与方向。

(3)同群效应的来源研究较少。现有文献研究同群效应现象主要集中于产业所带来的同群行为,而同群现象又有别于羊群现象,它具有很明确的指向性,即在一定范围内研究群体的行为关系,理论上,同群现象的产生除了产业以外,也还会受一些未知的共同因素影响,而分析师跟踪的交叉网络所形成的小范围上市公司群体是否会产生相关行为的同群现象对于探索同群现象产生的原因提供了一种可能的解释,但目前的文献尚未涉及,这也是后续研究的焦点。

基于前期相关文献,本书针对以上研究局限及不足研究分析师跟踪网络所形成的信息环境对公司融资决策间关系的影响,旨在为新兴资本市场分析师的新角色扮演、关系网络研究的扩展及同群效应来源研究提供更多经验证据。

(1)通过分析师跟踪网络下上市公司融资决策关系的研究为新兴资本市场分析师新的角色扮演提供了新的证据与解释。不同于前期文献仅仅集中于投资者与上市公司间信息不对称、分析师治理效应与价值发现等功能研究,本书探索分析师跟踪网络下对公司融资决策间关系的影响，发现了分析师跟踪网络引致的同群现象，证实了分析师在上市公司融资决策间的信息传递作用，为分析师的新角色发现提供一定的经验证据。

（2）本书研究一定程度上补充了国内分析师跟踪网络研究的文献。在前期对分析师跟踪行为与单个上市公司决策研究的基础上，通过构建分析师跟踪网络下相关同伴公司融资加权变量探索上市公司之间融资决策关系，进一步拓宽了前人对分析师跟踪行为的研究。

（3）通过本书研究在前期文献基础上进一步扩宽了关系网络及同群效应来源的研究范围。由于前期关系网络研究主要集中于公司内部群体之间及内部群体与外部群体之间的探索，针对外部治理机制的分析师关系网络尤其是跟踪网络的研究尚为鲜见，所以，本书通过研究尝试为分析师跟踪网络带来的公司融资决策行为变化提供一定的证据，进一步验证分析师跟踪网络作为公司融资决策同群效应的一种可能的来源。

第3章

理论基础

分析师跟踪行为是一个复杂的决策过程，券商分析师跟踪行为也被证实受到多方面因素的影响，即其启动跟踪行为必然存在一定的原因及目的，而非简单的"羊群行为"。分析师跟踪决策也一定程度上决定了行为的相关成本及经济激励所带来的决策动机，所以对上市公司的跟踪就必然选择潜力较大的公司作为跟踪对象。前期文献表明公司的基本面信息（公司规模、现金流量）会引起分析师跟踪行为的产生，但国外最新研究也表明分析师跟踪行为也存在"正常"与"异常"之分，前者侧重于依据公司规模等层面出现的跟踪行为，而后者则是在此基础上的显著"超出"部分引致的跟踪行为，且在外界无法判别分析师如何分配财富的前提下，可以根据这种异常跟踪行为来进行公司收益预测（Eric、So，2017）。可见，分析师跟踪行为的启动涉及诸多因素，且其跟进行为确实存在一定的理由，是分析师进行综合考虑后进行的最优选择。

分析师跟踪网络是指一个分析师在每年度都会对不同的上市公司进行跟踪，而每个上市公司又会被多个分析师在每年度内予以跟踪，这样便形成了分析师跟踪网络。这种跟踪网络具有交叉特性，将参与跟踪的分析师及被跟踪的上市公司"连接"起来，某种程度上形成了一定范围内的信息环境，相关信息的数量及质量理论上取决于分析师跟踪人数的数量及分析师特质。作为资本市场重要的信息中介，分析师更多地是将有助于投资者投资决策的相关信息进行挖掘、搜集、整理及分析，并及时传递给外部信息使用者，其中更多的信息也集中于相关跟踪公司的盈余信息。而近年来，国内外研究均表明分析师对融资信息也极为关注，这种信息的聚集也必然会通过分析师跟踪网络予以传递。不论如何，分析师跟踪网络引致的信息环境一定程度上对上市公司决策行为会产生或多或少的影响，当然，上市公司进行决策时也并非完全参考分析师相关信息，信息的有效性及利用程度也会是上市公司决策的重要参考方面。

分析师跟踪网络中上市公司融资行为的同群效应可能涉及信息不对称理论、同群效应理论、趋势跟随理论及公司治理理论。信息不对称理论作为分析师跟踪行为的理论基础已经毋庸置疑，鉴于分析师主要作为上市公司与外部投资者的信息传递者，其在投资者投资决策过程中扮演的角色也不容小觑。而分析师跟踪网络则更侧重于上市公司融资乃至其他更多行为决策之间的关系影响，融资信息在分析师跟踪网络环境中的聚集及传递对上市公司结合自身实际做出科学合理的融资决策行为具有重要作用，这在一定程度上可以降低上市公司之间的信息不对称，即在保证上市公司相关隐私的前提下，互相了解融资背景及融资信息，并作为自身参考及学习的内容，助益后期的决策行为。作为行为金融学中的重要分支理论,同群效应理论及趋势跟随理论在分析师跟踪网路下的上市公司融资行为之间关系的研究和探索中至关重要。上市公司进行决策行为并非简单的理性行为,很多时候会受到外界因素的影响进而做出一些非理性的决策,前人研究也表明同行业公司的行为决策较为相似,而上市公司管理层学习效应的发挥也可能会导致整个公司的行为决策具有一定程度的趋同性。

3.1 信息不对称理论

信息不对称最早出现在市场交易机制中,由买方市场与卖方市场之间对于商品信息认识差异所造成的市场利益失衡状态,这种收益的不均衡称为信息不对称,当然同一层级间也可能存在着类似收益失衡。信息经济学认为信息不对称某种程度上来讲是一种对信息成本投入的差异,卖方通过各种手段、各种方式去获得与商品买卖有关的各种信息,相比而言他们在商品信息上付出的时间、劳动等成本一定会高于买方,两者在商品信息上的成本投入必然存在一定差异,而对这种成本差异,卖方会通过商品利润来进行弥补,这就是由于商品信息成本投入差异而形成的收益差异。信息不对称一般情况下又是伴随着一定的交易关系或是契约关系而存在的(Bebchuk、Fried,2003),正是由于这种信息不对称条件的存在,才使这种交易或契约关系出现了委托代理的问题,信息的不充分获得使委托方没有足够了解代理方某种特定商品或者某种特定环境,所以学者们把信息不对称理论与委托—代理问题联系起来进行讨论。

分析师行为的相关研究涉及信息不对称问题,鉴于上市公司与投资者之间的委托代理关系,作为资本市场中信息传递的中介者，其信息获取、整理及分析进而定期发布盈余预测报告或研究报告对于解决上市公司与投资者之间信息不对称具有重要作用。一方面，从投资者视角而言，分析师跟踪行为带来的信息具有科学性、专业性及相对独特性，有助于投资者做出更为合理和精确的投资决策；另一方面，从整个资本市场视角而言，信息传递效率明显提升，信息流动加快，对整个资本市场运行效率具有重要意义。而分析师预测精度通常被作为信息不对称的替代变量，且相关研究也表明财务信息质量会随着分析师预测精度的提高而上升，一定程度上说明信息不对称与分析师盈余预测行为的密切关系（李鹏、陈希晖，2013）。与此同时，从分析师预测分歧度视角的研究也发现较低的分歧度往往伴随着较高的公开信息披露（Barry、Brown，1985；Lang、Lundholm，1996）。

而信息不对称理论也与融资方式密切相关。首先，信贷配给现象导致一部分借款者并非能从银行获得约定利率下的贷款数量，信贷数量与贷款利率存在非单调的函数关系，我国目前这种现象非常明显，银行可能会对部分企业较为青睐以致于积极放贷，而银行本身又较为谨慎进行贷款活动，这就导致了与价格机制相冲突的非均衡信贷配给现象。与此同时，学者们还探索了信用贷款中企业的道德风险问题，并给予现金流量角度进行了分析，即相较于银行方而言，企业更易将银行信贷用于投资高风险项目，最大限度扩大自身收益，而此时银行在获取固定利息的基础上承担了高风险项目所带来的所有潜在损失（Bester，1987）。

其次，鉴于我国特殊的制度背景及不太健全的治理结构，上市公司股权再融资偏好可以由信息不对称引起，而定向增发偏好会因上市公司控制权而产生一定的变化。虽然目前股权融资偏好被多种理论所解释，不同学者观点不一，但均从融资成本、收益性、流动性、资本规模、净资产收益率及控制权等视角来进行探索（黄少安等，2001；陆正飞，2004）。而从信息不对称视角来看，由此引发的道德风险及逆向选择问题都会使公司管理层存在较大股权再融资的动机，尤其是在自由可支配资金缺乏的情况下更为明显。逆向选择和道德风险都会使信息优势一方通过股权再融资获得高额的私人收益，而忽视其他的信息劣势一方的利益（如具有较低市场价值及存在坏项目的公司）。与此同时，考虑到逆向选择风险成本时，大规模公司由于较高的信息曝光率而相较小规模公司更加偏好定向增发再融资。但是考虑到道德风险成本时，并未发现定向增发选择的概率会随着这种事后信息不对称程度的控制而有所上升。此外，上市公司控制权对股权再融资偏好产生了重要影响，有别于国外较低的股权集中度，我国上市公司控股股东更乐于接受定向增发以便保证其控股地位。

然而，目前国内外分析师跟踪行为的研究主要在于投资者与上市公司之间信息不对称的研究，尤其是管理层某些时候出于一些资本市场的利益关系可能会"Listen to the market"，即受到分析师预测的影响从而进行盈余管理或者改变并购等行为，分析师的相关行为是否会在上市公司之间信息的传递上产生作用还尚未知晓，且公司对这种信息的获取与分析对未来提升自身竞争力及可持续发展能力具有举足轻重的作用。从上市公司的视角来看，管理层为了进行融资决策而进行信息的搜集及分析必不可少，尽管资本市场信息具有天然的公开性，然而产业竞争环境下管理层对某类专门信息的获取能力理论上也许会相对比分析师弱，尤其是一些关乎公司决策行为的外部私有信息，此时，如果公司管理层可以通过资本市场的分析师来搜集甚至获取某类专门的信息与资料，这将有助于上市公司做出更符合市场趋势及自身发展的公司决策。

3.2 同群效应理论

行为学作为心理学、社会学等多领域的融合学科，最早指行为主体受到环境因素的影响，会做出有益于自身发展或者具有某种特定趋势的行为，以适应目前环境的变化。行为金融学则是后期逐渐演化并发展起来的，为了分析及预测资本市场、金融市场活动，就需要对微观个体行为及产生原因进行研究。通过微观主体的行为特点及异同来寻求环境异质性下的经营决策特点，以期准确描述资本市场、金融市场主体的实际决策行为。

近年来行为金融学发展越来越快，针对资本市场的行为研究也层出不穷，作为资本市场中信息传递的重要组成部分，分析师职业队伍的发展在国内逐渐受到关注。分析师通过对资本市场中上市公司的调研等方式搜集相关信息，并定期发布盈余预测报告及分析报告，这种预测行为所产生的的偏差来源于两部分：其一，由于分析师自身专业能力、沟通能力等客观因素可能导致不同分析师之间综合能力有所差异，进而引致对以后期间盈余及相关信息的预测偏差有所不同；其二，由于分析师预测行为本身具有主观和客观相结合的特点，所以在某些特定环境下，这种环境因素会影响分析师预测的主观性，譬如基金分仓关系、承销关系等与券商利益具有直接关联的环境下，鉴于明星分析师入选的标准很大程度上依赖于大型机构经理或负责人的调查投票（Gu 等，2013），分析师可能会鉴于自身声誉或者维持券商与客户之间关系而发布有益于机构投资者或者客户的盈余预测及评级报告，这部分所产生的盈余预测偏差就是环境差异所带来的分析师预测行为的主观变化。基于以上两点，分析师预测行为研究受到了广泛关注，存在环境差异影响而做出的适应环境的预测行为便属于行为金融学范畴，对此部分的研究将更好地理解分析师实际预测行为进而为投资者进行更为科学合理的投资决策、监管者更好地进行信息监管提供了更多方向与参考。

同群效应理论是作为行为经济学、行为金融学理论范畴之一，近年来被国内外众多学者所运用，而此理论最开始由美国哈佛大学 Hoxby 教授在 *American Economics Review* 上发表的文章表明学区划分与教育质量的研究中体现出来，相关研究表明公立学校竞争越激烈的片区，教育质量越高，同群效应存在导致的学生互相影响，引致的教育资源不均衡分配，进而导致教育质量的差异。该项研究的产生引起了美国政府、学术界及实务界的普遍争论与关注，如何让人跳出同群效应的影响进而做出更为科学合理的最优决策成为相关议论的焦点。

同群效应理论作为行为金融学理论的分支，与分析师跟踪、分析师预测及上市公司融资决策选择都具有紧密的联系，分析师跟踪网络所带来的公司融资决策间的关系一定程度上也属于行为金融学理论范畴。资本市场分析师对不同公司进行跟踪并发布研究报告，其对信息的搜集、理解与分析能力一定程度上高于公司层面的相关人员，而融资决策尤其是债券融资及股权融资都与资本市场密切相关，上市公司通过不同形式与相关分析师进行交流与沟通，进而获取与融资决策相关的诸多信息，做出符合社会趋势及未来自身发展的合理融资决策。一方面，国内外文献表明产业特性会对上市公司的融资决策产生较大的影响（Kadan 等，2012；Leary、Roberts，2014），且同产业下的上市公司融资决策具有一定的趋同性，即实行较为相似的融资决策，另一方面，分析师跟踪网络所带来的资本市场信息、优质公司融资等相关信息都会对跟踪网络中的其他公司产生重要影响，这种信息可能也会导致公司融资决策之间存在高度相关性。所以某种程度上来讲分析师跟踪网络所形成的信息环境将会使上市公司决策行为形成同群效应。

3.3 趋势跟随理论

跟随理论最早起源于道氏理论，由道氏股价分析理论的"三种趋势说"演变而来，并将其信号化，不断追踪股价的波动。跟随理论忽略了对股价的预测行为，更加强调金融市场大趋势，因为采用什么办法去进行信息搜集、预测与分析，都会存在或多或少的偏差，一旦存在预测失误，则会导致投资决策的失败，而如果跟随市场的重要主体的大趋势进行相关投资决策，则失败的可能性将大幅下降。跟随理论分为传统跟随、三级跟随及多级跟随三大类，传统跟随理论基于跟随趋势线的交叉情况来进行买卖交易，而三级跟随理论则是针对跟随金融交易点、趋势交易信号来进行跟随，多级跟随理论强调在前两者基础上利用先行金融指标进行探路交易，为后期跟随行为奠定基础，而多级跟随理论也是跟随金融发展的理论基础，拓宽了跟随理论领域的发展。

跟随理论强调公司处于市场的次优地位，针对领域领导者制订相关的跟随策略，这意味着跟随市场行为并不代表盲目地跟随市场领导者的行为，因为自身的特点、所处环境及未来的发展定位与领导者均有所不同，所以如何制订科学合理的跟随策略成为跟随者需要重点关注的方面。与此同时，作为市场参与者，公司的跟随策略一定程度上要以最大化自身优势并获取相关利益为目标，通过理论模型设计与实践相结合方式充分利用市场环境特点来创造更优的跟随策略，进一步达到更为有利的跟随效果。

跟随理论起初运用在科技创新领域，尤其是协同创新过程中，为了符合领先企业对某些技术的缺失，跟随企业会不断寻求创新，此时领军企业就会参与到低成本、高技术溢出的跟随企业中来，形成协同创新，而从长期来看，跟随企业会从这种协同创新中获得更多的收益及市场占有量，而这种协同创新下的跟随行为也会进一步激发跟随企业的技术创新，缩小同领域企业之间的差距，实现互利共赢的良性循环生态。然而基于跟随理论的分析师相关研究也表明分析师领先—跟随发布预测信息也会存在各种不同的影响。鉴于自身声誉及报酬的考虑，弱能力分析师可能更愿意选择跟随较强能力分析师盈余预测发布后来进行相关预测，且他们更倾向于短期内的这种跟随，以致于跟随分析师的盈余预测精度更高（Shroff 等，2004；Trueman，1990；Hong 等，2000），但领先发布的分析师发布更为及时且会引起市场更大的反应（Cooper 等，2001），两者信息量更大程度上存在补充关系，这种为了信息的有效性而引发的策略构成了分析师层面的"羊群行为"（Chang，2008）。后期研究也探索了预测精度是否真的会对这种分析师领先—跟随发布产生影响，一部分观点反驳了前人的研究，他们认为预测准确性并非引起市场反应的决定因素（Clement、Tse，2003；Gleason、Lee，2003；Groysberg，2011），且早晚发布的领先—跟随行为可能与分析师声誉、信息环境差异等因素密切相关（Chen，2007；Kim 等，2011）。

而跟随理论在上市公司之间也会表现明显，尤其是领军企业对非领军企业的一种学习及模仿，降低自身相关成本时又不大会使自身的市场份额和收益降低，当然这种跟随领军企业的策略也是和信息不对称密切相关的。分析师跟踪网络形成了资本市场相关信息的传递，尤其是一些可能有用的私有信息的传递，公司管理层可能通过与分析师相关交流获得分析师跟踪网络下市场领导者的相关信息，尤其是资本市场投融资信息，尽管某些公开信息并非需要管理层从分析师那儿获取，但至少某些私有的投融资信息的掌握对管理层做出更为符合市场及自身发展趋势的决策至关重要。此外，公司管理层与分析师的频繁交流可以更好地建立与分析师的关系，既有益于今后相关决策的科学合理性，又有利于管理层可以从资本市场分析师方面获取更多有用的私有信息，为自身在公司决策及投资者方面提供更多保障，实现公司的可持续发展。

3.4 公司治理理论

公司治理理论可以从两个角度进行阐述，一种观点认为公司治理理论旨在通过一定的机制设计、管理方法及手段处理公司内部各行为主体关系的一种理论体系，而另一种观点认为公司治理的要点不仅仅局限于公司内部，而是应该处理与公司利益密切相关的一系列利益主体的关系，例如处理与企业产品消费者等关系，即所谓的利益相关论。20世纪四十年代以来在众多研究中，两权分离论、利益相关者论等很多作为公司治理理论的分支理论逐渐显现，与此同时，随着它们认可度的逐步提高，也逐渐为公司治理理论的发展产生一定程度的积极影响（Collins 等，2009）。

公司治理机制由股东至上论逐渐延伸到当前利益相关者理论，强调通过各利益相关者间关系的安排达到优化决策、保证经营进而提升业绩的目的。不同融资方式对公司治理机制具有不同的影响，股东通过直接参与公司决策及出售自身股票实现自身对公司的直接或间接监督，而债权人则通过债务契约机制实现对自身利益的保护，但特殊情况下他们也会对相关公司实行内部监督。在国外公司治理机制中，分为市场导向型和银行导向型两种治理模式：以英美为代表的起初仅关心股东的利益，在随后的发展中才逐渐重视银行负债给上市公司带来的监督及约束效应；而以日德为代表的银行主导模式起初提倡银行借贷方式融资，并互相持股，鉴于高负债率可能带来的濒临破产的银企合谋行为甚至整个市场的金融危机，才开始逐渐重视股东的利益，并不断增加自身的内部融资。

而融资结构的变化对公司治理绩效的改变也有明显的作用。罗兰德曾说："银行可以在事前项目筛选中起到重要作用，通过采取重组等方式来实施事后相机监控权，引致公司预算约束的硬化。"通过启动破产程序来达到对企业的一种负向激励，不失为相机转移控制权并实现治理绩效提升的重要方式。与此同时，通过充分发挥资本市场信息传递及监督功能不断提高市场信息的充分性及准确性，了解企业在经营管理过程中的相关行为并对其进行监控。融资结构改变对治理绩效的影响主要集中于管理层行为的约束及监督并充分激发管理层能力，避免相关决策的失败。此外，投资主体及资金来源的多元化也致使市场及债权人形成协同监督效应，构建适度财务杠杆水平下的最佳融资结构，进一步提升公司治理绩效。

债务融资作为融资结构变化中较为重要的部分，受到了国内外学者的广泛关注。从债务融资影响经理人行为，进而影响公司治理绩效的角度来看，高债务融资企业给经理层更多行为约束，让其面临更大解雇的风险，所以经理层更努力工作以降低股东与其之间的委托—代理成本，进而形成对公司绩效的改进。而低债务融资企业中由于较低的外部监督及约束，更易产生在职消费及工作懈怠，最终增加了代理成本，并对企业绩效产生负面影响。在破产前后对公司控制权的把握上，这种债务融资结构差异也会差生差异，破产后高债务融资企业债券人通过清算或重组方式实现其严格的控制，而破产前的高债务融资债权人也能够分享相对更高的控制权，进而对企业治理绩效产生更大的影响。当然，国内外学者也指出债务的集中度、债权人所有制结构等因素都会对公司治理机制产生重要的影响。但也有可能债务融资并未对相关企业带来一定的治理效应，目前债务借贷主要以银行借贷为主，而如果企业面临破产边缘或者已经破产，则其经济后果将导致地方经济绩效的下降及员工的失业问题，更有甚者涉及社会稳定的问题。政府一般也会通过干预银行对重组或清算企业的控制权转移过程、免除债务等方式来达到不让企业破产的目的，尽管目前银行表面上已逐渐脱离与地方政府的关系，但大多数国有银行依然不能完全脱离政府的干预，这就使市场效率低下，导致银行通过信用借贷对企业实行的治理效应并未有效发挥。

从分析师跟踪下的公司治理效应来看，分析师跟踪行为对上市公司具有一定的治理效果，不论是在融资成本、盈余管理还是股票同步性上都具有外部监督治理效应（Bowen 等，2008；Lan 等，2013；朱红军等，2013），这也被国内外学者所广泛证实，然而这种外部治理效应的发挥仅局限于单个公司管理层的相关行为上，并未深入到跟踪网络的探索中，而跟踪网络所带来的资本市场信息传递是否会对公司价值产生重要影响，对于更好地理解分析师跟踪行为、公司进行更为合理的决策及探寻资本市场效率途径具有一定意义。以资本市场融资行为来看，上市公司处于大券商、上市券商、更有经验的分析师、高跟踪量分析师跟踪网络中时，跟踪网络提供的信息更加合理、丰富及具体，对上市公司进行相关融资决策奠定了更多信息基础，相较而言，公司的相关融资行为效率更高，一定程度上对公司价值具有提升作用。

第4章
资本市场分析师跟踪网络影响融资决策的机理分析

基于分析师跟踪网络研究上市公司融资决策同群行为需要理清分析师跟踪网络及其异质性、公司融资决策与同群行为的价值影响几方面之间的逻辑关系,故本章通过建立相关理论逻辑图结合分析师跟踪网络引致融资决策同群缘由、异质性影响差异及相关同群现象经济后果来进行综合分析(见图4-1)。

4.1 分析师跟踪网络引致融资决策同群的缘由

公司融资决策行为相似性的模仿动机在国外研究中已有所探寻,且主要集中于声誉关注、战略互动及学习效应三大理论视角。基于声誉关注理论,上市公司之间存在着决策模仿

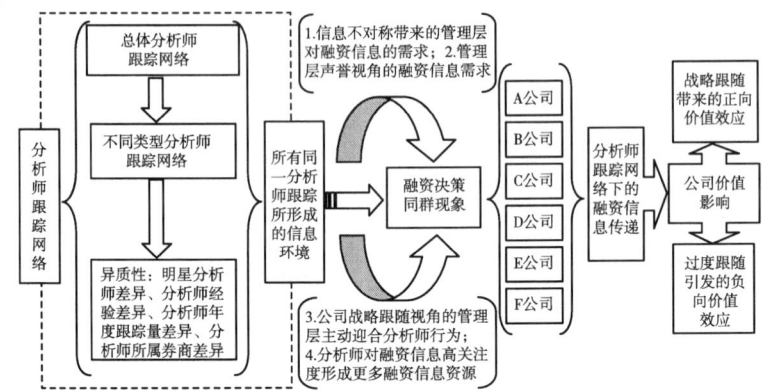

图 4–1 理论逻辑框架图

行为,这种决策模仿机制对其本身或管理层声誉都会产生影响,低声誉管理层相对高声誉管理层对市场共同信息获取的缺乏导致其更倾向于采用模仿策略进而最大限度降低由于决策失败所带来的对自身及公司的影响(Scharfstein、Stein,1990)。而从绩效评价角度来看,低声誉或者低能力管理层寻求相对稳定的绩效来避免由于融资决策失误而导致的被解雇的风险,所以,公司绩效评价方式也可能导致管理层融资决策的模仿(Zwiebel,1995)。如果上市公司内部人相较外部投资者获取了更多有关企业价值的优势信息,他们就会通过融资结构把这种信息传递给市场,但这种信号一旦无需较大成本的时候,为了避免自身的融资类型被察觉,低质量上市公司会模仿高质量上市公司融资决策,最终在这种混合均衡下,所有上市公司的融资决策趋同。而基于战略互动理论,公司融资决策趋同现象的产生基于信息在融资结构与产品市场竞争之间的互动,高负债率的公司卷入了来自低负债率公司挑起的掠夺性价格竞争,而高负债率公司在产业低迷时投资不足导致市场份额的丢失,如果这种行为的预期代价足够严重，则高负债率公司倾向于通过进一步提高负债融资抵御接管风险或者倾向于模仿低负债率公司的融资决策（Brander、Lewis，1986；Bolton、Scharfstein，1990；Chevalier、Scharfstein，1996）。基于学习效应理论，上市公司之间这种融资决策的模仿是一种私有信息流动引致的，如果公司信息存在一定噪音且公司在进行最优融资结构选择时存在较大的资金成本及时间成本时，这些公司可能就会更容易去关注到其他同类型、同产业公司的融资决策信息，而模仿领军公司的融资决策行为可能更为普遍（Bikhchandani 等，1998）。此外，规模更小、受到更多融资约束的公司及低薪酬水平的 CEO 所在公司具有更明显的模仿倾向，产业内融资结构的相似性存在较大的信息含量（Frank、Goyal，2009）。

从分析师跟踪网络形成的环境视角来看。首先，分析师与管理层的互动日益频繁。一方面，可能引致分析师在跟踪上市公司时会或多或少为管理层提供相关的资本市场信息，而这种信息不单单是一种公众信息，可能也会存在部分分析师私有信息，而这种私有信息的传递存在多种影响：其一，从信息不对称角度来看，相关信息如果对上市公司融资决策具有较大的边际作用，利于管理层做出更符合市场趋势和自身发展的融资决策，那么这种信息传递的有效性便得以发挥；其二，从公司或管理层声誉角度来看，分析师跟踪网络所聚集的信息如果存在一定成本，则管理层与分析师之间可能会存在不良的资本市场信息交易行为，这种行为一定程度上也是管理层为了避免决策失误对其声誉产生影响而做出的理性反应，此时，这种分析师跟踪网络形成的信息环境将会滋生相关的内幕交易行为，并逐步影响到公司未来价值。另一方面，从战略跟随的角度来看，管理层可能也会主动向分析师寻求资本市场融资的相关信息，为了制订较为科学的融资决策或者保持相关绩效的稳定性（对低能力管理层而言），可以通过分析师了解更多同领域领军公司的融资决策部分信息，而领军公司一般情况下也更加吸引分析师的关注，所以这为非领军公司进行融资决策的判断提供了更多可能的信息来源。其次，分析师对融资决策信息的关注在近年来也逐渐显现，分析师偏好关注规模大、高外部持股、高信息透明度等特征的公司，而私募股权融资具备这些条件，所以分析师对 PE 机构投资企业的高关注度也被逐渐证实（窦欢等，2015），这些发现也进一步说明了融资信息对分析师工作及其职能发挥的重要作用。最后，上市公司在进行融资决策时均会充分搜集及利用相关优势信息，这种信息的获取对融资效率具有重要作用。分析师跟踪网络可以将同产业的不同公司、同产业的其他公司及不同产业的公司信息连接在一起，营造一种共同的信息环境，而这其中的部分信息对某些上市公司来说意义非凡，可能直接影响其后续在同领域中的发展方向及地位。

与此同时，公司融资决策间关系本身会受到不同因素的影响，即其影响来源会有所不同，产业共性及未知共同因素效应已被认为将对融资同群造成影响。其一，同产业性质下的上市公司其融资决策具有相似的特点，且不同产业之间融资决策存在一定差异（肖虹，2006；李洋、杨晶宇，2013；邓翔等，2014；Leary、Roberts，2014）。其二，公司之间可能存在的某些隐性的共同特征也会导致公司融资决策具有一定的相似性（Manski，1993）。这些因素可能不容易被观测，但是这种影响可能并不小，所以研究分析师跟踪网络下融资决策关系一定程度上需要对此方面进行控制。而基于管理层对分析师信息的利用及分析师对融资决策信息的关注等原因可能会导致分析师具有公司融资决策间相关信息的传导功能，这是继分析师具有缓解投资者与上市公司信息不对称作用、治理（监督）功能、价值发现功能以来可能具有的又一重要角色扮演[①]。

4.2 分析师跟踪网络异质性对融资决策同群程度的影响

从分析师及券商异质性视角探讨异质特性对分析师跟踪网络引致的融资决策同群现象的差异性，对进一步理解相关同群行为程度的变化及监管者关注的重要方面具有一定意义。分析师特征作为影响分析师跟踪行为决策的重要因素及分析师信息异质性差异特点，不同类型的分析师拥有信息的资源数量、质量及搜寻信息的能力都会有所差别，从理论上来看，具有更多信息来源的分析师可能在其跟踪网络下信息传递的数量、质量及有效性更高，对上市公司融资决策的影响也会更大。具体来看，预测经验、明星分析师声誉、努力程度、券商规模等特性让不同特征的分析师在其跟踪网络下的信息传递差异明显。

分析师及券商异质性作为分析师跟踪行为研究的截面分析内容，对分析师个人特征影响其跟踪行为或预测行为进而影响分析师行为经济后果具有重要意义。学者们通过相关研究也表明分析师跟踪行为能够提高股价同步性，进而对资本市场信息效率的提升具有一定作用，但这种信息来源主要集中于内幕消息（冯旭南、李心愉，2011；姜超，2013）。而上市公司的特质信息也需要分析师去花费精力以一定成本做一些信息获取活动，譬如调研

---

① 目前的研究中以缓解投资者与上市公司信息不对称作用、治理（监督）功能为主要分析焦点，极少关注到分析师其他的角色扮演。

活动，所以相较于资本市场及产业的公开信息而言，这类公司特质信息的搜寻难度更大，但往往价值也会相对较高。不同类型的分析师能够通过异质资源来寻求更多有用的信息，而这类信息很可能并不会直接公开，而会优先提供给其所属券商或者券商的优质客户，所以该类私有信息的使用就并不局限于一般投资者与公司之间投资决策参考了。而分析师不同特征对私有信息的搜寻、整合及分析能力存在一定差异，所以相关信息需求者的使用效率必然存在不同影响。一般而言，分析师层面的特定从业经验、声誉、努力程度（任务复杂度）及券商层面的规模大小都被证实会对分析师预测精度及行为产生不同程度的影响。

从分析师异质特征角度来看，其经验、声誉、努力程度及其所属券商的规模因素都已被证实对分析师自身预测行为及信息来源具有重要影响。首先，分析师经验一定程度上会对盈余信息的反应有所差异，这与其从业经验密切相关，而针对公司特质信息的挖掘，分析师对特定公司的长期跟踪会使其更加了解该公司的财务状况、相关风险及趋势，与相关管理层存在更多沟通及交流，相关私有信息的获取更加便利，对其自身预测质量的提升及该公司外部信息需求者利用效率的提升都会有一定的帮助（Mikhail 等，2003；胡奕明、林文雄，2005）。其次，分析师声誉对其信息的搜集也存在重要的作用，与美国全明星分析师相类似，我国明星分析师的评选很大程度上基于相关分析师预测精度等个人能力方面，而高精度的产生也一定与丰富的预测信息来源及依据密不可分。不可否认，公司信息透明度等公司层面特征会对分析师预测行为产生影响，但私有信息对其预测精度提升的贡献主要取决于其个人能力。明星分析师较非明星分析师具有更多信息资源，尤其是产业信息资源（我国明星分析师评定多以分产业进行），相对而言也更少受到利益驱使，总体上不论是与预测行为有关的信息还是其他方面的私有信息,明星分析师可以利用的资源相对更多,预测测精度相对更高,信息使用者更加信任明星分析师且相关信息的利用效率理应更高。再次,分析师努力程度(或称"工作复杂度")一定程度上也反映了分析师能够接触到的信息面广度及深度,一般用其跟踪的年度公司数量进行衡量,一方面,高努力程度分析师能够向市场提供更多的公司特质信息,提高信息效率,而低努力程度分析师提供的公司特质信息较少,甚至只能提供市场和产业层面的宏观信息。另一方面,随着分析师跟踪公司数量的增加,其面临更多的预测任务,必须付出更多时间及精力去面对更多的预测,所以在获得更多不同类型公司信息来源的同时,也可能会因为精力的分散而导致其预测精度的下降,进而使其预测信息的有效性可能大打折扣。最后,从分析师所属券商规模来看,也可能会存在着两方面的影响。其一,大型券商相较小券商来说具有更多的社会资源,即拥有更强大的信息分散网络,进而为其分析师可能提供更多的信息来源,助益其分析师提高相关盈余预测水平,逐渐提升信息传递效率(樊铮、宋乐,2010),而相关研究也表明市场对大券商分析师的投资建议具有更大的反应;其二,鉴于大型券商可能存在的维护客户关系(尤其是诸如机构投资者等主要客户利益)、分析师维持其佣金的个人追求等原因,分析师的预测行为及信息来源往往与实际水平存在一定差距,即大券商并未对其所属分析师预测精度产生显著的提升作用,甚至两者间没有明显的关系(管总平、黄文锋,2012)。

4.3 分析师跟踪网络下融资同群行为价值影响

投资者了解上市公司信息的途径及方式在国内外研究中已逐

渐被揭开，其主要通过利用时间序列模型、公司管理层和分析师的盈余预测三种方式，且鉴于管理侧预测行为可能带来的利己倾向，投资者更易于以时间序列模型结论及分析师预测行为作为投资参考依据。而针对时间序列模型及分析师预测行为的相对优越性比较也经历了一个从无到有的过程，目前国内外学者也基本证实了分析师预测相较于时间序列模型预测的优越性及准确性（Kothari，2001；方军雄，2007），所以当前分析师作为连接上市公司与投资者的重要信息中介主体，为投资者投资决策提供了科学合理的信息来源。分析师跟踪网络下的融资决策信息传递是否具有一定的价值影响目前尚未得知，毋庸置疑的是，从公司股票流动性视角来看，分析师跟踪所形成的信息环境对股票流动性的影响较为明显，私有信息所带来的边际贡献更为突出，分析师通过影响股票流动性进而对公司价值产生影响。分析师私有信息的获取、分析师之间的竞争等因素会迅速反映在股票价格中，降低了资产不确定性，进而提高股票流动性（Subrahmanyam，1991；Brennan，1995；Chuang、Lee，2011），但也有学者表明分析师跟踪对股票流动性的正向作用来源于更多的公共信息（Roulstone，2003）。进一步地，上市公司通过提高股票流动性能够降低权益资本成本，进而提升财务绩效及公司价值（陈辉等，2011）。

而从公司价值角度来看，国外相关研究也表明融资决策行为也确实引起了股票价格的联动效应（Muslu 等，2014；Israelsen，2016），但并未对产生这种现象的深层次缘由及公司价值的具体影响进行探索。社会网络关系对公司财务决策趋同的影响明显（Fracassi，2011），而融资决策在产业间、同规模情况下的趋同现象也表现明显（Leary、Roberts，2014；陆蓉等，2017），但前期对财务决策趋同现象的研究仅局限在同群现象上，并未对其经

第4章 资本市场分析师跟踪网络影响融资决策的机理分析

济后果进行深入探索。从理论上来看，融资决策同群的价值效应并非简单的正向关系。一方面，分析师跟踪网络下形成的信息环境如果能够提供更多有效且及时的融资决策信息，并通过分析师网络及其与管理层的互动交流被管理层充分利用，则这种信息（尤其是相关私有信息）所带来的价值提升效应理应较为明显；另一方面，如果这种融资决策趋同并非由于针对自身实际情况而形成的，或是管理层吸收了部分分析师所提供的可能对上市公司本身没有很大作用的融资信息，更大程度上仅是单纯地模仿相关上市公司，进而跟随市场趋势，则分析师跟踪网络所带来的相关融资信息的边际贡献可能并不大，对公司价值的影响也并不明显。此外，由于银行借贷融资作为目前较为普遍的形式，且在当前去杠杆的政策背景下，分析师跟踪网络下借贷融资信息所带来的借贷规模对企业价值的影响尚不明确，适当运用财务杠杆进行借贷融资将显著提升公司价值，但随着借贷规模的扩大，相关破产风险也随之扩大，甚至超过由此带来的收益，则此时借贷融资行为对企业价值将会产生负面影响。

第5章 资本市场分析师跟踪网络与融资决策同群

5.1 理论分析与研究假设

融资决策行为作为公司战略决策的重要方面，不论是对上市公司管理层决策价值产生影响进而影响其薪酬，还是对公司本身的资金需求及可持续发展，都具有非常重要的意义。而融资行为的主动权也依然在上市公司管理层手中，尽管某种程度上来说公司融资信息属于内部信息，但是管理层可能会通过搜集、整理及分析外部公众信息与自身私有信息进行综合决断，而这部分私有信息很大程度上会来源于外部信息供给者，诸如分析师方面。作为资本市场中与审计师类似的外部治理机制，有别于审计师更加注重公司内部尤其是内部财务信息，分析师群体更加关注资本市场具体信息，并擅于去挖掘可能存在的私有信息或优势信息，致力于缓解投资者与上市公司之间的信息不对称，而从理论研究的角度来看，缓解信息不对称依然是分析师跟踪研究的主基调，尽管目前国外开始出现管理层为了达到分析师预测行为而通过改变投融资方式使分析师间接影响公司决策（Gunny，2010；Becher等，2015；Kaustia、Rantala，2015），但相关结果最终都只停留在投资者与上市公司信息不对称及分析师与单个公司管理层行为研究上，分析师群体的缓解信息不对称作用依然只表现在投资者与上市公司之间，分析师信息传递的主体及范围过于局限，相关研究也并未进一步对分析师信息传递的主体范围进行扩展。

与此同时，管理层社会关系网络的探索在国内外逐渐显现，且研究发现管理层在社会关系网络下存在一定的公司行为同群效应（Bramoull'e等，2009；Goldsmith - Pinkham、Imbens，2013），这也一定程度上说明管理层倾向于使用自身关系网络获取的信息来辅助公司战略决策，而分析师跟踪网络作为分析师群体与公司管理层直接关联的关系网络，管理层是否会利用分析师信息尤其是分析师所带来的具有竞争性优势的信息尚未得知。上市公司管理层有动机也有理由去吸收分析师跟踪网络下的同伴公司信息，结合自身实际做出可持续的公司战略决策。首先，分析师与管理层在近些年来频繁互动，分析师的信息需求者也不仅仅局限于外部个人投资者及机构投资者，公司内部管理层一定程度上也需要通过分析师这类信息中介来获取产业同伴公司或者其他公司的信息来"知己知彼"，所以，上市公司中的投资者调研、分析师调研及电话会议等活动形式已经逐渐成为外部信息需求者与上市公司进行沟通交流的重要渠道，当然，借助此类平台或活动形式，上市公司内部管理层也会加强与投资者、分析师等群体的交流，吸收交流过程中可能提供的有益信息，助力自身决策的制订，提升产业竞争力，进一步实现自身的可持续发展。与此同时，分析师自身对融资决策信息的日渐关注已经得到了国内外学者的广泛证实，而融资信息对上市公司管理层而言比其他融资决策更为关键，它将直接决定公司的资金来源及后续的资金运用效率，管理层对相关融资决策优势信息的获取将会提高其融资决策行为的合理性及最优性，进而导致本公司可能与共同分析师跟踪下的相关同伴公司产生融资战略趋同，即融资决策同群效应。此外，从信息的边际效应角度来看，在共同分析师跟踪所形成的分析师跟踪网络下，部分上市公司可能并没有他们的同伴公司掌握信息多，尤其是关于未来增长、投资机会和行业波动的信息，它们借助共同分析师所带来的信息渠道来观察及模仿同伴公司的中长期债务结构或融资结构，它们对于相关信息需求的边际效应明显大于信息掌握度较高的其他公司，进而产生分析师跟踪网络下的融资决策的同群现象。

不论如何，作为资本市场重要的信息中介，分析师所形成跟踪网络的广泛性必将搜集到更多与融资相关的信息，对相关机构投资新股的关注也会让分析师搜集到相关企业的融资信息，这种信息更多的是分析师私有信息，很可能通过一定形式在其广泛的跟踪网络中传递，并一定程度上被其跟踪网络下的所有公司所吸收，在充分搜集到不同分析师跟踪网络下的相关信息后，上市公司会基于自身内部信息及获取的相关私有信息制订更为科学合理的融资决策，以符合市场发展趋势及自身发展需求。鉴于以上综合分析，本章提出如下假设：

假设 H_1：分析师跟踪网络下上市公司融资决策间存在同群效应，即存在更多共同分析师跟踪且采用某种融资方式的同伴公司时，本公司更容易采用相同的融资决策。

分析师对产业的敏感性及其相关产业经验对其盈余预测和分析具有重要作用（Kadan 等，2012），这也一定程度上表明分析师跟踪行为与产业特征密切相关。尽管单纯的同产业间融资决策的相关性已经被国内外学者证实，通过研究发现高景气度倾向于选择债务融资，而产业周期性对选择债务融资方式具有显著作用（肖虹，2006），产业间融资结构存在明显的差异（李洋、杨晶宇，2013），高新技术产业及房地产产业的融资约束更为明显（邓翔等，2014）。但在分析师跟踪网络下的上市公司融资决策之间是否也存在着产业异质效应？从理论上来讲，一方面，通过产业信息的获取及分析对于上市公司制定更加符合产业市场的融资决策极为有利，但站在整个竞争市场角度来看，同产业信息的流动本身就较为充分，公司可以通过各种渠道及方式获取同产业其他公司信息，如果分析师的相关信息包含了同产业信息内容，且公司对相关信息能够充分识别及运用，则存在更多共同分析师跟踪且采用某种融资方式的同产业同伴公司时，本公司应该倾向于采用相同的融资决策；另一方面，分析师跟踪网络下的同产业信息对管理层也许相对并不十分重要，他们完全可以通过其他公开方式或公众活动以较低成本获取同产业相关信息，由此，鉴于分析师可以从其他公司获取更多不同产业公司的相关信息及部分私有信息（或优势信息），且这些信息可能对于融资决策的制订相对更为重要，此时分析师跟踪所带来的不同产业间的信息增量对融资决策具有较大的边际贡献，所以分析师跟踪网络下的不同产业信息传递及利用可能更为有效。综上，本章提出如下假设：

假设 H_{2a}：分析师跟踪网络下，同伴公司与本公司属于同产业时，本公司更易采用与同伴公司相似的融资决策。

假设 H_{2b}：分析师跟踪网络下，同伴公司与本公司属于不同产业时，本公司更易采用与同伴公司相似的融资决策。

假设 H_{2c}：分析师跟踪网络下，同伴公司与本公司不论是否属于同产业，本公司与同伴公司的融资决策之间没有明显关系。

近些年国内外研究对同群现象的探索逐渐深入，一些学者开始探索融资（即资本结构）同群效应的缘由及其方向性，他们发现高竞争、高成长性及高不确定性都会增加这种同群程度，且这种现象主要集中于同产业中的上市公司融资决策之间，是一种从"强者到弱者（主要体现在业务特征及规模程度上）"的影响机理（Leary、Roberts，2014；陆蓉等，2017），他们的研究一定程度上证明了产业性质作为同群现象的产生缘由，并且2017年陆蓉等的研究也第一次将同群效应引入到资本结构的相关研究中，这对于后期探索同群行为现象来源及其经济后果具有重要意义。而趋势跟随理论也强调公司可处于市场的次优地位，针对领域领军公司制定相关的跟随策略，这也就意味着跟随市场行为并不代表盲目地跟随市场领军者的行为，因为自身的特点、所处环境及未来的发展定位与领导者均有所不同，所以如何制定科学合理的跟随策略成为跟随者需要重点关注的方面。与此同时，作为市场参与者，公司的跟随策略一定程度上要以最大化自身优势并获取相关利益为目标，通过理论模型设计与实践相结合方式充分利用市场环境特点来创造更优的跟随策略，进一步创造更为有利的跟随效果。

如果分析师跟踪网络形成了资本市场相关信息的传递，公司管理层可能通过与分析师相关交流获得分析师跟踪网络下市场领军者的相关信息，尤其是资本市场投融资信息。一方面，与分析师的频繁交流可以更好地建立上市公司与分析师的关系，便于今后相关决策的科学合理性；另一方面，通过分析师跟踪网络充分了解市场领军者在资本市场的相关行为，结合市场信息通过制订合理的跟随战略进行市场跟随。所以基于跟随理论分析，本书认为分析师跟踪网络下的公司融资决策同群可能会存在一定的方向性，而并非盲目同群，即存在市场领军公司的融资行为可能会通过分析师跟踪网络影响到跟随企业的融资决策，且跟踪网络程度越大，信息传递量越大，这种影响程度也会越来越大。基于以上分析，本章提出如下假设：

假设 H_3：分析师跟踪网络下领军同伴公司（高盈利能力衡量）采用某种融资决策，则非领军公司更易采用相同的融资决策，反之，非领军同伴公司（低盈利能力衡量）采用某种融资决策，则领军公司并不倾向于采用相同的融资决策。

5.2 研究设计

5.2.1 样本选择与数据处理

本书搜集了 2013—2017 年分析师预测样本，考虑到一般年报都是在次年度 4 月左右才公布，所以为了样本更为干净，本书选择在该年度末 6 个月前和 3 个月后的区间内进行预测作为该年度的样本。由于每年存在多名分析师对同一家公司发布盈余预测，且每个分析师又对不同公司跟踪并发布盈余预测，所以分析师跟踪样本呈现交叉网络特性，本书考虑到样本的复杂性，通过 Python 软件进行处理分离出共同分析师跟踪样本并得出分析师跟踪网络总体样本，通过构建分析师跟踪网络赋权新变量（融资决策变量、特征变量）进行分析。所有原始数据资料均来自 WIND 金融数据库，有关本公司与同伴公司是否属于同一产业的划分参照证监会 2012 版行业分类。

为了使研究更加准确，本书对样本进行如下处理：①与其他公司均不存在共同分析师的样本各指标取值均为0；②同名分析师情况本书也予以考虑，但均作为不同券商的多名分析师进行处理；③剔除了金融类、ST等特殊处理的公司；④考虑IPO融资的影响因素复杂性及样本均为上市公司，为了更准确观测融资政策变化的影响，本书仅考虑企业增发配股的股权发行方式；⑤所有连续变量均经过上下1%的异常值处理。

5.2.2 变量定义

融资决策变量：用借款、债务发行与股权发行来衡量，其中当期借款决策用借款总额占年初资产总额比例来衡量（FFL）；当期债务发行用当期企业发债规模是否超过年初总资产1%来衡量（Debt）；当期股权发行用当期企业增发规模（实际募资净额）是否超过年初总资产1%来衡量（Equity）及当期企业配股规模是否超过年初总资产1%来衡量（Allot）。

分析师跟踪网络：前文述及，借鉴Leary等（2014）有关产业同群效应中同伴公司的定义，本书类比产业性质形成分析师跟踪网络下的同伴公司。首先，由于一个分析师跟踪多家公司，而一家公司又被多个分析师跟踪，所以各分析师与上市公司之间形成了交叉网络状的跟踪与被跟踪关系，本书基于这种交叉网络关系通过对偶配对构建分析师跟踪网络样本。其次，本书定义与某公司在同一分析师跟踪下的所有公司为"同伴"公司，且根据某公司与其同伴公司之间对应的共同分析师人数作为权重，若本公司仅存在1个分析师跟踪，则分析师1跟踪的所有其他公司作为本公司的同伴公司，各同伴公司权重取1（见图5-1）；若本公司存在至少2个及以上分析师跟踪（分析师1，分析师2），则分析师1、分析师2跟踪的所有其他公司称为本公司的同伴公司，同伴公司B权重为2，同伴公司C和同伴公司D权重各为1

(见图 5-2),然后根据各同伴公司融资变量及其权重来计算本公司的同伴公司融资决策加权值作为解释变量,即 APF。

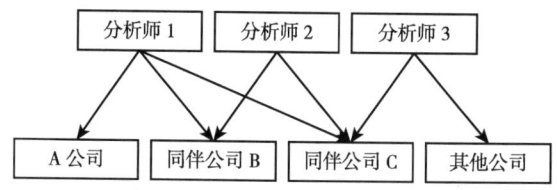

图 5-1 A 公司仅存在 1 个分析师跟踪时融资加权变量权重的确定
(同伴公司 B 权重 =1,同伴公司 C 权重 =1)

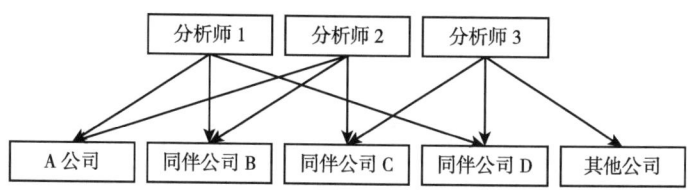

图 5-2 A 公司至少存在 2 个分析师跟踪时融资加权变量权重的确定
(同伴公司 B 权重 =2,同伴公司 C 权重 =1,同伴公司 D 权重 =1)

具体计算公式如下:

$$APF_{ijt} = \sum_{i \neq j} N_{ijt} PF_{jt} / \sum_{i \neq j} N_{ijt}$$

其中 PF_{jt} 包括:借款总额占年初资产总额比例(PFL)、企业债务发行(PFD)、增发股权(PFE)及配股融资(PFA),4 种主要融资政策计算结果分别用 APFL、APFD、APFE 及 APFA 表示。

控制变量:账面市值比、息税摊销前利润相对值、年营业额、独立董事比例、公司规模、股权集中度、资产负债率、高管持股比例、总机构投资者持股比例。与此同时,相关回归方程中也考虑了同产业性质、同伴公司特征对本公司融资决策的影响,引入同产业公司融资均值(不包含该公司本身)、对应的特征均值(不包含该公司本身)及同伴公司特征的加权平均值。为了更好地反映相关因果关系,本书解释变量中除了同伴公司融资决策加权变量与同产业公司融资决策外,其余变量均采用滞后一期值。所有回归过程均控制年份固定效应。

所有变量名称及定义见表5-1。

表5-1　　　　　　　　　　变量定义

变量类型	变量符号	变量名称	变量释义
被解释变量	FFL	借贷融资	借款总额占年初资产总额比例
	Debt	债券发行	发债规模超过年初总资产的1%取1
	Equity	增发	增发规模(实际募资净额)超过年初总资产的1%取1
	Allot	配股	配股规模(实际募资净额)超过年初总资产的1%取1
解释变量	APFL	同伴公司借贷融资加权值	由上述APF计算公式得到
	APFD	同伴公司债券融资加权值	由上述APF计算公式得到
	APFE	同伴公司增发融资加权值	由上述APF计算公式得到
	APFA	同伴公司配股融资加权值	由上述APF计算公式得到
控制变量	APMB	同伴公司账面市值比加权值	类比APF指标计算得到
	APEBITDA	同伴公司息税摊销前利润加权值	类比APF指标计算得到
	APLnsales	同伴公司年营业额加权值	类比APF指标计算得到
	APDR	同伴公司独董比例加权值	类比APF指标计算得到
	APLnasset	同伴公司资产总额加权值	类比APF指标计算得到
	APOwnership	同伴公司股权集中度加权值	类比APF指标计算得到

续表

变量类型	变量符号	变量名称	变量释义
控制变量	APLev	同伴公司资产负债率加权值	类比 APF 指标计算得到
	APGCG	同伴公司高管持股比例加权值	类比 APF 指标计算得到
	APJCG	同伴公司机构投资者持股比例加权值	类比 APF 指标计算得到
	IndFFL	同产业借贷融资均值	不包含 i 公司本身的同产业均值
	IndDebt	同产业债券融资均值	不包含 i 公司本身的同产业均值
	IndEquity	同产业增发融资均值	不包含 i 公司本身的同产业均值
	IndAllot	同产业配股融资均值	不包含 i 公司本身的同产业均值
	MB	账面市值比	股价/每股净资产
	EBITDA	息税摊销前利润相对值	(净利润+所得税费用+长期待摊费用摊销+无形资产摊销+固定资产折旧、油气资产折耗、生产性生物资产折旧)/年初总资产/总资产
	Lnsales	年营业额	营业收入对数
	DR	独立董事比例	独立董事人数/董事会总人数
	Lnasset	公司规模	总资产对数
	Ownership	股权集中度	第一大股东持股比例
	Lev	资产负债率	总负债/总资产
	GCG	高管持股比例	高管持股数/股本总数
	JCG	总机构投资者持股比例	所有机构持股比例之和
	IndMB	同产业账面市值比均值	不包含 i 公司本身的同产业均值

续表

变量类型	变量符号	变量名称	变量释义
控制变量	IndEBITDA	同产业息税摊销前利润均值	不包含i公司本身的同产业均值
	IndLnsales	同产业年营业额均值	不包含i公司本身的同产业均值
	IndDR	同产业独董比例均值	不包含i公司本身的同产业均值
	IndLnasset	同产业公司规模均值	不包含i公司本身的同产业均值
	IndOwnership	同产业股权集中度均值	不包含i公司本身的同产业均值
	IndLev	同产业资产负债率均值	不包含i公司本身的同产业均值
	IndGCG	同产业高管持股比例均值	不包含i公司本身的同产业均值
	IndJCG	同产业机构持股比例均值	不包含i公司本身的同产业均值

5.2.3 模型设计

$$\begin{aligned}
FFL_{it} = &\beta_0 + \beta_1 APFL_{ijt} + \beta_2 IndFFL_{jt} + \beta_3 APMB_{ijt-1} + \beta_4 APEBITDA_{ijt-1} \\
&+ \beta_5 APLnsales_{ijt-1} + \beta_6 APDR_{ijt-1} + \beta_7 APLnasset_{ijt-1} \\
&+ \beta_8 APOwnership_{ijt-1} + \beta_9 APLev_{ijt-1} + \beta_{10} APGCG_{ijt-1} \\
&+ \beta_{11} APJCG_{ijt-1} + \beta_{12} IndMB_{jt-1} + \beta_{13} IndEBITDA_{jt-1} \\
&+ \beta_{14} IndLnsales_{jt-1} + \beta_{15} IndDR_{jt-1} + \beta_{16} IndLnasset_{jt-1} \\
&+ \beta_{17} IndOwnership_{jt-1} + \beta_{18} IndLev_{jt-1} + \beta_{19} IndGCG_{jt-1} \\
&+ \beta_{20} IndJCG_{jt-1} + \beta_{21} MB_{it-1} + \beta_{22} EBITDA_{it-1} + \beta_{23} Lnsales_{it-1} \\
&+ \beta_{24} DR_{it-1} + \beta_{25} Lnasset_{it-1} + \beta_{26} Ownership_{it-1} + \beta_{27} Lev_{it-1} \\
&+ \beta_{28} GCG_{it-1} + \beta_{29} JCG_{it-1} + \varepsilon
\end{aligned} \qquad (5-1)$$

$$\begin{aligned}
\text{Debt}_{it} = &\beta_0 + \beta_1 \text{APFD}_{ijt} + \beta_2 \text{IndDebt}_{jt} + \beta_3 \text{APMB}_{ijt-1} \\
&+ \beta_4 \text{APEBITDA}_{ijt-1} + \beta_5 \text{APLnsales}_{ijt-1} + \beta_6 \text{APDR}_{ijt-1} \\
&+ \beta_7 \text{APLnasset}_{ijt-1} + \beta_8 \text{APOwnership}_{ijt-1} + \beta_9 \text{APLev}_{ijt-1} \\
&+ \beta_{10} \text{APGCG}_{ijt-1} + \beta_{11} \text{APJCG}_{ijt-1} + \beta_{12} \text{IndMB}_{jt-1} \\
&+ \beta_{13} \text{IndEBITDA}_{jt-1} + \beta_{14} \text{IndLnsales}_{jt-1} + \beta_{15} \text{IndDR}_{jt-1} \\
&+ \beta_{16} \text{IndLnasset}_{jt-1} + \beta_{17} \text{IndOwnership}_{jt-1} + \beta_{18} \text{IndLev}_{jt-1} \\
&+ \beta_{19} \text{IndGCG}_{jt-1} + \beta_{20} \text{IndJCG}_{jt-1} + \beta_{21} \text{MB}_{it-1} + \beta_{22} \text{EBITDA}_{it-1} \\
&+ \beta_{23} \text{Lnsales}_{it-1} + \beta_{24} \text{DR}_{it-1} + \beta_{25} \text{Lnasset}_{it-1} + \beta_{26} \text{Ownership}_{it-1} \\
&+ \beta_{27} \text{Lev}_{it-1} + \beta_{28} \text{GCG}_{it-1} + \beta_{29} \text{JCG}_{it-1} + \varepsilon \quad (5-2)
\end{aligned}$$

$$\begin{aligned}
\text{Equity}_{it} = &\beta_0 + \beta_1 \text{APFE}_{ijt} + \beta_2 \text{IndEquity}_{jt} + \beta_3 \text{APMB}_{ijt-1} \\
&+ \beta_4 \text{APEBITDA}_{ijt-1} + \beta_5 \text{APLnsales}_{ijt-1} + \beta_6 \text{APDR}_{ijt-1} \\
&+ \beta_7 \text{APLnasset}_{ijt-1} + \beta_8 \text{APOwnership}_{ijt-1} + \beta_9 \text{APLev}_{ijt-1} \\
&+ \beta_{10} \text{APGCG}_{ijt-1} + \beta_{11} \text{APJCG}_{ijt-1} + \beta_{12} \text{IndMB}_{jt-1} \\
&+ \beta_{13} \text{IndEBITDA}_{jt-1} + \beta_{14} \text{IndLnsales}_{jt-1} + \beta_{15} \text{IndDR}_{jt-1} \\
&+ \beta_{16} \text{IndLnasset}_{jt-1} + \beta_{17} \text{IndOwnership}_{jt-1} + \beta_{18} \text{IndLev}_{jt-1} \\
&+ \beta_{19} \text{IndGCG}_{jt-1} + \beta_{20} \text{IndJCG}_{jt-1} + \beta_{21} \text{MB}_{it-1} \\
&+ \beta_{22} \text{EBITDA}_{it-1} + \beta_{23} \text{Lnsales}_{it-1} + \beta_{24} \text{DR}_{it-1} \\
&+ \beta_{25} \text{Lnasset}_{it-1} + \beta_{26} \text{Ownership}_{it-1} + \beta_{27} \text{Lev}_{it-1} \\
&+ \beta_{28} \text{GCG}_{it-1} + \beta_{29} \text{JCG}_{it-1} + \varepsilon \quad (5-3)
\end{aligned}$$

$$\begin{aligned}
\text{Allot}_{it} = &\beta_0 + \beta_1 \text{APFA}_{ijt} + \beta_2 \text{IndAllot}_{jt} + \beta_3 \text{APMB}_{ijt-1} + \beta_4 \text{APEBITDA}_{ijt-1} \\
&+ \beta_5 \text{APLnsales}_{ijt-1} + \beta_6 \text{APDR}_{ijt-1} + \beta_7 \text{APLnasset}_{ijt-1} \\
&+ \beta_8 \text{APOwnership}_{ijt-1} + \beta_9 \text{APLev}_{ijt-1} + \beta_{10} \text{APGCG}_{ijt-1} \\
&+ \beta_{11} \text{APJCG}_{ijt-1} + \beta_{12} \text{IndMB}_{jt-1} + \beta_{13} \text{IndEBITDA}_{jt-1} \\
&+ \beta_{14} \text{IndLnsales}_{jt-1} + \beta_{15} \text{IndDR}_{jt-1} + \beta_{16} \text{IndLnasset}_{jt-1} \\
&+ \beta_{17} \text{IndOwnership}_{jt-1} + \beta_{18} \text{IndLev}_{jt-1} + \beta_{19} \text{IndGCG}_{jt-1} \\
&+ \beta_{20} \text{IndJCG}_{jt-1} + \beta_{21} \text{MB}_{it-1} + \beta_{22} \text{EBITDA}_{it-1} + \beta_{23} \text{Lnsales}_{it-1} \\
&+ \beta_{24} \text{DR}_{it-1} + \beta_{25} \text{Lnasset}_{it-1} + \beta_{26} \text{Ownership}_{it-1} + \beta_{27} \text{Lev}_{it-1} \\
&+ \beta_{28} \text{GCG}_{it-1} + \beta_{29} \text{JCG}_{it-1} + \varepsilon \quad (5-4)
\end{aligned}$$

5.3 实证结果与分析

5.3.1 描述性统计

首先,通过共同分析师跟踪交叉网络样本数量的观测,本书对跟踪网络下的同伴公司数量及其产业差异下的分布进行了统计(见表5-2),其一,分析师跟踪网络下1个公司平均联接了155家其他公司,其中与本公司同产业的同伴公司平均而言有近46家,不同产业的同伴公司平均而言有110家左右,可以看出分析师更乐于覆盖不同产业的公司群。在本书整个分析师跟踪网络中仅存在6家没有同伴公司的公司样本,即本书研究样本公司中几乎全部存在至少1个同伴公司,而1个分析师跟踪1家公司的样本仅有6个。其二,从分年度样本统计中的均值来看,样本公司中2013—2015年度每个公司在分析师跟踪网络下平均拥有30个左右的同伴公司,而在2016年开始均值上升到96个,是2015年的近3倍,而2017年分析师跟踪网络下每个公司平均拥有300个同伴公司,这一系列数据说明分析师在近几年跟踪上市公司并发布盈余预测报告的行为呈现急速上升趋势,且每个分析师覆盖上市公司数目也在近年来急速上升,而中位数年度统计结果也反映出了类似现象。其三,从分年度同产业和不同产业同伴公司年度样本均值来看,纵向比较发现2013—2017年同产业同伴公司均值分别为11、13、8、21及92,也是在2016年及2017年达到急速上升的现象,不同产业同伴公司样本均值为19、23、25、75及210,呈现逐年递增现象,而横向比较也发现分析师跟踪网络下平均1个公司的不同产业同伴公司数量明显大于同产业同伴公司数量,这也说明共同分析师覆盖范围的增加涵盖了更多不同产业公司,也一定程度上说明了分析师对不同产业类型公司信息的高关注度。

表 5-2 分析师跟踪网络下同伴公司分布情况及分年度分布情况

	同伴公司样本	同产业同群公司样本	不同产业同群公司样本
Panel A：总样本统计			
均值	155.90	45.79	110.10
中位数	77.00	17.00	55.00
标准差	168.10	68.90	125.50
Panel B：分年度统计			
2013			
均值	30.21	11.21	19.01
中位数	25.00	6.00	15.00
标准差	22.71	12.55	16.49
2014			
均值	35.93	12.64	23.29
中位数	33.00	7.00	19.00
标准差	23.87	13.86	18.17
2015			
均值	33.09	8.072	25.01
中位数	27.00	4.00	21.00
标准差	24.62	9.891	20.95
2016			
均值	96.02	20.82	75.20
中位数	78.00	13.00	60.00
标准差	68.14	23.13	59.00
2017			
均值	301.50	91.73	209.80
中位数	290.00	64.00	187.00
标准差	172.50	87.83	137.90

资料来源：作者整理。

其次，从公司及同产业的因变量指标来看（见表5-3），样本公司借贷融资、债券发行、增发融资及配股融资平均比例为11.9%、14.5%、19.6%及0.5%，前三者差别并不大，说明分析师跟踪样本公司中的融资变量间差异不大（增发、配股可视为股权融资看待），但股权发行融资方式的样本公司相对较多，而同产业变量均值与公司政策均值几乎无差异，这也初步说明了同产业内的更多公司愿意采用同种融资方式，但是在分析师跟踪网络下这种融资同群现象是否还存在则需进一步分析。与此同时，

表5-3　　　　　　公司与产业相关变量①

变量	公司变量			同产业变量		
	均值	中位数	标准差	均值	中位数	标准差
FFL	0.119	0.085	0.123	0.119	0.102	0.061
Debt	0.145	0	0.352	0.145	0.105	0.127
Equity	0.196	0	0.397	0.196	0.195	0.113
Allot	0.005	0	0.071	0.005	0	0.014
MB	0.767	0.457	1.500	0.767	0.596	0.573
EBITDA	0.105	0.084	1.272	0.105	0.084	0.129
Lnsales	21.760	21.580	1.533	21.760	21.700	0.846
DR	0.375	0.357	0.060	0.375	0.373	0.018
Lnasset	22.41	22.20	1.390	22.41	22.28	0.813
Ownership	35.75	34.15	15.24	35.75	34.40	5.789
Lev	0.411	0.399	0.201	0.411	0.385	0.110
GCG	0.123	0.004	0.182	0.123	0.131	0.073
JCG	7.063	5.017	8.927	7.064	6.613	2.610

资料来源：作者整理。

---

① 产业变量均为剔除本身的同产业均值。

从公司与产业相关控制变量来看,样本公司中账面市值比、息税摊销前利润、高管持股比例、机构持股比例的均值和中位数差距较大,说明在分析师跟踪的公司中公司价值、盈利水平指标、高管持股占比、机构持股占比差距较大,分析师并不会仅仅对盈利非常好的公司予以跟踪,他们会充分考虑进行选择性跟踪。此外,本书也对同伴公司的共同分析师跟踪人数赋权融资变量进行了统计(见表5-4),有趣的现象是同伴公司的所有赋权指标均值与不同产业同伴公司的赋权指标均值差异不大,且明显大于同产业同伴公司赋权指标均值,这在一定程度上说明了如若某公司

表5-4 跟踪网络下同伴公司相关变量

变量	同伴公司加权变量			同产业同伴公司加权变量			不同产业同伴公司加权变量		
	均值	中位数	标准差	均值	中位数	标准差	均值	中位数	标准差
APFL	0.119	0.111	0.046	0.108	0.095	0.081	0.119	0.113	0.048
APFD	0.144	0.129	0.096	0.133	0.079	0.176	0.143	0.133	0.105
APFE	0.196	0.184	0.110	0.173	0.141	0.190	0.204	0.191	0.125
APFA	0.006	0	0.017	0.005	0	0.024	0.006	0	0.024
APMB	0.762	0.624	0.568	0.709	0.491	0.686	0.717	0.619	0.527
APEBITDA	0.101	0.088	0.273	0.082	0.084	0.041	0.101	0.086	0.320
APLnsales	21.73	21.69	0.716	20.00	21.62	6.092	21.53	21.64	2.001
APDR	0.375	0.375	0.014	0.344	0.371	0.107	0.373	0.375	0.037
APLnasset	22.39	22.33	0.699	20.59	22.20	6.256	22.17	22.30	2.035
APOwnership	35.74	35.48	4.505	32.91	34.24	12.56	35.49	35.23	5.920
APLev	0.411	0.397	0.086	0.378	0.379	0.171	0.406	0.401	0.086
APGCG	0.123	0.123	0.056	0.113	0.106	0.102	0.125	0.122	0.062
APJCG	7.025	6.621	2.251	6.460	6.081	4.464	6.987	6.588	2.837

资料来源:作者整理。

存在更多共同分析师跟踪的同伴公司，且当它们采用某种融资决策时，那么本公司更愿意与跟踪网络中的不同产业同伴公司融资决策保持一致，初步得到了公司通过更多分析师获取不同产业同伴公司融资信息的证据。

5.3.2 相关性分析

本书鉴于可能出现的多重共线性问题，故对相关主要解释变量与控制变量之间相关系数进行了检验，结果表明：首先，从被解释变量与解释变量关系来看，借贷融资、发债融资、增发融资及配股融资与同伴公司融资决策加权变量之间均存在显著关系，且绝大部分为正向显著，有趣的是，本书发现本公司某融资决策变量与对应的同伴公司融资决策加权变量的相关系数分别为 0.331、0.158、0.165 及 0.059，较同伴公司其他融资决策加权变量系数更大，初步说明了本公司融资决策与跟踪网络下的同伴公司融资决策存在一定的同群现象。其次，从解释变量与控制变量的相关性来看，4 个主要的同伴公司融资决策加权变量与主要的控制变量之间相关系数均小于 0.5①，一定程度上说明主要解释变量与控制变量之间不存在严重的多重共线性，后续分析更具有说服力。最后，从被解释变量与控制变量的相关性来看，所选取的控制变量与被解释变量均存在显著的关系，说明控制变量的选取较为合适，对被解释变量具有显著的影响（见表 5-5）。

5.3.3 回归结果分析

本书对分析师跟踪网络下的公司融资决策间关系进行了回归分析，实证结果表明：首先，从（1）、（3）、（5）、（7）列来看，

---

① 鉴于篇幅较大，故同伴公司特征加权变量和产业均值控制变量和未予列示。

第 5 章　资本市场分析师跟踪网络与融资决策同群

表 5-5　Pearson 相关系数表

变量	FFL	Debt	Equity	Allot	APFL	APFD	APFE	APFA	MB	EBITDA	Lnsales	DR	Lnasset	Ownership	Lev	GCG	JCG
FFL	1																
Debt	0.192***	1															
Equity	0.115***	0.005	1														
Allot	0.063***	0.003	-0.034***	1													
APFL	0.332***	0.138***	-0.008	0.016***	1												
APFD	0.187***	0.158***	0.015**	0.015**	0.462***	1											
APFE	0.001	0.022***	0.165***	-0.010*	0.033***	0.037***	1										
APFA	0.017***	0.008	-0.013**	0.059***	0.094***	0.037***	-0.074***	1									
MB	0.249***	0.096***	-0.032***	0.013**	0.196***	0.155***	-0.093***	0.010*	1								
EBITDA	-0.020***	-0.005	0.024***	-0.001	0.003	0.018***	-0.002	-0.003	-0.011*	1							
Lnsales	0.248***	0.202***	-0.043***	0.033***	0.152***	0.158***	-0.086***	0.031***	0.347***	-0.025***	1						
DR	-0.012**	-0.020***	0.003	-0.009	-0.039***	-0.010*	0.011	-0.013**	0.027***	0.011	0.036***	1					
Lnasset	0.313***	0.258***	-0.054***	0.025***	0.215***	0.227***	-0.077***	0.034***	0.429***	-0.050***	0.911***	0.041***	1				
Ownership	0.017***	0	-0.04***	-0.018***	0.110***	0.064***	-0.073***	-0.014**	0.094***	-0.020***	0.233***	0.088***	0.204***	1			
Lev	0.659***	0.225***	0.107***	0.057***	0.272***	0.211***	-0.037***	0.018***	0.373***	-0.046***	0.566***	-0.008	0.579***	0.095***	1		
GCG	-0.199***	-0.075***	0.066***	-0.029***	-0.152***	-0.101***	0.043***	-0.025***	-0.172***	-0.011*	-0.397***	0.078***	-0.413***	-0.129***	-0.324***	1	
JCG	0.034***	0.050***	-0.015**	0.008	0.012**	0.024***	-0.032***	-0.001	0.055***	0.010	0.149***	-0.048***	0.161***	0.007	0.100***	-0.148***	1

注：*** $p<0.01$，** $p<0.05$，* $p<0.1$。

资料来源：作者整理。

发现样本公司借贷融资、债券发行、增发融资、配股融资与同产业融资决策均值回归系数分别为 0.943、6.863、5.644 及 70.501，并在 1% 水平上显著为正，说明了确实存在公司与同产业公司倾向于采用相同的融资决策①，这与前人研究一致（李洋、杨晶宇，2013；Leary 等，2014）。与此同时，本书引入同伴公司加权融资变量及其相关特征的加权变量，从（2）、（4）、（6）、（8）列来看，同伴公司加权借贷融资、加权债券发行、加权增发融资及加权配股融资变量回归系数分别为 0.255、-0.777、1.818 及 6.480，且借贷融资与增发融资回归系数均在 1% 水平上显著为正，而债券发行与配股融资回归系数不明显，一定程度上说明在分析师跟踪网络下，存在共同分析师跟踪更多且采用了借贷或者增发融资决策的同伴公司，本公司则更易采用相同的融资决策，即存在分析师跟踪网络引致的融资同群现象，基本验证了假设 H_1。究其原因，其一，从借贷上来看，前期文献也已表明分析师跟踪率较高的公司进行贷款时的相关契约限制明显较少，要求抵押品可能性较低（Liu，2015），虽然分析师跟踪会让放贷机构更为敏感，但总体来讲分析师跟踪带来的将是借贷融资上的相对便利性。所以从分析师跟踪网络来看，共同分析师人数的增加一定程度上也会导致本公司与同伴公司进行借贷融资更为便利，同群效应更为明显，不过是否存在同伴公司对本公司的融资跟随则有待进一步分析。其二，从股权上来看，相关前期文献也以分析师跟踪人数为信息不对称替代变量，发现具有更多分析师跟踪的上市公司更青睐于发行股权（Chang，2006），而在分析师跟踪网络下，共同分析师人数的增加也必然会导致本公司与同伴公司的融资趋同

---

① 虽然样本为存在分析师跟踪的样本，但目前绝大多数上市公司均存在分析师跟踪，所以相关结论具有代表性。

第5章　资本市场分析师跟踪网络与融资决策同群

的可能性增大，这与前期文献研究结论基本相似（见表5-6）。

表5-6　借款、债务发行和股权发行回归结果

变量	(1) FFL	(2) FFL	(3) Debt	(4) Debt	(5) Equity	(6) Equity	(7) Allot	(8) Allot
APFL		0.255*** (5.17)						
IndFFL	0.943*** (24.32)	0.843*** (19.92)						
APFD				-0.777 (-1.43)				
IndDebt			6.863*** (15.66)	7.024*** (15.17)				
APFE						1.818*** (4.72)		
IndEquity					5.644*** (12.56)	5.300*** (11.56)		
APFA								6.480 (0.55)
IndAllot							70.501*** (6.01)	68.187*** (5.69)
APMB		-0.010 (-1.54)		0.024 (0.08)		-0.258 (-1.20)		-0.706 (-0.74)
APEBITDA		-0.047 (-0.61)		4.655 (1.61)		-1.091 (-0.38)		8.151 (0.53)
APLnsales		0.003 (0.37)		-0.242 (-1.07)		-0.031 (-0.16)		-2.116** (-2.47)
APDR		-0.077 (-0.84)		-3.140 (-0.78)		0.801 (0.26)		5.574 (0.40)
APLnasset		-0.005 (-0.58)		0.201 (0.70)		0.248 (1.05)		2.469*** (2.62)

续表

变量	(1) FFL	(2) FFL	(3) Debt	(4) Debt	(5) Equity	(6) Equity	(7) Allot	(8) Allot
APOwnership	0.000 (1.34)		-0.014 (-0.89)		-0.001 (-0.11)		-0.084 (-1.33)	
APLev		-0.127*** (-3.35)		1.007 (0.79)		-1.020 (-1.03)		4.762 (1.13)
APGCG		-0.034 (-1.19)		1.095 (0.91)		0.385 (0.44)		-3.850 (-0.61)
APJCG		-0.000 (-0.43)		-0.016 (-0.63)		-0.001 (-0.03)		-0.057 (-0.59)
IndMB	-0.007 (-1.24)	-0.003 (-0.56)	0.657*** (3.11)	0.672*** (2.91)	0.091 (0.46)	0.166 (0.78)	-0.104 (-0.08)	-0.072 (-0.05)
IndEBITDA	-0.001 (-0.16)	-0.002 (-0.26)	-0.126 (-0.31)	-0.153 (-0.36)	0.076 (0.27)	0.058 (0.21)	0.452 (0.37)	0.582 (0.46)
IndLnsales	0.037*** (6.56)	0.033*** (5.83)	0.704*** (3.98)	0.738*** (3.80)	0.165 (1.26)	0.193 (1.32)	0.026 (0.04)	0.555 (0.72)
IndDR	-0.026 (-0.28)	-0.011 (-0.11)	1.100 (0.31)	1.618 (0.45)	1.091 (0.42)	0.790 (0.30)	-3.388 (-0.22)	-8.450 (-0.49)
IndLnasset	-0.030*** (-4.11)	-0.026*** (-3.63)	-1.372*** (-5.56)	-1.390*** (-5.44)	-0.043 (-0.23)	-0.124 (-0.62)	0.598 (0.57)	-0.019 (-0.02)
IndOwnership	0.000 (0.88)	0.000 (0.31)	0.003 (0.19)	0.007 (0.48)	-0.004 (-0.35)	-0.001 (-0.07)	-0.059 (-1.12)	-0.033 (-0.51)
IndLev	-0.427*** (-15.18)	-0.361*** (-11.99)	-2.216** (-2.20)	-2.267** (-2.09)	-2.078*** (-2.59)	-1.625* (-1.96)	-7.133** (-2.21)	-9.143** (-2.22)
IndGCG	-0.007 (-0.24)	0.009 (0.30)	0.092 (0.08)	-0.021 (-0.02)	-0.432 (-0.52)	-0.515 (-0.58)	1.185 (0.28)	3.403 (0.60)
IndJCG	0.000 (0.17)	0.000 (0.44)	-0.015 (-0.64)	-0.016 (-0.64)	0.005 (0.30)	0.005 (0.29)	0.020 (0.22)	0.020 (0.21)
MB	0.012*** (3.63)	0.013*** (4.02)	-0.491*** (-5.43)	-0.485*** (-5.29)	-0.065 (-0.79)	-0.042 (-0.51)	0.134 (0.39)	0.108 (0.36)

续表

变量	(1) FFL	(2) FFL	(3) Debt	(4) Debt	(5) Equity	(6) Equity	(7) Allot	(8) Allot
EBITDA	0.043 (1.64)	0.049* (1.85)	2.509** (2.42)	2.398** (2.28)	4.914*** (5.91)	5.009*** (5.88)	6.418 (0.95)	6.973 (1.02)
Lnsales	−0.040*** (−11.31)	−0.040*** (−11.35)	−0.553*** (−5.41)	−0.545*** (−5.27)	−0.176** (−2.34)	−0.192** (−2.54)	−0.087 (−0.16)	0.143 (0.27)
DR	0.022 (0.82)	0.024 (0.88)	−1.093 (−0.99)	−1.098 (−0.99)	−0.266 (−0.36)	−0.291 (−0.39)	−0.704 (−0.13)	−1.305 (−0.26)
Lnasset	0.028*** (6.91)	0.029*** (7.11)	1.266*** (10.31)	1.266*** (10.25)	−0.123 (−1.36)	−0.115 (−1.27)	−0.211 (−0.34)	−0.374 (−0.63)
Ownership	−0.000** (−2.36)	−0.000** (−2.23)	−0.011*** (−2.58)	−0.011*** (−2.58)	−0.002 (−0.82)	−0.002 (−0.73)	−0.021 (−1.14)	−0.024 (−1.27)
Lev	0.451*** (38.55)	0.450*** (38.57)	2.529*** (6.57)	2.519*** (6.52)	3.852*** (12.52)	3.881*** (12.55)	6.247*** (4.30)	6.379*** (4.45)
GCG	−0.002 (−0.22)	−0.001 (−0.09)	0.728* (1.71)	0.724* (1.70)	1.154*** (4.48)	1.118*** (4.32)	−2.790 (−1.34)	−2.900 (−1.39)
JCG	−0.000 (−1.35)	−0.000 (−1.28)	0.009 (1.52)	0.008 (1.46)	0.000 (0.06)	0.000 (0.02)	−0.005 (−0.19)	0.000 (0.02)
Constant	0.081 (0.83)	0.158 (1.27)	−4.398 (−1.22)	−3.574 (−0.71)	−0.535 (−0.18)	−3.916 (−1.05)	−9.623 (−0.60)	−16.461 (−0.96)
Year	控制							
Observations	28986	28979	28986	28979	28986	28979	28986	28979
Adj-R^2	0.601	0.605	—	—	—	—	—	—
Pesudo Adj R^2	—	—	0.2037	0.2052	0.1081	0.1121	0.2744	0.2994

注：*** $p<0.01$，** $p<0.05$，* $p<0.1$。

资料来源：作者整理。

而债券与配股融资并未表现出同群的原因可能在于债券融资本身相较股权融资而言成本更大，且债券发行与配股发行对公司资本、发行额度、营利能力、资金用途等方面都有较明确及较严格的规定。相对而言，根据前期文献来看，在分析师跟踪人数增加的情况下，借贷及增发融资限制相对减小，更为容易实施，融资趋同的现象更大。其次，从融资决策变量与同伴公司特征加权变量来看，绝大多数跟踪网络下的同伴公司特征并不会显著影响到本公司的融资决策，这和理论分析基本一致。此外，通过公司控制变量来看，大规模、高利润、低股权集中度、高财务杠杆的公司更容易进行外部融资，而高管持股比例增加也将引致更多的增发融资，这与前期文献研究结果基本一致。

5.3.4 进一步分析

本书进一步将同伴公司按产业进行划分，将同伴公司与本公司区分为同产业、不同产业样本，重新计算相关跟踪网络下同伴公司融资决策加权值及同伴公司特征的加权指标，并进行深入分析，以期探索同伴公司产业差异对融资决策同群的影响。实证结果表明（见表5-7、表5-8），首先，同产业同伴公司的借贷融资、债券发行、增发融资及配股加权指标回归系数分别为0.020、-2.305、-0.780及-7.086，虽然统计上债券融资与增发融资在1%水平上显著，但并未表现出同群现象，故须进一步对不同产业同伴公司的相关结果进行分析以明确同群现象的产业差异。

其次，不同产业同伴公司的借贷融资、债券发行、增发融资及配股融资加权指标回归系数分别为0.142、0.471、1.970及27.512，且除债券以外其余融资方式均在1%、5%水平上显著为正，结合相关结果进一步证明了分析师跟踪网络下的融资决策同群主要来源于不同产业的同伴公司，且在借贷融资和增发融资方式上更为明显，即当存在更多共同分析师跟踪且采用借贷或增发融资方式的不同产业的同伴公司时，本公司更容易采用相同的融资决策，验证了假设 H_{2b}，进一步表明上市公司通过分析师跟踪网络来获取其他公司的相关信息，尤其是跟踪网络下的不同产业同伴公司相关融资信息对公司发展可能更为重要，以上结论也初步证实分析师跟踪在公司融资决策关系间的信息传导作用，发现了分析师新的角色扮演。

表 5-7　同产业同伴公司借贷、债券发行和股权发行回归结果

变量	(1) FFL	(2) FFL	(3) Debt	(4) Debt	(5) Equity	(6) Equity	(7) Allot	(8) Allot
APFL		0.020 (0.60)						
IndFFL	0.943*** (24.32)	0.924*** (20.04)						
APFD				-2.305*** (-6.91)				
IndDebt			6.863*** (15.66)	8.851*** (16.46)				
APFE						-0.780*** (-3.36)		
IndEquity					5.644*** (12.56)	6.240*** (12.96)		
APFA								-7.086 (-1.25)
IndAllot							70.501*** (6.01)	77.372*** (6.02)
APMB		-0.004 (-0.88)		0.328** (2.03)		-0.250 (-1.46)		-0.056 (-0.08)
APEBITDA		0.035 (0.71)		1.522 (0.87)		-0.569 (-0.37)		1.510 (0.19)
APLnsales		0.000 (0.05)		-0.305** (-1.96)		0.231 (1.64)		-1.422** (-2.12)

续表

变量	(1) FFL	(2) FFL	(3) Debt	(4) Debt	(5) Equity	(6) Equity	(7) Allot	(8) Allot
APDR		-0.023 (-0.45)		-0.387 (-0.19)		0.054 (0.03)		-7.684 (-0.83)
APLnasset		0.001 (0.25)		0.304** (2.06)		-0.214 (-1.56)		1.627** (2.37)
APOwnership		-0.000 (-1.50)		-0.012 (-1.54)		-0.005 (-0.74)		-0.060** (-2.26)
APLev		-0.032 (-1.43)		0.790 (1.07)		0.447 (0.78)		-3.447 (-1.20)
APGCG		-0.006 (-0.41)		0.859 (1.25)		0.808 (1.55)		4.220** (2.50)
APJCG		-0.000 (-0.95)		0.011 (0.66)		-0.010 (-0.81)		-0.021 (-0.37)
IndMB	-0.007 (-1.24)	-0.004 (-0.61)	0.657*** (3.11)	0.386 (1.58)	0.091 (0.46)	0.241 (1.07)	-0.104 (-0.08)	-0.309 (-0.24)
IndEBITDA	-0.001 (-0.16)	-0.001 (-0.11)	-0.126 (-0.31)	-0.152 (-0.37)	0.076 (0.27)	0.112 (0.39)	0.452 (0.37)	0.777 (0.61)
IndLnsales	0.037*** (6.56)	0.036*** (5.40)	0.704*** (3.98)	0.971*** (4.60)	0.165 (1.26)	-0.047 (-0.28)	0.026 (0.04)	0.723 (0.85)
IndDR	-0.026 (-0.28)	-0.002 (-0.02)	1.100 (0.31)	1.638 (0.43)	1.091 (0.42)	1.057 (0.37)	-3.388 (-0.22)	0.018 (0.00)
IndLnasset	-0.030*** (-4.11)	-0.029*** (-3.71)	-1.372*** (-5.56)	-1.653*** (-5.93)	-0.043 (-0.23)	0.225 (1.07)	0.598 (0.57)	-0.017 (-0.02)
IndOwnership	0.000 (0.88)	0.001 (1.48)	0.003 (0.19)	0.013 (0.84)	-0.004 (-0.35)	-0.000 (-0.01)	-0.059 (-1.12)	-0.026 (-0.39)
IndLev	-0.427*** (-15.18)	-0.391*** (-11.84)	-2.216** (-2.20)	-2.767** (-2.31)	-2.078*** (-2.59)	-2.500*** (-2.76)	-7.133** (-2.21)	-3.964 (-1.08)
IndGCG	-0.007 (-0.24)	0.004 (0.11)	0.092 (0.08)	-0.593 (-0.48)	-0.432 (-0.52)	-0.883 (-0.94)	1.185 (0.28)	-1.544 (-0.35)

第5章 资本市场分析师跟踪网络与融资决策同群

续表

变量	(1) FFL	(2) FFL	(3) Debt	(4) Debt	(5) Equity	(6) Equity	(7) Allot	(8) Allot
IndJCG	0.000 (0.17)	0.000 (0.57)	-0.015 (-0.64)	-0.031 (-1.23)	0.005 (0.30)	0.015 (0.78)	0.020 (0.22)	-0.040 (-0.44)
MB	0.012*** (3.63)	0.012*** (3.67)	-0.491*** (-5.43)	-0.486*** (-5.30)	-0.065 (-0.79)	-0.050 (-0.62)	0.134 (0.39)	0.037 (0.12)
EBITDA	0.043 (1.64)	0.040 (1.51)	2.509** (2.42)	2.650** (2.56)	4.914*** (5.91)	5.055*** (6.03)	6.418 (0.95)	7.912 (1.20)
Lnsales	-0.040*** (-11.31)	-0.040*** (-11.23)	-0.553*** (-5.41)	-0.569*** (-5.51)	-0.176** (-2.34)	-0.168** (-2.24)	-0.087 (-0.16)	-0.011 (-0.02)
DR	0.022 (0.82)	0.020 (0.71)	-1.093 (-0.99)	-1.034 (-0.93)	-0.266 (-0.36)	-0.356 (-0.48)	-0.704 (-0.13)	-2.035 (-0.43)
Lnasset	0.028*** (6.91)	0.028*** (6.90)	1.266*** (10.31)	1.279*** (10.31)	-0.123 (-1.36)	-0.127 (-1.41)	-0.211 (-0.34)	-0.152 (-0.25)
Ownership	-0.000** (-2.36)	-0.000** (-2.45)	-0.011** (-2.58)	-0.012** (-2.63)	-0.002 (-0.82)	-0.003 (-0.90)	-0.021 (-1.14)	-0.032* (-1.73)
Lev	0.451*** (38.55)	0.451*** (38.46)	2.529*** (6.57)	2.588*** (6.58)	3.852*** (12.52)	3.833*** (12.48)	6.247*** (4.30)	6.381*** (4.64)
GCG	-0.002 (-0.22)	-0.001 (-0.17)	0.728* (1.71)	0.743* (1.75)	1.154*** (4.48)	1.168*** (4.57)	-2.790 (-1.34)	-2.609 (-1.22)
JCG	-0.000 (-1.35)	-0.000 (-1.39)	0.009 (1.52)	0.010* (1.72)	0.000 (0.06)	-0.000 (-0.04)	-0.005 (-0.19)	0.002 (0.06)
Constant	0.081 (0.83)	0.065 (0.66)	-4.398 (-1.22)	-4.310 (-1.14)	-0.535 (-0.18)	-2.040 (-0.68)	-9.623 (-0.60)	-16.041 (-1.10)
Year	控制							
Observations	28986	28954	28986	28954	28986	28954	28986	28954
Adj-R^2	0.601	0.602	—	—	—	—	—	—
Pesudo Adj-R^2	—	—	0.2037	0.2153	0.1081	0.1118	0.2744	0.3185

注：*** $p<0.01$，** $p<0.05$，* $p<0.1$。

资料来源：作者整理。

表 5-8 不同产业同伴公司借贷、债券发行和股权发行回归结果

变量	(1) FFL	(2) FFL	(3) Debt	(4) Debt	(5) Equity	(6) Equity	(7) Allot	(8) Allot
APFL		0.142*** (3.79)						
IndFFL	0.943*** (24.32)	0.924*** (23.36)						
APFD				0.471 (1.00)				
IndDebt			6.863*** (15.66)	6.779*** (15.31)				
APFE						1.970*** (6.26)		
IndEquity					5.644*** (12.56)	5.594*** (12.33)		
APFA								27.512** (2.44)
IndAllot							70.501*** (6.01)	72.360*** (5.88)
APMB		−0.013** (−2.15)		−0.026 (−0.10)		−0.209 (−1.05)		−0.158 (−0.19)
APEBITDA		−0.067 (−1.17)		2.782 (1.17)		0.225 (0.10)		3.192 (0.26)
APLnsales		0.005 (0.85)		−0.122 (−0.65)		−0.084 (−0.50)		−1.352** (−2.33)
APDR		−0.053 (−0.80)		−1.499 (−0.50)		−0.187 (−0.08)		15.079 (1.57)
APLnasset		−0.012* (−1.76)		0.090 (0.34)		0.321 (1.47)		1.354 (1.56)
APOwnership		0.001** (2.44)		−0.010 (−1.01)		−0.005 (−0.63)		−0.100** (−2.34)

续表

变量	(1) FFL	(2) FFL	(3) Debt	(4) Debt	(5) Equity	(6) Equity	(7) Allot	(8) Allot
APLev		-0.025 (-0.89)		0.082 (0.09)		-0.742 (-1.06)		4.018 (1.34)
APGCG		-0.031 (-1.49)		0.842 (0.95)		0.223 (0.33)		-5.248 (-1.21)
APJCG		0.000 (0.38)		-0.004 (-0.19)		-0.009 (-0.58)		0.004 (0.06)
IndMB	-0.007 (-1.24)	-0.007 (-1.14)	0.657*** (3.11)	0.671*** (3.16)	0.091 (0.46)	0.125 (0.62)	-0.104 (-0.08)	-0.482 (-0.35)
IndEBITDA	-0.001 (-0.16)	-0.001 (-0.22)	-0.126 (-0.31)	-0.134 (-0.33)	0.076 (0.27)	0.128 (0.45)	0.452 (0.37)	0.670 (0.50)
IndLnsales	0.037*** (6.56)	0.035*** (6.27)	0.704*** (3.98)	0.694*** (3.87)	0.165 (1.26)	0.173 (1.28)	0.026 (0.04)	0.091 (0.11)
IndDR	-0.026 (-0.28)	-0.043 (-0.47)	1.100 (0.31)	0.795 (0.22)	1.091 (0.42)	0.820 (0.31)	-3.388 (-0.22)	-7.811 (-0.47)
IndLnasset	-0.030*** (-4.11)	-0.027*** (-3.87)	-1.372*** (-5.56)	-1.344*** (-5.46)	-0.043 (-0.23)	-0.091 (-0.48)	0.598 (0.57)	0.425 (0.40)
IndOwnership	0.000 (0.88)	0.000 (0.82)	0.003 (0.19)	0.003 (0.20)	-0.004 (-0.35)	-0.001 (-0.12)	-0.059 (-1.12)	-0.032 (-0.54)
IndLev	-0.427*** (-15.18)	-0.415*** (-14.55)	-2.216** (-2.20)	-2.143** (-2.11)	-2.078*** (-2.59)	-1.790** (-2.20)	-7.133** (-2.21)	-6.967* (-1.94)
IndGCG	-0.007 (-0.24)	0.005 (0.15)	0.092 (0.08)	0.142 (0.12)	-0.432 (-0.52)	-0.365 (-0.42)	1.185 (0.28)	2.628 (0.54)
IndJCG	0.000 (0.17)	0.000 (0.33)	-0.015 (-0.64)	-0.016 (-0.68)	0.005 (0.30)	0.010 (0.54)	0.020 (0.22)	0.048 (0.51)
MB	0.012*** (3.63)	0.012*** (3.79)	-0.491*** (-5.43)	-0.480*** (-5.29)	-0.065 (-0.79)	-0.052 (-0.64)	0.134 (0.39)	0.149 (0.49)
EBITDA	0.043 (1.64)	0.046* (1.74)	2.509** (2.42)	2.387** (2.30)	4.914*** (5.91)	4.979*** (5.91)	6.418 (0.95)	7.818 (1.13)

续表

变量	(1) FFL	(2) FFL	(3) Debt	(4) Debt	(5) Equity	(6) Equity	(7) Allot	(8) Allot
Lnsales	-0.040*** (-11.31)	-0.040*** (-11.38)	-0.553*** (-5.41)	-0.547*** (-5.36)	-0.176** (-2.34)	-0.191** (-2.53)	-0.087 (-0.16)	0.086 (0.16)
DR	0.022 (0.82)	0.024 (0.85)	-1.093 (-0.99)	-1.087 (-0.97)	-0.266 (-0.36)	-0.274 (-0.37)	-0.704 (-0.13)	-0.653 (-0.13)
Lnasset	0.028*** (6.91)	0.029*** (7.15)	1.266*** (10.31)	1.263*** (10.30)	-0.123 (-1.36)	-0.122 (-1.35)	-0.211 (-0.34)	-0.322 (-0.58)
Ownership	-0.000** (-2.36)	-0.000** (-2.33)	-0.011*** (-2.58)	-0.011** (-2.52)	-0.002 (-0.82)	-0.002 (-0.75)	-0.021 (-1.14)	-0.022 (-1.15)
Lev	0.451*** (38.55)	0.450*** (38.57)	2.529*** (6.57)	2.513*** (6.55)	3.852*** (12.52)	3.899*** (12.59)	6.247*** (4.30)	6.091*** (4.08)
GCG	-0.002 (-0.22)	-0.001 (-0.09)	0.728* (1.71)	0.696 (1.64)	1.154*** (4.48)	1.120*** (4.32)	-2.790 (-1.34)	-2.734 (-1.31)
JCG	-0.000 (-1.35)	-0.000 (-1.34)	0.009 (1.52)	0.009 (1.46)	0.000 (0.06)	0.000 (0.00)	-0.005 (-0.19)	0.002 (0.10)
Constant	0.081 (0.83)	0.235* (1.89)	-4.398 (-1.22)	-3.597 (-0.71)	-0.535 (-0.18)	-4.291 (-1.10)	-9.623 (-0.60)	-12.601 (-0.60)
Year	控制							
Observations	28986	28970	28986	28970	28986	28970	28986	28970
Adj-R²	0.601	0.604	—	—	—	—	—	—
Pesudo Adj-R²	—	—	0.2137	0.2050	0.1081	0.1138	0.2744	0.3133

注：*** p<0.01，** p<0.05，* p<0.1。

资料来源：作者整理。

为了深入探索分析师跟踪网络下的这种融资决策同群现象是否具有方向性，即是否存在相关的跟随行为，本书通过定义营收水平高于或低于同年样本指标的中位数的相关公司为领军公司，构建相关子样本并计算同伴公司相关加权指标进一步探索分析师

第5章 资本市场分析师跟踪网络与融资决策同群

跟踪网络下领军同伴公司融资决策是否对非领军公司的融资决策产生影响,而反之则不存在相关同群现象,即验证分析师跟踪网络下非领军公司融资决策对领军同伴公司融资决策是否具有跟随性质。实证结果表明(见表5-9、表5-10),一方面,当分析师跟踪网络下同伴公司为领军公司时,从借贷融资与增发融资的视角来看,APFL、APFE系数分别为0.078、0.212,且均在5%、1%水平上显著为正,而发行债券与配股方式上回归系数并不显著,说明同伴公司中领军公司的借贷融资与增发融资决策对非领军公司融资决策产生了显著影响,出现了融资决策的同群现象,即存在更多共同分析师跟踪且采用借贷融资或增发融资方式的领军同伴公司时,本公司更易采用相同的融资决策;另一方面,当分析师跟踪网络下同伴公司为非领军公司时,本书并没有发现相关融资同群现象的存在。综上来看,分析师跟踪网络下借贷融资与增发融资同群行为是一种明显的跟随学习机制,说明了分析师信息对融资决策同群行为的边际影响具有一定的方向性,基本验证了假设H_3。

表5-9 领军同伴公司对非领军公司融资决策影响回归

变量	Lnsales < Median							
	(1)	(2)	(3)	(4)	(5)	(6)	(7)	(8)
	FFL	FFL	Debt	Debt	Equity	Equity	Allot	Allot
APFL (Lnsales > Median)		0.078 ** (2.09)						
IndFFL	0.535 *** (9.63)	0.494 *** (8.92)						
APFD (Lnsales > Median)				-0.062 (-0.09)				

续表

变量	(1) FFL	(2) FFL	(3) Debt	(4) Debt	(5) Equity	(6) Equity	(7) Allot	(8) Allot
				Lnsales < Median				
IndDebt			5.564*** (7.24)	5.171*** (6.23)				
APFE (Lnsales > Median)					1.212*** (3.12)			
IndEquity					5.230*** (8.38)	5.594*** (9.57)		
APFA (Lnsales > Median)								-2.456 (-0.17)
IndAllot							65.786*** (5.32)	70.068*** (5.71)
APMB (Lnsales > Median)		-0.006 (-0.90)		-0.204 (-0.65)		-0.135 (-0.67)		1.852 (1.23)
APEBITDA (Lnsales > Median)		-0.041 (-0.65)		-2.810 (-0.69)		0.141 (0.05)		26.333** (1.99)
APLnsales (Lnsales > Median)		0.012* (1.95)		-0.365 (-0.98)		0.091 (0.42)		-1.018 (-0.82)
APDR (Lnsales > Median)		-0.069 (-1.00)		-4.671 (-0.91)		2.298 (0.82)		-2.535 (-0.12)
APLnasset (Lnsales > Median)		-0.016** (-2.32)		0.458 (1.12)		0.206 (0.92)		-0.732 (-0.91)
APOwnership (Lnsales > Median)		0.000** (2.16)		0.023 (1.37)		0.011 (1.27)		-0.071 (-1.51)

续表

变量	Lnsales < Median							
	(1)	(2)	(3)	(4)	(5)	(6)	(7)	(8)
	FFL	FFL	Debt	Debt	Equity	Equity	Allot	Allot
APLev (Lnsales > Median)		-0.034 (-1.07)		-0.657 (-0.39)		-0.404 (-0.41)		-2.983 (-0.48)
APGCG (Lnsales > Median)		-0.004 (-0.14)		2.326 (0.99)		1.334 (1.17)		6.866 (0.95)
APJCG (Lnsales > Median)		0.001** (2.42)		-0.055* (-1.66)		-0.013 (-0.80)		-0.051 (-0.80)
ΣControls	同产业公司特征均值控制							
ΣControls	公司特征控制变量							
Constant	-0.046 (-0.30)	0.015 (0.08)	-26.865*** (-3.76)	-34.600*** (-3.50)	5.344 (1.31)	-3.074 (-0.80)	-24.851* (-1.96)	8.324 (0.29)
Year	控制							
Observations	13006	13005	13006	13005	13006	13005	13006	13005
Adjusted Adj-R^2	0.594	0.598	—	—	—	—	—	—
Pesudo Adj-R^2	—	—	0.2011	0.2124	0.1183	0.1204	0.2797	0.3247

注：*** $p<0.01$, ** $p<0.05$, * $p<0.1$。
资料来源：作者整理。

表 5-10 非领军同伴公司对领军公司融资决策影响回归

变量	Lnsales > Median							
	(1)	(2)	(3)	(4)	(5)	(6)	(7)	(8)
	FFL	FFL	Debt	Debt	Equity	Equity	Allot	Allot
APFL (Lnsales < Median)		-0.703 (-0.92)						

续表

变量	Lnsales > Median							
	(1)	(2)	(3)	(4)	(5)	(6)	(7)	(8)
	FFL	FFL	Debt	Debt	Equity	Equity	Allot	Allot
IndFFL	7.404*** (14.14)	7.451*** (14.05)						
APFD (Lnsales < Median)				0.397 (1.02)				
IndDebt			5.950*** (9.13)	5.790*** (8.81)				
APFE (Lnsales < Median)						0.397 (1.02)		
IndEquity					5.950*** (9.13)	5.790*** (8.81)		
APFA (Lnsales < Median)								28.239* (1.84)
IndAllot							73.779*** (4.86)	79.096*** (4.47)
APMB (Lnsales < Median)		-0.018** (-2.44)		0.011 (0.04)		0.129 (0.78)		1.086 (0.88)
APEBITDA (Lnsales < Median)		-0.039 (-0.46)		-2.993 (-0.72)		2.511 (1.02)		29.485 (1.57)
APLnsales (Lnsales < Median)		0.001 (0.14)		-0.082 (-0.32)		0.080 (0.49)		-1.860 (-1.55)
APDR (Lnsales < Median)		-0.043 (-0.72)		-2.556 (-0.93)		-1.730 (-1.12)		-3.391 (-0.48)

续表

变量	Lnsales > Median							
	(1) FFL	(2) FFL	(3) Debt	(4) Debt	(5) Equity	(6) Equity	(7) Allot	(8) Allot
APLnasset (Lnsales < Median)	-0.019** (-2.17)	-0.013 (-1.54)	0.452* (1.69)	0.423 (1.43)	0.432** (2.16)	0.417** (1.98)	-1.401 (-1.08)	-0.935 (-0.95)
APOwnership (Lnsales < Median)	-0.010 (-1.03)	-0.013 (-1.38)	0.148 (0.17)	0.159 (0.18)	-0.188 (-0.49)	-0.192 (-0.50)	1.940* (1.79)	2.055 (1.59)
APLev (Lnsales < Median)	-0.004 (-0.74)	-0.004 (-0.77)	-0.274 (-1.41)	-0.241 (-1.17)	-0.091 (-0.80)	-0.102 (-0.89)	0.495 (1.27)	0.445 (0.89)
APGCG (Lnsales < Median)	0.047 (0.73)	0.072 (1.13)	-2.877 (-1.15)	-2.426 (-1.01)	3.389** (2.06)	3.998** (2.44)	10.654 (1.11)	10.225 (1.10)
APJCG (Lnsales < Median)	0.096*** (9.45)	0.098*** (9.52)	0.516** (2.55)	0.515** (2.56)	-0.135 (-0.60)	-0.133 (-0.60)	1.035** (2.01)	1.070* (1.81)
ΣControls	同产业公司特征均值控制							
ΣControls	公司特征控制变量							
Constant	0.210 (1.56)	0.225* (1.69)	1.944 (0.45)	2.114 (0.48)	-3.174 (-0.72)	-2.963 (-0.66)	-9.969 (-0.52)	-6.410 (-0.35)
Year	控制							
Observations	15980	15980	15980	15980	15980	15980	15980	15980
Adjusted Adj-R^2	0.592	0.595	—	—	—	—	—	—
Pesudo Adj-R^2	—	—	0.1720	0.1737	0.1118	0.1148	0.3048	0.3605

注：*** $p<0.01$, ** $p<0.05$, * $p<0.1$。
资料来源：作者整理。

5.4 内生性处理

其一,由于我国资本市场本身的特性导致可能大多数上市公司宁愿选择股权融资方式予以筹资,虽然以上回归分析加入了产业特征相关变量作为控制变量,一定程度上控制了产业特性对融资决策同群的影响,但融资决策同群来源于多个方面,公司之间可能存在的某些隐性的共同特征也会导致公司融资决策具有一定的相似性(Manski,1993),这些因素可能不容易被观测,但是这种影响可能并不小,所以研究分析师跟踪网络下融资决策关系一定程度上需要对此方面进行控制,所以为了区分融资决策不是由于其他隐性共同因素所产生的,本书尝试借鉴 Leary 等(2014)对隐性共有因素效应的相关变量来衡量同伴公司的加权超额股权收益冲击,与 Leary 等(2014)的设计与处理有所不同,为了在股权收益中反映分析师跟踪网络(共同分析师人数影响)因素,本书引入了同伴公司等权平均收益率(WAR_{it})来辅助计算超额收益。将同伴公司的加权超额股权收益冲击作为同伴公司融资政策变化的外生来源,通过工具变量回归来控制这种隐性共同因素效应,更为干净地研究分析师跟踪网络引致的这种公司融资决策同群效应。

首先,以同伴公司加权超额股权收益冲击作为工具变量,原因在于国内外众多文献已经证明了股价与公司融资政策密切相关(刘端、陈收,2006;黄本多、干胜道,2009;马健等,2012;于丽峰等,2014;谢雅璐,2015),而国外研究也发现分析师跟踪网络下股价的联动效应(Muslu 等,2014;Israelsen,2016),且股价变化一定程度上表明公司投资机会、期望收益及风险的改

第 5 章 资本市场分析师跟踪网络与融资决策同群

变,而这些必将导致融资政策的重大变化,所以该变量与同伴公司的加权融资政策会有显著的关系。其次,同伴公司加权超额股权收益冲击理论上不会直接影响本公司的特征及本公司的融资决策,所以基于以上两点,选择同伴公司加权超额股权收益冲击作为工具变量较为合适。

为了一定程度上规避掉隐性的共同效应而分离出跟踪网络引致的同群效应,引入同伴公司等权平均收益率(WAR_{it})[①]来估计公司的超额收益,且考虑到估计系数的精确性,本书通过跟踪行为前5年滚动样本的月度数据进行系数估计,并根据系数计算跟踪当年度公司的超额股权收益冲击,然后计算同伴公司的加权超额股权收益冲击[②]:

$$R_{it} = \alpha + \beta(R_{mt} - R_{ft}) + \gamma(WAR_{it} - Rf_t) + \varepsilon_{it}(t\text{为前5年度滚动月度样本}) \quad (5-5)$$

$$ER_{it} = R_{it} - \hat{R}_{it}(t\text{为月度样本}) \quad (5-6)$$

$$APER_{ijt} = \sum_{i \neq j} N_{ijt} ER_{jt} \Big/ \sum_{i \neq j} N_{ijt} \quad (5-7)$$

其中 R_{it}、R_{mt}、R_{ft}、WAR_{it} 分别表示 i 公司在 t 月的考虑现金红利再投资的股票回报率[③]、对应市场 m 在 t 月的考虑现金红利再投资的市场回报率(总市值加权平均法)、月度化无风险利率及同伴公司加权月度平均收益率。ER_{it} 表示实际收益与预期收益差额,即超额股权收益。$APER_{ijt}$ 则是根据公司 i 的同伴公司 j 的 ER_{it} 值以分析师跟踪网络下共同分析师人数为权重计算的加权平

---

① 考虑股价指标的特殊性,此处本书采用同伴公司收益率简单平均值来进行估计和计算超额收益,稳健性检验测试了同伴公司收益率加权平均值的相关结果。

② 考虑到超额收益率计算年和分析师跟踪年的滞后性,此处超额股权收益及加权超额股权收益都是根据滞后一期跟踪网络关系来确定同伴公司并计算相关指标。

③ 为了让相关预测收益的计算更加精确,所以此处采用样本所在年前5年滚动月度数据进行载荷系数估计。

均值。

由于主回归及进一步分析相关结果仅在借贷融资与增发融资方式上发现了显著的同群效应,所以本书内生性处理仅针对两种方式进行。通过Ⅳ两阶段回归结果显示(见表 5-11),全样本下,从第一阶段来看,本书选择同伴公司的加权超额股权收益冲击与同伴公司的加权融资决策变量之间相关性程度很高,对相关加权融资决策产生了显著的影响,借贷融资与增发融资下的回归系数分别为-0.015、-0.023,且均在1%水平上显著为负,F值大于10,Wald 检验也通过了相关显著性水平;从第二阶段来看,借贷融资决策、增发融资决策与同伴公司加权融资决策回归系数分别为 0.519、8.193,且在 5%、1% 的水平上显著为正,这也进一步验证了假设 H_1,说明了整体上从借贷融资及增发融资视角来看分析师跟踪网络引致的融资同群现象非常明显,也说明了总体上分析师对公司融资决策间关系的信息传递作用。

表 5-11　　　　全样本下工具变量回归结果

变量	全样本			
	借贷		增发股权(Twostep-probit)	
	第一阶段	第二阶段	第一阶段	第二阶段
	APFL	FFL	APFE	Equity
APER T 值	-0.015*** (-10.51)		-0.023*** (-6.06)	
APFL Z 值		0.519** (2.11)		
APFE Z 值				8.193** (2.41)
ΣControls	同伴公司特征加权控制			
ΣControls	同产业公司特征均值控制			

第5章 资本市场分析师跟踪网络与融资决策同群

续表

变量	全样本			
	借贷		增发股权（Twostep-probit）	
	第一阶段	第二阶段	第一阶段	第二阶段
	APFL	FFL	APFE	Equity
ΣControls	公司特征控制			
Year	控制			
Observations	28979	28979	28979	28979
F 值	110.504	—	—	—
Wald test of exogeneity	—	—	—	chi2(1) = 5.08**

注：*** $p<0.01$，** $p<0.05$，* $p<0.1$。

资料来源：作者整理。

与此同时，本书也对产业差异下的同伴公司样本进行了相关工具变量回归，结果表明（见表5-12），从同伴公司产业性质来看，不论是同产业还是不同产业，同伴公司的加权股权收益冲击对融资决策加权变量回归系数均为负，且在不同产业同伴公司样本下显著为负，不同产业相关F值依然大于10，Wald检验也依然显著，而第二阶段结果也显示出分析师跟踪网络中同伴公司与本公司产业差异造成的同群现象在借贷融资与增发股权融资决策上均较为显著，且两者分别在1%、10%水平上显著为正，增发股权融资回归系数为5.489，也远大于借贷融资相关系数，这也一定程度说明了分析师跟踪网络下不同产业同伴公司融资决策对本公司的影响较大，且增发融资更为明显，进而佐证了产业差异下分析师跟踪网络所形成的这种信息环境及信息传递差异，进一步验证了假设 H_{2b}。

表 5-12　分产业同伴公司工具变量回归结果

变量	分析师跟踪网络下同伴公司分产业样本							
	同产业				不同产业			
	借贷		增发（Twostep-probit）		借贷		增发（Twostep-probit）	
	第一阶段	第二阶段	第一阶段	第二阶段	第一阶段	第二阶段	第一阶段	第二阶段
	APFL	FFL	APFE	Equity	APFL	FFL	APFE	Equity
APER T 值	-0.001 (-1.08)		-0.002 (-0.59)		-0.010*** (-6.00)		-0.022*** (-5.51)	
APFL Z 值		4.907 (1.05)				0.987*** (2.64)		
APFE Z 值				6.163 (0.31)				5.489* (1.83)
ΣControls	同伴公司特征加权控制							
ΣControls	同产业公司特征均值控制							
ΣControls	公司特征控制							
Year	控制							
Observations	28954	28954	28954	28954	28970	28970	28970	28970
F 值	1.156	—	—	—	36.028	—	—	—
Wald test of exogeneity	—	—	—	chi2(1) = 0.16	—	—	—	chi2(1) = 2.33*

注：*** $p<0.01$，** $p<0.05$，* $p<0.1$。

资料来源：作者整理。

此外，本书将同伴公司细分为领军、非领军公司，分别对非领军公司及领军公司的融资决策进行工具变量回归，结果表明（见表 5-13），不论是领军还是非领军同伴公司，同伴公司加权股权收益冲击对其融资决策加权变量也产生了显著影响，相关回归系数显著为负,且第一阶段 F 值大于 10,相关回归也通过 Wald 检验,即通过了弱工具变量与内生性检验,而本书仅在领军同伴公司对非领军公司的影响上发现了增发融资的较为显著的同群行为,尽管非领军同伴公司对领军公司也通过 10% 的显著性水平,

表 5-13 领军—非领军样本公司相关工具变量回归结果

变量	分析师跟踪网络下领军—非领军样本							
	领军同伴公司→非领军公司				非领军同伴公司→领军公司			
	借贷		增发(Twostep-probit)		借贷		增发(Twostep-probit)	
	第一阶段	第二阶段	第一阶段	第二阶段	第一阶段	第二阶段	第一阶段	第二阶段
	APFL	FFL	APFE	Equity	APFL	FFL	APFE	Equity
APER T 值	-0.005** (-2.13)		-0.025*** (-4.01)		-0.009*** (-5.58)		-0.011** (-2.12)	
APFL Z 值		0.577 (0.71)				0.156 (0.39)		
APFE Z 值				10.516** (2.50)				25.264* (1.88)
ΣControls	同伴公司特征加权控制							
ΣControls	同产业公司特征均值控制							
ΣControls	公司特征控制							
Year	控制							
Observations	13005	13005	13005	13005	15980	15980	15980	15980
F 值	4.522	—	—		31.185	—	—	
Wald test of exogeneity		—	chi2(1) = 8.65***			—	chi2(1) = 15.15***	

注: *** $p<0.01$, ** $p<0.05$, * $p<0.1$。

资料来源:作者整理。

但相关结果较弱,这也进一步佐证了假设 H_3,即相关同群行为具有是一种跟随策略下的学习机制,分析师跟踪网络下领军同伴公司(高营利能力衡量)采用某种融资决策,则非领军公司更易采用相同的融资决策,反之,非领军同伴公司采用某种融资决策,则领军公司并不倾向于采用相同的融资决策。

本书对 Ivprobit 的弱工具变量也进行识别检验(见表 5-14),不论是 AR 值还是 Wald 值绝大部分均在 10% 水平上显著,即拒绝了内生变量与工具变量不相关的原假设,表明了以上相关回归中内生变量与工具变量的相关性,通过了弱工具变量检验。

表 5-14　Ivprobit 弱工具变量识别检验

检测指标	总样本统计值	同产业关联统计值	不同产业关联统计值	领军关联统计值	非领军关联统计值
AR	6.59**	0.14	3.60*	9.58***	15.39***
Wald	5.80**	0.10	3.36*	6.24**	3.52*

注:*** $p<0.01$,** $p<0.05$,* $p<0.1$,采用 MD(最近距离方式计算)进行计算。

资料来源:作者整理。

其二,为获取更相关有用的信息,分析师也可能会同时跟踪处于同一控制下的上市公司,而这些公司融资决策可能会受到实际控制人统一决策的影响,进而形成融资决策的相似性,所以为了排除通过同一控制影响来获取各方信息的公司间的相互作用,本书通过剔除掉存在同一实际控制人的公司样本进行重复回归。相关实证结果表明,首先,从主回归来看(见表 5-15),同伴公司借贷融资及增发融资加权值回归系数为 0.205 及 2.098,且两者均在 1% 水平上显著为正,表明总体上来看,在不存在同一实际控制人的样本中,相关融资决策的同群效应依然存在,且增

表 5-15　主回归结果（非同一实际控制人样本）

变量	(1) FFL	(2) Debt	(3) Equity	(4) Allot
APFL	0.205*** (3.74)			
IndFFL	0.794*** (16.46)			
APFD		-0.761 (-1.06)		
IndDebt		6.876*** (11.23)		
APFE			2.098*** (4.75)	
IndEquity			5.296*** (9.39)	
APFA				-46.802*** (-2.90)
IndAllot				130.877*** (4.79)
ΣControls	同伴公司特征加权值			
ΣControls	同产业公司特征均值控制			
ΣControls	公司特征控制变量			
Constant	0.106 (0.68)	-8.488 (-1.13)	-2.783 (-0.59)	21.016 (0.76)
Year	控制			
Observations	21086	21086	21086	21086

注：*** $p<0.01$，** $p<0.05$，* $p<0.1$。
资料来源：作者整理。

发融资方式从回归系数上来看比借贷融资同群程度更大。其次，通过分产业同伴公司样本（见表5-16），本书也仅在不同产业同伴公司融资方式加权值上发现了相关同群现象，且依然仅在借贷融资及增发融资上较为明显。最后，通过领军及非领军同伴公司融资方式的相关回归（见表5-17），领军同伴公司的借贷融资及增发融资方式对本公司的融资影响依然较为显著，反之，非领军同伴公司基本未表现出相关影响，即本公司借贷及增发融资与领军同伴公司对应融资方式产生了较为显著的同群效应，再次验证了假设H_1、H_{2b}和H_3。

表5-16 同伴公司产业差异回归结果（非同一实际控制人样本）

变量	同产业同伴公司				不同产业同伴公司			
	(1)	(2)	(3)	(4)	(5)	(6)	(7)	(8)
	FFL	Debt	Equity	Allot	FFL	Debt	Equity	Allot
APFL	0.029 (0.81)				0.103** (2.48)			
IndFFL	0.850*** (15.90)				0.856*** (19.07)			
APFD		-2.272*** (-5.23)				0.377 (0.60)		
IndDebt		8.680*** (12.65)				6.638*** (11.59)		
APFE			-0.674** (-2.44)				2.200*** (6.11)	
IndEquity			6.170*** (10.59)				5.587*** (10.09)	
APFA				-8.014 (-1.54)				-10.879 (-0.44)
IndAllot				113.767*** (5.18)				119.980*** (4.56)

续表

变量	同产业同伴公司				不同产业同伴公司			
	(1)	(2)	(3)	(4)	(5)	(6)	(7)	(8)
	FFL	Debt	Equity	Allot	FFL	Debt	Equity	Allot
ΣControls	同伴公司特征加权值							
ΣControls	同产业公司特征均值控制							
ΣControls	公司特征控制变量							
Constant	-0.033 (-0.26)	-11.656** (-2.06)	2.326 (0.62)	27.245 (1.31)	0.220 (1.43)	-8.244 (-1.10)	-3.642 (-0.75)	30.026 (0.86)
Year	控制							
Observations	21064	21064	21064	21064	21082	21082	21082	21082

注：*** $p<0.01$，** $p<0.05$，* $p<0.1$。

资料来源：作者整理。

表5-17 领军公司—非领军公司融资决策影响回归（非同一实际控制人样本）

变量	领军同伴公司→非领军公司				非领军同伴公司→领军公司			
	Lnsales < Median				Lnsales > Median			
	(1)	(2)	(3)	(4)	(5)	(6)	(7)	(8)
	FFL	Debt	Equity	Allot	FFL	Debt	Equity	Allot
APFL (Lnsales > Median)	0.102*** (2.63)							
APFL (Lnsales < Median)					0.048 (0.70)			
IndFFL	0.481*** (7.90)				1.060*** (17.65)			
APFD (Lnsales > Median)		-0.527 (-0.70)						

续表

变量	领军同伴公司→非领军公司				非领军同伴公司→领军公司			
	Lnsales < Median				Lnsales > Median			
	(1)	(2)	(3)	(4)	(5)	(6)	(7)	(8)
	FFL	Debt	Equity	Allot	FFL	Debt	Equity	Allot
APFD (Lnsales < Median)					0.627 (0.58)			
IndDebt		5.907*** (6.07)				7.166*** (9.53)		
APFE (Lnsales > Median)			1.387*** (3.29)					
APFE (Lnsales < Median)							0.615 (1.25)	
IndEquity			5.727*** (8.82)				6.215*** (6.44)	
APFA (Lnsales > Median)				21.013 (0.69)				
APFA (Lnsales < Median)								110.668** (2.28)
IndAllot				86.624*** (4.96)				136.649** (2.33)
ΣControls	同伴公司特征加权值							
ΣControls	同产业公司特征均值控制							
ΣControls	公司特征控制变量							
Constant	-0.098 (-0.51)	-35.250*** (-2.91)	-3.780 (-0.89)	38.886 (0.42)	0.214 (1.10)	-4.577 (-0.68)	1.468 (0.22)	89.521 (0.81)
Year	控制							
Observations	11448	11448	11448	7333	9644	9644	9644	9644

注：*** p < 0.01，** p < 0.05，* p < 0.1。

资料来源：作者整理。

5.5 稳健性检验

首先,本书借鉴 Newey(1987),Rivers and Vuong(1988)采用 ivprobit 的 MLE 方式替换 twostep – probit 回归方法重复以上回归观测相关主要结果。由于 ivprobit 仅针对被解释变量为虚拟变量的方程,故此处仅检验增发融资(债券发行和配股方式前述结果已不显著,不予考虑),实证结果表明(见表 5 – 18,表 5 – 19,表 5 – 20),增发融资方式在全样本、不同产业及领军同伴公司样本下具有显著的同群效应,再次验证了假设 H_1、H_{2b} 及 H_3。

表 5 – 18　　MLE – probit 全样本回归结果

变量	全样本	
	增发股权	
	第一阶段	第二阶段
	APFE	Equity
APER T 值	-0.023*** (-4.39)	
APFE Z 值		7.132*** (3.19)
ΣControls	同伴公司特征加权控制	
ΣControls	同产业公司特征均值控制	
ΣControls	公司特征控制	
Year	控制	
Observations	28979	28979
Wald test of exogeneity	—	chi2 (1) = 4.92**

注:*** $p<0.01$,** $p<0.05$,* $p<0.1$。
资料来源:作者整理。

表5-19　MLE-probit 分产业同伴公司样本回归结果

变量	分析师跟踪网络下同伴公司分产业样本			
	同产业		不同产业	
	增发		增发	
	第一阶段	第二阶段	第一阶段	第二阶段
	APFE	Equity	APFE	Equity
APER T值	-0.002 (-0.42)		-0.022*** (-3.94)	
APFE Z值		4.328 (0.53)		5.061** (2.21)
ΣControls	同伴公司特征加权控制			
ΣControls	同产业公司特征均值控制			
ΣControls	公司特征控制			
Year	控制			
Observations	28954	28954	28970	28970
Wald test of exogeneity	—	chi2(1) = 0.14	—	chi2(1) = 2.31*

注：*** $p<0.01$，** $p<0.05$，* $p<0.1$。
资料来源：作者整理。

表5-20　MLE-probit 领军—非领军同伴公司样本回归结果

变量	分析师跟踪网络下领军—非领军样本			
	领军→非领军		非领军→领军	
	增发		增发	
	第一阶段	第二阶段	第一阶段	第二阶段
	APFE	Equity	APFE	Equity
APER T值	-0.025*** (-3.18)		-0.001* (-1.71)	
APFE Z值		7.047*** (5.49)		-3.212* (-1.74)

续表

变量	分析师跟踪网络下领军—非领军样本			
	领军→非领军 增发		非领军→领军 增发	
	第一阶段 APFE	第二阶段 Equity	第一阶段 APFE	第二阶段 Equity
ΣControls	同伴公司特征加权控制			
ΣControls	同产业公司特征均值控制			
ΣControls	公司特征控制			
Year	控制			
Observations	13005	13005	15980	15980
Wald test of exogeneity	—	chi2(1) = 7.99***	—	chi2(1) = 3.12*

注：*** $p<0.01$，** $p<0.05$，* $p<0.1$。
资料来源：作者整理。

其次，本书用营收均值替代营收中位数重复以上主回归和Ⅳ回归。通过定义分析师跟踪网络样本中公司的营收水平大于样本均值作为领军临界值，并分类计算相关同伴公司加权指标及同伴公司特征加权指标。实证结果表明，第一，从主回归来看（见表5-21），在同伴公司为领军公司，被影响公司为非领军公司时，借贷融资和增发股权融资方式下的同群现象依然存在，回归系数均在1%水平上显著为正，反之，尽管借贷融资回归系数在10%水平上显著，但效果不明显，而其他融资方式也并未发现显著的影响。第二，从工具变量回归来看（见表5-22），增发股权融资通过了Wald检验，且领军同伴公司融资决策对非领军公司具有明显的跟随效应，再次验证假设H_3。

表 5-21　领军—非领军同伴公司影响回归

变量	分析师跟踪网络下领军—非领军样本			
	领军同伴公司→非领军公司		非领军同伴公司→领军公司	
	Lnsales < Mean		Lnsales > Mean	
	(1)	(2)	(3)	(4)
	FFL	Equity	FFL	Equity
APFL (Lnsales > Mean)	0.066* (1.89)			
APFE (Lnsales > Mean)		1.062*** (2.72)		
APFL (Lnsales < Mean)			0.134** (2.31)	
APFE (Lnsales < Mean)				0.434 (1.06)
ΣControls	同伴公司特征加权控制			
ΣControls	同产业公司特征均值控制			
ΣControls	公司特征控制			
Year	控制			
Observations	13005	13005	15980	15980
Adjusted Adj-R^2	0.597	—	0.595	—
Pesudo Adj-R^2	—	0.1237	—	0.1148

注：*** $p<0.01$，** $p<0.05$，* $p<0.1$。

资料来源：作者整理。

表 5-22　领军—非领军同伴公司相关工具变量回归结果

变量	分析师跟踪网络下领军—非领军样本							
	领军同伴公司→非领军公司				非领军同伴公司→领军公司			
	借贷		增发		借贷		增发	
	第一阶段	第二阶段	第一阶段	第二阶段	第一阶段	第二阶段	第一阶段	第二阶段
	APFL	FFL	APFE	Equity	APFL	FFL	APFE	Equity
APER T值	-0.005** (-2.15)		-0.044*** (-5.47)		-0.010*** (-6.04)		0.020*** (3.13)	
APFL Z值		0.295 (0.40)				0.101 (0.27)		
APFE Z值				5.025*** (3.97)				-7.411*** (-6.96)
ΣControls	同伴公司特征加权控制							
ΣControls	同产业公司特征均值控制							
ΣControls	公司特征控制							
Year	控制							
Observations	13005	13005	13005	13005	15980	15980	15980	15980
F值	4.637	—	—	—	36.444	—	—	—
Wald test of exogeneity	—	—	—	chi2(1) = 7.88***	—	—	—	chi2(1) = 12.11***

注：*** $p<0.01$，** $p<0.05$，* $p<0.1$。
资料来源：作者整理。

最后，本章用借贷融资规模增量替代借贷融资绝对额重复主要的回归结果进行稳健性测试。实证结果表明（见表 5-23），通过引入相关同伴公司加权超额股权收益冲击控制内生性后的Ⅳ回归，发现总体上来看，F值大部分大于 10，且均通过了至少 10% 的显著性水平，表明相关工具变量的选择较为合适。而从

表 5-23　全样本下工具变量回归结果

变量	全样本 第一阶段	全样本 第二阶段	借贷融资（同产业）第一阶段	借贷融资（同产业）第二阶段	借贷融资（不同产业）第一阶段	借贷融资（不同产业）第二阶段	借贷融资（领军同伴公司→非领军公司）第一阶段	借贷融资（领军同伴公司→非领军公司）第二阶段	借贷融资（非领军同伴公司→领军公司）第一阶段	借贷融资（非领军同伴公司→领军公司）第二阶段
	APFL（增量加权）	ΔFFL	APFL（增量加权）	ΔFFL	APFL（增量加权）	ΔFFL	APFL（增量加权）	ΔFFL	APFL（增量加权）	ΔFFL
APER T值	-0.021*** (-4.09)		-0.004*** (-2.56)		-0.009* (-1.81)		-0.032*** (-3.61)		-0.010*** (-5.20)	
APFL Z值		0.587** (2.06)		-1.671* (-1.72)		0.863** (2.26)		0.301* (1.85)		0.715 (1.29)
ΣControls	同伴公司特征加权控制									
ΣControls	同产业公司特征均值控制									
ΣControls	公司特征控制									
Year	控制									
Observations	28890	28890	27019	27019	27035	27035	12127	12127	14922	14922
F值	16.69	—	6.57	—	3.27	—	13.02	—	27.02	—

注：*** $p<0.01$，** $p<0.05$，* $p<0.1$。
资料来源：作者整理。

第一阶段的回归结果来看，全样本下同伴公司加权超额股权收益冲击与共同分析师跟踪人数赋权的同伴公司融资决策加权值呈现显著的负向关系，且在分析师跟踪网络下不同产业同伴公司及领军同伴公司形成的样本加权值中相关负向关系依然存在，再次说明同伴公司加权超额股权收益越高，同伴公司越不倾向于采用借贷融资，Ⅳ变量较为有效。从第二阶段来看，全样本、不同产业同伴公司及领军同伴公司形成的融资加权值与本公司融资决策间回归系数分别为 0.587、0.863、0.301，且前者通过了 5%、后两者通过了 10% 的显著性水平，进一步证实了分析师跟踪网络下借贷融资存在同群效应，且在不同产业同伴公司表现更明显，并呈现出一种跟随行为。

第6章

资本市场分析师跟踪网络、异质性与融资决策同群

6.1 理论分析与研究假设

在分析师行为的相关国外研究中,分析师、券商异质性在资本市场环境下会有很多不同的行为特点,以华尔街分析师为样本,国外学者研究发现人脉关系对不同性别的分析师边际贡献不同,男性的相关效应显著高于女性,与此同时,这种人脉关系促成了更多男分析师的业绩提升而对女分析师并未形成更多业绩替代(Fang、Huang,2017),也有研究发现美国最初加入共和党的分析师的相关盈余预测及评级更加保守,相关修正行为也与其他分析师偏离不大,并不可能做出大胆的预测行为,且他们较平和的预测行为能够被雇主、机构投资

者和媒体识别,但并未被市场参与者识别出来(Jiang等,2016)。而券商声誉、有政治关联的券商所属分析师的相关预测与评级会有显著不同,存在承销业务的券商的分析师更不容易产生盈余预测及评级的乐观倾向,表明了相对乐观倾向不仅仅来源于券商声誉,基金研究的相关销售和交易活动促成了分析师乐观评级倾向的产生(Cowen等,2006),此外,Christensen等(2017)通过搜集具有政治关联券商机构相关数据,发现具有政治关联的券商旗下分析师会获得更多私有信息,进而发布更加利好的股票评级,且在那些政治敏感性较高的股票中更为明显。国内有关分析师与券商异质性的研究也层出不穷,分析师特征中性别、学历、明星分析师、跟踪公司量等特点都已被证实会直接影响分析师盈余预测精度级评级倾向(汪要文,2013;吕兆德、曾雪寒,2016),而券商特征也会间接影响分析师的相关行为,有学者研究发现不同评级的投资价值会随着券商声誉及分析师声誉而有所变化,为分析师建立相关盈余预测行为的独立性提供了更多信息(王宇熹等,2012)。与此同时,大券商会提高分析师盈余预测的精确度,且高声誉分析师及低信息披露质量会明显降低这种正向边际效应(伊志宏等,2016)。

从前期文献来看,不论是分析师还是分析师所属券商对分析师的盈余预测行为或者评级行为都会产生显著影响,而在分析师跟踪网络下,这种融资决策同群效应可能也会随着分析师及相关券商的特征变化而有所不同,从理论上看,融资决策同群行为与信息传递量及传递效率有着密切的关系,且从分析师跟踪网络引致的公司融资决策同群行为来看,产业差异及领军性质下这种融资决策同群程度差异明显,所以本书拟探讨分析师与券商异质特征在不同产业同伴公司及领军同伴公司上带来的跟踪网络程度不同(各类共同分析师跟踪人数)进而对融资决策同群现象产生的影响。

总体来看，分析师经验差异、声誉差异、跟踪量差异及券商规模差异四类①主要的异质特征对不同产业信息的掌握、搜集及传递可能存在不同影响，但这种不同的产业信息是否反映到融资决策同群行为差异上还尚未知晓。首先，经验差异可能会引起同伴公司对本公司融资决策影响差异，高经验分析师必然存在更多固定公司层面的特定信息或私有信息，并能够与该公司管理层形成更为良好的关系并进行更为频繁的互动与交流，所以在高经验分析师跟踪网络下信息量及信息传递效率必然更高，高经验分析师带来的信息量及同伴公司的优势信息会给本公司（尤其是非领军公司）融资决策跟随策略的制订带来更多参考，与此同时，非领军公司相较领军公司而言对高经验分析师的信息会更为信任。由于分析师通过经验对某公司的跟踪年限数来进行衡量，所以分析师的差距主要表现在对某公司的信息是否充分了解及其与该公司的管理层间关系是否更为密切，与跟踪公司的产业性质没有必然联系，所以分析师经验差异在不同产业性质的同伴公司对本公司的融资决策影响上并不会产生明显差异。鉴于此，本章提出如下假设：

假设 H_1：在不同产业同伴公司情境下，高低经验分析师跟踪网络引致的融资决策同群现象并无差异，而在领军同伴公司情境下，高经验分析师跟踪引致的融资决策同群现象更明显。

其次，从分析师声誉来看，由于分析师发布预测所关注信息的特殊性，每年的《新财富》榜单评选标准都会以产业为分类，所以理论上每个分析师对某一特定产业的了解会相对比较深刻，尤其是明星分析师所掌握的产业信息更是较为丰富和详尽。而在分析师跟踪网络下，共同分析师的声誉性质也决定了同伴公司对

---

① 此处声誉差异选用的明星分析师属于样本区间 2013—2017 年的前一年数据，所以不受 2018 年相关券商退出新财富明星分析师评选的行为影响。

第 6 章 资本市场分析师跟踪网络、异质性与融资决策同群

本公司融资行为的影响程度。一方面,尽管存在属于不同产业的明星分析师,但是年度单个产业的明星分析师一般有近 5 个左右,这就可能存在明星分析师跟踪网络下关注同一产业的分析师更易聚集及重叠,进而导致本公司与同伴公司、同伴公司之间的同产业性质概率更大,从信息质量上来讲,他们会提供更高质量的信息,而非明星分析师对同行业信息的传递质量理论上会比明星分析师较低,所以从分析师跟踪网络中融合的信息质量总体来看,明星分析师信息传递质量的提升很可能会导致不同产业间的信息传递的高效性,即被相关公司的充分利用,进而产生显著的融资决策同群行为。另一方面,鉴于年度明星分析师人数有限,且远小于非明星分析师人数,即跟踪网络下共同分析师中非明星分析师数量较明星分析师更大,则不同产业同伴公司间会由于非明星分析师的数量优势进而带来更大的信息含量,信息聚集效应明显,此时非明星分析师跟踪网络引致的与本公司不同产业同伴公司的融资决策同群现象更明显。而在跟随策略下,公司管理层对信息的利用必须基于决策有用性,而非绝对的信息质量及数量,所以管理层是否对相关分析师信息的利用依然有待验证。基于此,本章提出如下假设:

假设 H_{2a}:在不同产业及领军同伴公司情境下,非明星分析师跟踪网络引致的融资同群现象更明显。

假设 H_{2b}:在不同产业及领军同伴公司情境下,明星分析师跟踪网络引致的融资同群现象更明显。

再次,分析师跟踪量的多少关乎到当年度分析师能够获取的信息总量,当年度高跟踪量的分析师能够聚集更多不同类型上市公司,在所有分析师的跟踪网络下,不同产业的相关信息会在公司之间进行传递,因此,高跟踪量分析师带来更多的是产业性质差异的相关信息。而通过高跟踪量分析师网络获取的年度领军企业的信息更具有参考性,原因在于与高经验分析师不同,他们更

加注重单个公司特质信息之外丰富的异质信息,这将有利于相关分析师搜集及整理更多信息资源,拓宽信息来源,对非领军公司跟随行为的风险及科学性提供更多信息。基于以上分析,本章提出如下假设:

假设 H_3:在不同产业及领军同伴公司情境下,高跟踪量分析师跟踪网络下公司融资决策同群现象更明显。

最后,从券商规模来看,一方面,大券商具有丰富的内外部资源,如若能够高效率地传递给其所属分析师,并被充分利用,理应相较小券商分析师为管理层提供更多的融资信息来源,进而能够为其跟踪网络下的公司提供更多信息。但是,另一方面,大券商一般拥有较多的机构客户,且在我国近些年出现了分析师参与券商机构客户的老鼠仓、基金分仓丑闻等一系列内幕事件(刘海斌、张晓芳,2008;姜波、周铭山,2015),且具有更多机构客户的券商基本为大券商,所以公司管理层对不同规模券商所属分析师信息的利用有待验证,即并非大券商分析师所提供的信息对融资决策更为有效。基于以上分析,本书提出如下假设:

假设 H_{4a}:在不同产业及领军同伴公司情境下,大券商所属分析师跟踪网络下公司融资决策同群现象更明显。

假设 H_{4b}:在不同产业及领军同伴公司情境下,小券商所属分析师跟踪网络下公司融资决策同群现象更明显。

6.2 研究设计

6.2.1 样本选择与数据来源

本书搜集了 2013—2017 年分析师预测样本,考虑到一般年

第6章 资本市场分析师跟踪网络、异质性与融资决策同群

报都是在次年度 4 月左右才公布,所以为了样本更为干净,本书选择在该年度末 6 个月前和 3 个月后的区间内进行预测作为该年度的样本。由于每年存在多名分析师对同一家公司发布盈余预测,且每个分析师又对不同公司跟踪并发布盈余预测,所以分析师跟踪样本呈现交叉网络特性,本书考虑到样本的复杂性,通过 Python 软件进行处理分离出共同分析师跟踪样本并得出分析师跟踪网络总体样本,所有原始数据资料均来自 WIND 金融数据库。

为了使研究更加准确,本书对样本进行如下处理:①与其他公司均不存在共同分析师的样本各指标取值均为 0;②同名分析师情况本书也予以考虑,但均作为不同券商的多名分析师进行处理,即不考虑分析师跳槽的特殊情况;③剔除了金融类、ST 等特殊处理的公司;④考虑 IPO 融资的影响因素复杂性及样本均为上市公司,为了更准确观测融资政策变化的影响,本书仅考虑企业增发配股的股权发行方式;⑤所有连续变量均经过上下 1% 的异常值处理。

6.2.2 变量定义

融资决策变量:用借款、债务发行与股权发行来衡量,其中当期借款决策用借款总额占年初资产总额比例来衡量(FFL);当期债务发行用当期企业发债规模是否超过年初总资产 1% 来衡量(Debt);当期股权发行用当期企业增发规模(实际募资净额)是否超过年初总资产 1% 来衡量(Equity)及当期企业配股规模是否超过年初总资产 1% 来衡量(Allot)。

首先,本书通过定义分析师跟踪网络来进行解释变量的设计,由于一个分析师跟踪多家公司,而一家公司又被多个分析师跟踪,所以本书定义与某公司在同一分析师跟踪下的所有公司为同伴公司,通过同伴公司融资决策结合共同分析师人数(共同

分析师跟踪人数为权重）计算本公司的同伴公司融资决策加权值作为解释变量，即 APF。

$$APF_{ijt} = \sum_{i \ne j} N_{ijt} PF_{jt} / \sum_{i \ne j} N_{ijt}$$

其中 PF_{jt} 包括：借款总额占年初资产总额比例（PFL），企业债务发行（PFD）、增发股权（PFE）及配股融资（PFA），4 种主要融资政策计算结果分别用 APFL、APFD、APFE 及 APFA 表示。与第 4 章有所差异，本章拟引入券商及分析师异质性特征以进一步探索不同类型及环境下的分析师跟踪网络对相关融资决策同群的影响程度差异。其中，大券商定义为年度营业收入前十的券商，高分析师经验定义为自 2008 年起分析师对特定 i 公司跟踪的次数高于当年所有分析师中位数的相关分析师，明星分析师为前一年被评为明星分析师的相关个人，高跟踪量分析师定义为当年跟踪公司数量在当年所有分析师跟踪公司数量中位数的分析师个人。

控制变量：账面市值比、息税摊销前利润相对值、年营业额、独立董事比例、公司规模、股权集中度、资产负债率、高管持股比例、总机构投资者持股比例。与此同时，相关回归方程中也考虑了同产业性质、同伴公司特征对本公司融资决策的影响（见表 6-1）。

表 6-1　　　　　　　　变量定义

变量类型	变量符号	变量名称	变量释义
被解释变量	FFL	借贷融资	借款总额占年初资产总额比例
	Equity	股权发行	增发规模（实际募资净额）超过年初总资产的1%取1

第6章 资本市场分析师跟踪网络、异质性与融资决策同群

续表

变量类型	变量符号	变量名称	变量释义
解释变量	APFLZ1、APFLZ2、APFLZ3、APFLZ4、APFLZ5、APFLZ6、APFLZ7、APFLZ8	低经验分析师跟踪网络（高经验、非明星、明星、低跟踪量、高跟踪量、小券商、大券商）下同伴公司借贷融资加权值	由上述 APF 计算公式得到
	APFEZ1、APFEZ2、APFEZ3、APFEZ4、APFEZ5、APFEZ6、APFEZ7、APFEZ8	低经验分析师跟踪网络（高经验、非明星、明星、低跟踪量、高跟踪量、小券商、大券商）下同伴公司增发融资加权值	由上述 APF 计算公式得到
	APFLE1、APFLE2、APFLE3、APFLE4	低经验分析师跟踪网络（不同产业）、高经验分析师跟踪网络（不同产业）、低经验分析师跟踪网络（领军同伴公司）、高经验分析师跟踪网络（领军同伴公司）下同伴公司借贷融资加权值	由上述 APF 计算公式得到
	APFLS1、APFLS2、APFLS3、APFLS4	非明星分析师跟踪网络（不同产业）、明星分析师跟踪网络（不同产业）、非明星分析师跟踪网络（领军同伴公司）、明星分析师跟踪网络（领军同伴公司）下同伴公司借贷融资加权值	由上述 APF 计算公式得到
	APFLF1、APFLF2、APFLF3、APFLF4	低跟踪量分析师跟踪网络（不同产业）、高跟踪量分析师跟踪网络（不同产业）、低跟踪量分析师跟踪网络（领军同伴公司）、高跟踪量分析师跟踪网络（领军同伴公司）下同伴公司借贷融资加权值	由上述 APF 计算公式得到

续表

变量类型	变量符号	变量名称	变量释义
解释变量	APFLB1、APFLB2、APFLB3、APFLB4	小券商分析师跟踪网络（不同产业）、大券商分析师跟踪网络（不同产业）、小券商分析师跟踪网络（领军同伴公司）、大券商分析师跟踪网络（领军同伴公司）下同伴公司借贷融资加权值	由上述 APF 计算公式得到
	APFEE1、APFEE2、APFEE3、APFEE4	低经验分析师跟踪网络（不同产业）、高经验分析师跟踪网络（不同产业）、低经验分析师跟踪网络（领军同伴公司）、高经验分析师跟踪网络（领军同伴公司）下同伴公司增发融资加权值	由上述 APF 计算公式得到
	APFES1、APFES2、APFES3、APFES4	非明星分析师跟踪网络（不同产业）、明星分析师跟踪网络（不同产业）、非明星分析师跟踪网络（领军同伴公司）、明星分析师跟踪网络（领军同伴公司）下同伴公司增发融资加权值	由上述 APF 计算公式得到
	APFEF1、APFEF2、APFEF3、APFEF4	低跟踪量分析师跟踪网络（不同产业）、高跟踪量分析师跟踪网络（不同产业）、低跟踪量分析师跟踪网络（领军同伴公司）、高跟踪量分析师跟踪网络（领军同伴公司）下同伴公司增发融资加权值	由上述 APF 计算公式得到

续表

变量类型	变量符号	变量名称	变量释义
解释变量	APFEB1、APFEB2、APFEB3、APFEB4	小券商分析师跟踪网络（不同产业）、大券商分析师跟踪网络（不同产业）、小券商分析师跟踪网络（领军同伴公司）、大券商分析师跟踪网络（领军同伴公司）下同伴公司增发融资加权值	由上述 APF 计算公式得到
控制变量	APMB、APEBITDA、APLnsales、APDR、APLnasset、APOwnership、APLev、APGCG、APJCG	同伴公司账面市值比加权值、息税摊销前利润加权值、年营业额加权值、独董比例加权值、资产总额加权值、股权集中度加权值、资产负债率加权值、高管持股比例加权值、机构投资者持股比例加权值	类比 APF 指标计算对应同伴公司特征得到
控制变量	IndFFL、IndEquity、IndMB、IndEBITDA、IndLnsales、IndDR、IndLnasset、IndOwnership、IndLev、IndGCG、IndJCG	同产业借贷融资均值、增发融资均值、账面市值比均值、息税摊销前利润均值、年营业额均值、独董比例均值、公司规模均值、股权集中度均值、资产负债率均值、高管持股比例均值、机构持股比例均值	不包含 i 公司本身的同产业均值
	MB	账面市值比	股价/每股净资产
	EBITDA	息税摊销前利润相对值	（净利润＋所得税费用＋长期待摊费用摊销＋无形资产摊销＋固定资产折旧、油气资产折耗、生产性生物资产折旧）/年初总资产/总资产

续表

变量类型	变量符号	变量名称	变量释义
控制变量	Lnsales	年营业额	营业收入对数
	DR	独立董事比例	独立董事人数/董事会总人数
	Lnasset	公司规模	总资产对数
	Ownership	股权集中度	第一大股东持股比例
	Lev	资产负债率	总负债/总资产
	GCG	高管持股比例	高管持股数/股本总数
	JCG	总机构投资者持股比例	所有机构持股比例之和

6.2.3 模型设计

$$FFL_{it} = \beta_0 + \beta_1 APFL_{ijt} + \beta_2 IndFFL_{jt} + \beta_3 APMB_{ijt-1} + \beta_4 APEBITDA_{ijt-1}$$
$$+ \beta_5 APLnsales_{ijt-1} + \beta_6 APDR_{ijt-1} + \beta_7 APLnasset_{ijt-1}$$
$$+ \beta_8 APOwnership_{ijt-1} + \beta_9 APLev_{ijt-1} + \beta_{10} APGCG_{ijt-1}$$
$$+ \beta_{11} APJCG_{ijt-1} + \beta_{12} IndMB_{jt-1} + \beta_{13} IndEBITDA_{jt-1}$$
$$+ \beta_{14} IndLnsales_{jt-1} + \beta_{15} IndDR_{jt-1} + \beta_{16} IndLnasset_{jt-1}$$
$$+ \beta_{17} IndOwnership_{jt-1} + \beta_{18} IndLev_{jt-1} + \beta_{19} IndGCG_{jt-1}$$
$$+ \beta_{20} IndJCG_{jt-1} + \beta_{21} MB_{it-1} + \beta_{22} EBITDA_{it-1} + \beta_{23} Lnsales_{it-1}$$
$$+ \beta_{24} DR_{it-1} + \beta_{25} Lnasset_{it-1} + \beta_{26} Ownership_{it-1} + \beta_{27} Lev_{it-1}$$
$$+ \beta_{28} GCG_{it-1} + \beta_{29} JCG_{it-1} + \varepsilon （分标准回归下 APFL$$

为表 6-1 中对应子样本） (6-1)

$$Equity_{it} = \beta_0 + \beta_1 APFE_{ijt} + \beta_2 IndEquity_{jt} + \beta_3 APMB_{ijt-1}$$
$$+ \beta_4 APEBITDA_{ijt-1} + \beta_5 APLnsales_{ijt-1} + \beta_6 APDR_{ijt-1}$$
$$+ \beta_7 APLnasset_{ijt-1} + \beta_8 APOwnership_{ijt-1} + \beta_9 APLev_{ijt-1}$$

第6章 资本市场分析师跟踪网络、异质性与融资决策同群

$$
\begin{aligned}
&+ \beta_{10}\text{APGCG}_{ijt-1} + \beta_{11}\text{APJCG}_{ijt-1} + \beta_{12}\text{IndMB}_{jt-1} \\
&+ \beta_{13}\text{IndEBITDA}_{jt-1} + \beta_{14}\text{IndLnsales}_{jt-1} + \beta_{15}\text{IndDR}_{jt-1} \\
&+ \beta_{16}\text{IndLnasset}_{jt-1} + \beta_{17}\text{IndOwnership}_{jt-1} + \beta_{18}\text{IndLev}_{jt-1} \\
&+ \beta_{19}\text{IndGCG}_{jt-1} + \beta_{20}\text{IndJCG}_{jt-1} + \beta_{21}\text{MB}_{it-1} \\
&+ \beta_{22}\text{EBITDA}_{it-1} + \beta_{23}\text{Lnsales}_{it-1} + \beta_{24}\text{DR}_{it-1} \\
&+ \beta_{25}\text{Lnasset}_{it-1} + \beta_{26}\text{Ownership}_{it-1} + \beta_{27}\text{Lev}_{it-1} \\
&+ \beta_{28}\text{GCG}_{it-1} + \beta_{29}\text{JCG}_{it-1} + \varepsilon \text{（分标准回归下 APFE} \\
&\text{为表 6-1 中对应子样本）} \tag{6-2}
\end{aligned}
$$

式（6-1）、式（6-2）分别用于检验在不同类型的分析师跟踪网络下同伴公司借贷融资加权指标和增发融资加权指标对本公司融资决策的影响差异，即分析师异质性所带来的融资决策同群差异，并且考虑了同产业性质、同伴公司特征对本公司融资决策的影响，引入同产业公司融资均值（不包含该公司本身）、对应的特征均值（不包含该公司本身）及同伴公司特征的加权平均值。为了更好地反映相关因果关系，本书解释变量与控制变量中除了同伴公司融资政策与同产业融资政策外，其余变量均采用滞后一期值。所有回归过程均采用稳健标准误且均控制年份固定效应。

6.3 实证结果与分析

6.3.1 描述性统计

首先，本章对不同类型的分析师跟踪网络下同伴公司的数量进行了分类及分年度统计，从经验差异、声誉差异、跟踪量差异及券商规模差异来看（见表 6-2、表 6-3），总体平均而言，

表6-2 分标准下同伴公司数量统计

变量	同伴公司总样本	不同产业				领军同伴公司→非领军公司			
		低经验分析师跟踪组	高经验分析师跟踪组	非明星分析师跟踪组	明星分析师跟踪组	低经验分析师跟踪组	高经验分析师跟踪组	非明星分析师跟踪组	明星分析师跟踪组
Panel A: 总样本统计									
均值	155.90	62.82	44.45	90.08	20.05	44.59	39.56	69.88	16.50
中位数	77.00	34.00	20.00	45.00	4.00	22.00	17.00	33.00	4.00
标准差	168.10	70.54	55.21	103.10	31.61	49.96	48.12	79.73	23.98
Panel B: 分年度统计									
2013年									
均值	30.21	13.35	5.645	18.06	0.950	10.090	6.224	15.14	1.199
中位数	25.00	9.00	4.000	14.00	0	8.000	4.000	12.00	0
标准差	22.71	13.44	6.214	16.25	2.316	8.959	6.614	12.50	2.474
2014年									
均值	35.93	14.79	8.488	21.94	1.351	9.770	8.868	17.54	1.111
中位数	33.00	12.00	6.000	18.00	0	8.000	6.000	16.00	0
标准差	23.87	12.62	7.838	17.53	3.671	7.622	8.386	12.80	2.558

第 6 章 资本市场分析师跟踪网络、异质性与融资决策同群

续表

变量	同伴公司总样本	不同产业				领军同伴公司→非领军公司			
		低经验分析师跟踪组	高经验分析师跟踪组	非明星分析师跟踪组	明星分析师跟踪组	低经验分析师跟踪组	高经验分析师跟踪组	非明星分析师跟踪组	明星分析师跟踪组
Panel B：分年度统计									
2015 年									
均值	33.05	18.49	6.522	23.19	16.08	11.52	5.825	1.821	1.263
中位数	27.00	14.00	4.000	19.00	12.00	9.00	3.000	0	0
标准差	24.62	16.47	6.908	20.43	14.56	10.20	7.115	3.536	2.550
2016 年									
均值	96.02	49.77	25.39	62.70	12.50	27.82	17.50	38.46	6.899
中位数	78.00	37.00	19.00	47.00	3.00	220.00	14.00	32.00	3.000
标准差	68.14	42.31	21.72	52.62	19.01	21.49	14.62	28.74	9.403
2017 年									
均值	301.5	113.40	89.34	168.4	41.35	85.23	81.52	136.40	35.85
中位数	290.0	98.00	77.00	148.0	33.00	81.00	77.00	130.00	32.00
标准差	172.5	80.05	61.02	116.4	38.13	54.43	50.56	86.60	26.93

表6-3 分标准下同伴公司数量统计

变量	同伴公司总样本	不同产业				领军同伴公司→非领军公司			
		低跟踪量分析师组	高跟踪量分析师组	小券商所属分析师组	大券商所属分析师组	低跟踪量分析师组	高跟踪量分析师组	小券商所属分析师组	大券商所属分析师组
Panel A：总样本统计									
均值	155.90	6.013	104.1	84.32	25.81	5.744	80.63	62.51	23.86
中位数	77.00	2.000	52.0	43.00	9.00	2.000	38.00	31.00	8.00
标准差	168.10	9.852	119.4	96.64	35.94	9.806	91.37	69.84	33.06
Panel B：分年度统计									
2013年									
均值	30.21	1.569	17.44	17.01	1.996	1.402	14.93	14.27	2.063
中位数	25.00	1.000	13.00	12.00	0	1.000	12.00	11.00	1.000
标准差	22.71	1.935	16.09	15.87	3.080	1.693	12.48	12.15	3.089
2014年									
均值	35.93	1.793	21.50	19.31	3.983	1.369	17.28	15.26	3.391
中位数	33.00	1.000	17.00	15.00	1.000	1.000	15.00	13.00	1.000
标准差	23.87	2.190	17.61	16.82	6.102	1.665	12.91	12.43	4.626

续表

变量	同伴公司总样本	不同产业					领军同伴公司→非领军公司			
		低跟踪量分析师组	高跟踪量分析师组	小券商所属分析师组	大券商所属分析师组	低跟踪量分析师组	高跟踪量分析师组	小券商所属分析师组	大券商所属分析师组

Panel B：分年度统计

2015 年

均值	33.09	1.425	23.59	21.21	3.803	1.025	16.32	14.64	2.704
中位数	27.00	1.000	19.00	17.00	1.000	0	12.00	10.00	1.000
标准差	24.62	1.931	20.43	20.00	5.145	1.392	14.62	14.10	3.813

2016 年

均值	96.02	2.982	72.22	62.15	13.05	2.190	43.17	36.98	8.386
中位数	78.00	2.000	56.00	47.00	7.00	1.000	35.00	30.00	5.000
标准差	68.14	3.817	58.27	53.44	15.95	2.784	30.94	28.04	10.140

2017 年

均值	301.5	11.73	198.1	156.3	53.49	11.82	160.40	120.40	51.78
中位数	290.0	7.00	175.0	134.0	46.00	8.00	154.00	115.00	47.00
标准差	172.5	13.13	131.6	109.0	41.32	12.99	94.88	75.24	36.20

低经验分析师跟踪网络比高经验分析师跟踪网络下每个公司的同伴公司数量更多，且不同产业同伴公司数量差异比领军同伴公司数量差异更大。而非明星分析师跟踪网络也比明星分析师跟踪网络下每个公司的同伴公司数量更多，且明星分析师与非明星分析师网络间同伴公司数量差距较大，一定程度上也说明非明星分析师跟踪网络下公司数量相对更多。高跟踪量分析师跟踪网络下，不论是不同产业同伴公司，还是领军同伴公司，都比低跟踪量跟踪网络下相关公司多了近 16 倍。而小券商所属分析师所连接的同伴公司数量占据绝大比例，几乎是大券商分析师的 3 倍左右。从分年度统计来看，在不同产业及领军同伴公司情境下，虽然经验差异引致的同伴公司数量差异呈现出逐年递增的趋势，但相较声誉差异引致的同伴公司数量差异较小，低声誉分析师跟踪网络连接的同伴公司相较高声誉分析师跟踪网络连接的同伴公司数量总体呈现递增趋势，且不同产业同伴公司的差异比领军同伴公司差异更大。此外，跟踪量差异年度特征与经验差异相似，而券商规模差异与分析师声誉差异年度特征相似。

其次，对不同产业及领军同伴公司下的主要解释变量进行了分类均值检验。相关结果表明（见表 6-4），从不同产业来看，同伴公司借贷融资加权变量及增发融资加权变量在不同标准的各类型分析师跟踪网络下差异明显，一定程度上说明其可能会由于分析师类型不同而进一步带来的公司融资决策同群程度的差异。从领军同伴公司来看，同伴公司借贷融资加权变量及增发融资加权变量依然在不同标准的各类型分析师跟踪网络下呈现出显著差异性，且不论是不同产业还是领军同伴公司情境下，高经验组、非明星分析师组、高跟踪量组及小券商组中同伴公司相关主要解释变量均值更高，即相关公司更倾向于采用与同伴公司更相似的借贷或增发融资决策。

表6-4 均值差异检验

Panel A: 不同产业同伴公司

变量	不同经验分析师跟踪网络下同伴公司加权变量			明星分析师差异跟踪网络下同伴公司加权变量			不同跟踪量分析师下同伴公司加权变量			不同券商所属分析师跟踪下同伴公司加权变量		
	低经验组均值	高经验组均值	组间差异检验	非明星组均值	明星组均值	组间差异检验	低跟踪量组均值	高跟踪量组均值	组间差异检验	小券商所属分析师组均值	大券商所属分析师组均值	组间差异检验
APFL	0.090	0.143	-0.053***	0.116	0.069	0.047***	0.079	0.115	-0.036***	0.113	0.089	0.034***
APFE	0.196	0.205	-0.009***	0.199	0.121	0.078***	0.149	0.197	-0.048***	0.195	0.155	0.040***
APMB	0.368	0.968	-0.600***	0.684	0.405	0.279***	0.464	0.673	-0.209***	0.663	0.524	0.139***
APEBITDA	0.078	0.095	-0.017***	0.087	0.050	0.037***	0.061	0.085	-0.024***	0.085	0.065	0.020***
APLnsales	20.019	22.224	-2.205***	21.164	12.759	8.405***	14.580	20.922	-6.342***	20.705	16.212	4.493***
APDR	0.364	3.365	-0.001	0.366	0.220	0.146***	0.253	0.362	-0.109***	0.358	0.280	0.078***
APLnasset	20.885	22.587	-1.702***	21.781	13.152	8.629***	15.025	21.537	-6.512***	21.312	16.692	4.620***
APOwnership	32.231	35.057	-4.826***	34.843	20.710	14.133***	23.549	34.395	-10.845***	34.043	24.456	7.587***
APLev	0.308	0.490	-0.182***	0.398	0.243	0.155***	0.271	0.394	-0.123***	0.388	0.307	0.081***
APGCG	0.180	0.058	0.122***	0.123	0.068	0.055***	0.086	0.121	-0.035***	0.121	0.089	0.032***
APJCG	5.570	7.271	-2.301	6.836	3.927	2.909***	4.638	6.724	-2.087***	6.675	5.129	1.546***

续表

变量	不同经验分析师跟踪网络下同伴公司加权变量			明星分析师差异跟踪网络下同伴公司加权变量			不同跟踪量分析师网络下同伴公司加权变量			不同券商所属分析师跟踪下同伴公司加权变量		
	低经验组均值	高经验组均值	组间差异检验	非明星组均值	明星组均值	组间差异检验	低跟踪量组均值	高跟踪量组均值	组间差异检验	小券商所属分析师组均值	大券商所属分析师组均值	组间差异检验
Panel B: 领军同伴公司→非领军公司												
APFL	0.104	0.143	−0.039***	0.139	0.081	0.058***	0.090	0.138	−0.048***	0.134	0.107	0.027***
APFE	0.170	0.200	−0.03***	0.198	0.109	0.089***	0.143	0.195	−0.052***	0.195	0.146	0.049***
APMB	0.446	0.968	−0.522***	0.962	0.568	0.394***	0.622	0.948	−0.326***	0.929	0.735	0.194***
APEBITDA	0.081	0.097	−0.016***	0.096	0.055	0.041***	0.066	0.094	−0.028***	0.094	0.071	0.023***
APLnsales	18.168	22.820	−4.652***	22.149	13.311	8.838***	14.895	21.949	−7.054***	21.658	16.907	4.751***
APDR	0.309	0.374	−0.065***	0.364	0.220	0.144***	0.245	0.361	−0.116***	0.356	0.279	0.077***
APLnasset	18.737	22.223	−4.486***	22.566	13.588	8.978***	15.194	22.362	−7.168***	22.063	17.248	4.815***
APOwnership	28.223	37.790	−9.567***	36.724	26.744	14.980***	24.622	34.355	−11.733***	35.979	27.642	8.337***
APLev	0.335	0.498	−0.163***	0.479	0.286	0.193***	0.316	0.475	−0.159***	0.467	0.365	0.102***
APGCG	0.116	0.055	0.061***	0.063	0.036	0.027***	0.048	0.062	−0.014***	0.063	0.045	0.018***
APICG	5.242	7.959	−2.717***	7.726	4.456	3.250***	5.127	7.626	−2.499***	7.556	5.803	1.753***

注: *** $p<0.01$, ** $p<0.05$, * $p<0.1$。
资料来源: 作者整理。

6.3.2 相关性分析

通过相关系数回归结果表明（见表 6-5、表 6-6）①，不论是借贷融资还是增发融资，四种不同标准下的分析师跟踪网络中同伴公司融资决策加权变量与本公司融资决策变量间呈现显著的正向关系，初步表明存在更多共同分析师且同伴公司采取相关融资决策时，本公司更倾向于采用相同的融资决策。尽管每种标准的高低程度并没有在这种同群现象上表现出显著性水平的差异（均在1%水平显著），但从相关系数可以初步说明高经验、非明星分析师、高跟踪量及小券商所属分析师带来的影响更明显。此外，通过主要解释变量及控制变量的相关系数值及显著性水平来看②，相关系数值均小于0.5，表明不存在严重的多重共线性，后续回归结果具有一定的可信性。

表 6-5　　　　　　　　　相关系数分析

变量	FFL	APFLE1	APFLE2	APFLE3	APFLE4	APFLS1	APFLS2	APFLS3
FFL	1							
APFLE1	0.106***	1						
APFLE2	0.139***	0.278***	1					
APFLE3	0.076***	0.352***	0.188***	1				
APFLE4	0.282***	0.268***	0.753***	0.193***	1			
APFLS1	0.156***	0.561***	0.719***	0.257***	0.586***	1		
APFLS2	0.069***	0.151***	0.222***	0.164***	0.197***	0.100***	1	
APFLS3	0.245***	0.279***	0.680***	0.296***	0.865***	0.710***	0.099***	1

---

① 篇幅原因，仅列示部分主要变量。
② 篇幅原因，未予列示。

续表

变量	FFL	APFLE1	APFLE2	APFLE3	APFLE4	APFLS1	APFLS2	APFLS3
APFLS4	0.108***	0.089***	0.206***	0.198***	0.282***	0.083***	0.865***	0.148***
APFLF1	0.049***	0.171***	0.230***	0.107***	0.176***	0.288***	0.249***	0.202***
APFLF2	0.156***	0.586***	0.697***	0.305***	0.568***	0.736***	0.268***	0.540***
APFLF3	0.125***	0.084***	0.223***	0.137***	0.311***	0.230***	0.212***	0.325***
APFLF4	0.236***	0.326***	0.649***	0.344***	0.813***	0.527***	0.232***	0.759***
APFLB1	0.127***	0.525***	0.640***	0.260***	0.514***	0.775***	0.185***	0.548***
APFLB2	0.073***	0.233***	0.328***	0.213***	0.265***	0.309***	0.448***	0.238***
APFLB3	0.208***	0.284***	0.611***	0.307***	0.759***	0.566***	0.171***	0.780***
APFLB4	0.148***	0.119***	0.299***	0.251***	0.402***	0.229***	0.378***	0.354***
MB	0.427***	0.008	0.103***	-0.006	0.229***	0.145***	0.078***	0.208***
EBITDA	-0.178***	-0.013**	-0.049***	-0.011*	-0.098***	-0.019***	0.014**	-0.069***
Lnsales	0.257***	0.002	0.037***	0.022***	0.048***	0.095***	0.150***	0.056***
DR	-0.009	-0.032***	-0.036***	0.001	-0.033***	-0.033***	-0.011*	-0.028***
Lnasset	0.322***	0.012**	0.057***	0.032***	0.108***	0.109***	0.190***	0.106***
Ownership	0.017***	0.036***	0.022***	-0.011*	0.045***	0.064***	0.014**	0.041***
Lev	0.661***	0.045***	0.096***	0.047***	0.187***	0.123***	0.111***	0.161***
GCG	-0.201***	-0.044***	-0.058***	0.017***	-0.087***	-0.089***	-0.084***	-0.065***
JCG	0.037***	-0.003	-0.004	-0.012**	-0.005	0.015**	0.019***	0.003

注：*** $p<0.01$，** $p<0.05$，* $p<0.1$。
资料来源：作者整理。

表6-6　　　　相关系数分析

变量	Equity	APFEE1	APFEE2	APFEE3	APFEE4	APFES1	APFES2	APFES3
Equity	1							
APFEE1	0.118***	1						

续表

变量	Equity	APFEE1	APFEE2	APFEE3	APFEE4	APFES1	APFES2	APFES3
APFEE2	0.099***	0.273***	1					
APFEE3	0.080***	0.349***	0.166***	1				
APFEE4	0.131***	0.297***	0.815***	0.200***	1			
APFES1	0.133***	0.685***	0.714***	0.312***	0.631***	1		
APFES2	0.063***	0.242***	0.258***	0.070***	0.238***	0.167***	1	
APFES3	0.133***	0.336***	0.727***	0.398***	0.882***	0.708***	0.148***	1
APFES4	0.070***	0.132***	0.272***	0.105***	0.348***	0.150***	0.711***	0.193***
APFEF1	0.052***	0.227***	0.255***	0.098***	0.222***	0.314***	0.233***	0.230***
APFEF2	0.137***	0.705***	0.714***	0.321***	0.633***	0.837***	0.307***	0.617***
APFEF3	0.034***	0.081***	0.244***	0.124***	0.302***	0.202***	0.180***	0.306***
APFEF4	0.138***	0.368***	0.725***	0.412***	0.871***	0.624***	0.222***	0.860***
APFEB1	0.124***	0.645***	0.671***	0.294***	0.600***	0.830***	0.239***	0.610***
APFEB2	0.079***	0.320***	0.329***	0.142***	0.296***	0.365***	0.444***	0.277***
APFEB3	0.128***	0.331***	0.676***	0.382***	0.823***	0.606***	0.189***	0.842***
APFEB4	0.062***	0.119***	0.326***	0.186***	0.406***	0.244***	0.300***	0.372***
MB	-0.049***	-0.096***	-0.127***	-0.063***	-0.175***	-0.142***	-0.048***	-0.175***
EBITDA	0.016***	-0.041***	-0.030***	0.00500	-0.050***	-0.026***	-0.022***	-0.029***
Lnsales	-0.042***	-0.021***	-0.046***	0.00200	-0.112***	-0.035***	0.031***	-0.091***
DR	0.00400	0.00600	0.014**	0.038***	0.017***	0.016***	0.024***	0.027***
Lnasset	-0.053***	-0.010*	-0.035***	-0.0100	-0.099***	-0.032***	0.060***	-0.086***
Ownership	-0.042***	-0.033***	-0.046***	-0.025***	-0.090***	-0.054***	-0.038***	-0.082***
Lev	0.108***	-0.00400	-0.048***	-0.00300	-0.069***	-0.042***	0.014**	-0.073***
GCG	0.068***	0.00300	0.032***	0.036***	0.063***	0.026***	-0.019***	0.070***
JCG	-0.015**	-0.013**	-0.023***	-0.024***	-0.030***	-0.017***	-0.00200	-0.028***

注：*** $p<0.01$，** $p<0.05$，* $p<0.1$。

资料来源：作者整理。

6.3.3 回归结果分析

通过选取四类不同类型的分析师跟踪网络，本书对四种类型下的同群效应进行了检验，实证结果表明，从分析师经验和明星分析师标准来看（见表6-7），高低经验组下不论是借贷融资还是增发融资方式的相关回归系数均在1%水平上显著为正，且相同融资方式中的高低经验分析师跟踪网络的回归系数值差距不大，说明了不同经验的分析师跟踪网络下均存在这种同群效应，且高低经验并没有造成相关公司融资决策同群现象的显著差异。而明星分析师标准下，非明星分析师借贷融资与增发融资系数分别为0.227、1.591，且均在1%水平上显著为正，但明星分析师样本中虽然借贷融资系数通过了1%水平，但相关系数值还是较非明星分析师小，且增发融资方式回归系数仅在10%水平上显著，一定程度上说明非明星分析师较明星分析师跟踪网络引致的融资决策同群现象更为明显。与此同时，从分析师跟踪量和券商规模标准来看（见表6-8），高跟踪组借贷融资与增发融资回归系数均为正，且通过1%显著性水平，而低跟踪量组回归系数仅在借贷融资方式上表现出了高度显著性，但系数依然比高跟踪量组小，且低跟踪量增发融资方式并未表现出相关显著性，表明了高跟踪量分析师跟踪网络确实带来了更多的融资信息传递，并引起了较为明显的同群效应。在券商规模标准下，同样的在小规模券商的回归系数下表现出了较为明显的同群现象，大规模券商的借贷融资较为明显，但系数值依然比小券商组要更小，总体来看，小规模券商所属分析师跟踪网络可能引致了更为明显同群效应。

第6章 资本市场分析师跟踪网络、异质性与融资决策同群

表6-7 不同标准下同群效应主回归（经验和明星标准）

变量	分析师经验标准				明星分析师标准			
	低经验组		高经验组		非明星组		明星组	
	(1)	(2)	(3)	(4)	(5)	(6)	(7)	(8)
	FFL	Equity	FFL	Equity	FFL	Equity	FFL	Equity
APFLZ1	0.206*** (4.46)							
APFLZ2			0.221*** (4.51)					
APFLZ3					0.227*** (5.09)			
APFLZ4							0.193*** (4.40)	
IndFFL	0.866*** (20.77)		0.888*** (22.58)		0.863*** (21.10)		0.876*** (22.34)	
APFEZ1		1.532*** (4.07)						
APFEZ2				1.357*** (2.69)				
APFEZ3						1.591*** (4.48)		
APFEZ4								0.705* (1.81)
IndEquity		5.324*** (11.62)		5.609*** (12.55)		5.350*** (11.65)		5.541*** (12.43)
MB	0.013*** (3.94)	-0.042 (-0.52)	0.013*** (4.06)	-0.051 (-0.63)	0.012*** (3.89)	-0.040 (-0.50)	0.013*** (4.03)	-0.047 (-0.58)
EBITDA	0.048* (1.82)	5.025*** (5.92)	0.042 (1.58)	4.831*** (5.77)	0.048* (1.83)	4.987*** (5.86)	0.047* (1.77)	5.018*** (5.92)
Lnsales	-0.040*** (-11.34)	-0.187** (-2.48)	-0.040*** (-11.43)	-0.177** (-2.35)	-0.040*** (-11.25)	-0.182** (-2.42)	-0.040*** (-11.35)	-0.192** (-2.55)

续表

变量	分析师经验标准				明星分析师标准			
	低经验组		高经验组		非明星组		明星组	
	(1)	(2)	(3)	(4)	(5)	(6)	(7)	(8)
	FFL	Equity	FFL	Equity	FFL	Equity	FFL	Equity
DR	0.022 (0.82)	-0.277 (-0.37)	0.023 (0.82)	-0.257 (-0.35)	0.023 (0.83)	-0.314 (-0.42)	0.024 (0.87)	-0.285 (-0.39)
Lnasset	0.028*** (7.07)	-0.110 (-1.21)	0.028*** (7.01)	-0.124 (-1.37)	0.028*** (7.06)	-0.119 (-1.31)	0.029*** (7.09)	-0.111 (-1.22)
Ownership	-0.000** (-2.30)	-0.002 (-0.72)	-0.000** (-2.29)	-0.002 (-0.70)	-0.000** (-2.32)	-0.002 (-0.71)	-0.000** (-2.24)	-0.002 (-0.73)
Lev	0.451*** (38.63)	3.878*** (12.57)	0.451*** (38.68)	3.858*** (12.57)	0.450*** (38.50)	3.875*** (12.56)	0.451*** (38.60)	3.895*** (12.58)
GCG	-0.001 (-0.07)	1.140*** (4.41)	-0.001 (-0.09)	1.141*** (4.44)	-0.001 (-0.08)	1.130*** (4.37)	-0.001 (-0.09)	1.130*** (4.36)
JCG	-0.000 (-1.26)	0.000 (0.05)	-0.000 (-1.35)	0.000 (0.01)	-0.000 (-1.22)	0.000 (0.00)	-0.000 (-1.26)	0.000 (0.02)
Constant	0.076 (0.77)	-0.371 (-0.12)	0.082 (0.84)	-0.488 (-0.17)	0.084 (0.85)	-0.379 (-0.13)	0.053 (0.55)	-0.607 (-0.21)
ΣControls	同伴公司特征加权值							
ΣControls	同产业公司特征均值控制							
Year	控制							
Observations	28997	28997	28997	28997	28994	28994	28991	28991
Adj-R^2	0.604	—	0.605	—	0.605	—	0.604	—
Pesudo Adj-R^2	—	0.1113	—	0.1115	—	0.1119	—	0.1105

注：*** $p<0.01$，** $p<0.05$，* $p<0.1$。

资料来源：作者整理。

第6章 资本市场分析师跟踪网络、异质性与融资决策同群

表6-8 不同标准下同群效应主回归（券商和跟踪量标准）

变量	分析师跟踪量标准				券商规模标准			
	低跟踪量组		高跟踪量组		小券商组		大券商组	
	(1)	(2)	(3)	(4)	(5)	(6)	(7)	(8)
	FFL	Equity	FFL	Equity	FFL	Equity	FFL	Equity
APFLZ5	0.126*** (4.48)							
APFLZ6			0.250*** (5.01)					
APFLZ7					0.215*** (4.84)			
APFLZ8							0.149*** (3.92)	
IndFFL	0.901*** (23.03)		0.849*** (20.29)		0.870*** (21.22)		0.889*** (22.51)	
APFEZ5		0.225 (1.27)						
APFEZ6				1.812*** (4.27)				
APFEZ7						1.477*** (4.35)		
APFEZ8								0.356 (1.23)
IndEquity		5.634*** (12.60)		5.319*** (11.57)		5.411*** (11.87)		5.529*** (12.33)
MB	0.012*** (3.79)	-0.037 (-0.47)	0.013*** (4.03)	-0.047 (-0.58)	0.012*** (3.91)	-0.046 (-0.57)	0.013*** (3.98)	-0.057 (-0.70)
EBITDA	0.049* (1.85)	4.857*** (5.74)	0.047* (1.77)	5.018*** (5.92)	0.048* (1.81)	4.925*** (5.81)	0.043 (1.62)	4.927*** (5.90)
Lnsales	-0.040*** (-11.35)	-0.169** (-2.25)	-0.040*** (-11.35)	-0.192** (-2.55)	-0.040*** (-11.36)	-0.193** (-2.57)	-0.040*** (-11.40)	-0.178** (-2.36)

续表

变量	分析师跟踪量标准				券商规模标准			
	低跟踪量组		高跟踪量组		小券商组		大券商组	
	(1)	(2)	(3)	(4)	(5)	(6)	(7)	(8)
	FFL	Equity	FFL	Equity	FFL	Equity	FFL	Equity
DR	0.021 (0.75)	-0.274 (-0.37)	0.024 (0.87)	-0.285 (-0.39)	0.023 (0.83)	-0.283 (-0.38)	0.022 (0.81)	-0.281 (-0.38)
Lnasset	0.028*** (7.05)	-0.139 (-1.53)	0.029*** (7.09)	-0.111 (-1.22)	0.029*** (7.13)	-0.114 (-1.26)	0.028*** (7.00)	-0.121 (-1.33)
Ownership	-0.000** (-2.35)	-0.002 (-0.78)	-0.000** (-2.24)	-0.002 (-0.73)	-0.000** (-2.34)	-0.002 (-0.80)	-0.000** (-2.34)	-0.002 (-0.81)
Lev	0.449*** (38.64)	3.858*** (12.54)	0.451*** (38.60)	3.895*** (12.58)	0.450*** (38.51)	3.890*** (12.57)	0.451*** (38.89)	3.857*** (12.54)
GCG	-0.001 (-0.14)	1.115*** (4.31)	-0.001 (-0.09)	1.130*** (4.36)	-0.001 (-0.08)	1.126*** (4.35)	-0.001 (-0.10)	1.141*** (4.42)
JCG	-0.000 (-1.32)	-0.000 (-0.09)	-0.000 (-1.26)	0.000 (0.02)	-0.000 (-1.27)	-0.000 (-0.00)	-0.000 (-1.41)	0.000 (0.01)
Constant	0.078 (0.79)	-0.427 (-0.14)	0.079 (0.80)	-0.517 (-0.17)	0.083 (0.85)	-0.413 (-0.14)	0.068 (0.70)	-0.501 (-0.17)
$\bar{\Sigma}$Controls	同伴公司特征加权值							
ΣControls	同产业公司特征均值控制							
Year	控制							
Observations	28997	28997	28997	28997	28991	28991	28975	28975
Adj-R^2	0.604	—	0.605	—	0.604	—	0.604	—
Pesudo Adj-R^2	—	0.1108	—	0.1118	—	0.1113	—	0.1093

注：*** $p<0.01$，** $p<0.05$，* $p<0.1$。

资料来源：作者整理。

6.3.4 进一步分析

通过区分产业和领军后的分类回归实证结果表明：首先，基于不同经验分析师跟踪网络，从不同产业同伴公司角度来看（见表6-9），高低经验分析师跟踪网络下同伴公司借贷融资、增发融资加权值与本本公司对应融资变量回归系数分别为0.093、1.003及0.099、1.167，且均在1%水平上显著为正，表明对于不同产业同伴公司的相关信息传递，高低经验分析师跟踪

表6-9 不同经验分析师跟踪网络下同群效应差异回归

变量	不同产业				领军同伴公司→非领军公司			
	低经验组		高经验组		低经验组		高经验组	
	(1)	(2)	(3)	(4)	(5)	(6)	(7)	(8)
	FFL	Equity	FFL	Equity	FFL	Equity	FFL	Equity
APFLE1	0.099*** (2.71)							
APFLE2			0.093*** (3.51)					
APFLE3					0.012 (0.42)			
APFLE4							0.078** (2.19)	
IndFFL	0.929*** (23.77)		0.927*** (23.59)		0.530*** (9.57)		0.494*** (8.90)	
APFEE1		1.167*** (4.69)						
APFEE2				1.003*** (4.30)				
APFEE3						0.092 (0.45)		
APFEE4								1.121*** (2.87)

续表

变量	不同产业				领军同伴公司→非领军公司			
	低经验组		高经验组		低经验组		高经验组	
	(1)	(2)	(3)	(4)	(5)	(6)	(7)	(8)
	FFL	Equity	FFL	Equity	FFL	Equity	FFL	Equity
IndEquity		5.628*** (12.45)		5.587*** (12.48)		5.105*** (8.18)		5.127*** (8.24)
MB	0.012*** (3.73)	-0.071 (-0.87)	0.012*** (3.72)	-0.050 (-0.62)	0.024** (2.50)	-0.412 (-1.61)	0.024** (2.49)	-0.464* (-1.79)
EBITDA	0.045* (1.72)	4.941*** (5.87)	0.042 (1.60)	4.946*** (5.92)	-0.009 (-0.31)	6.051*** (5.12)	-0.014 (-0.45)	6.156*** (5.20)
Lnsales	-0.040*** (-11.47)	-0.182** (-2.43)	-0.040*** (-11.41)	-0.187** (-2.50)	-0.025*** (-5.06)	-0.407*** (-3.06)	-0.025*** (-5.05)	-0.416*** (-3.16)
DR	0.023 (0.84)	-0.242 (-0.33)	0.024 (0.86)	-0.259 (-0.35)	0.078** (2.52)	0.278 (0.26)	0.082*** (2.69)	0.374 (0.35)
Lnasset	0.029*** (7.05)	-0.119 (-1.32)	0.029*** (7.13)	-0.120 (-1.33)	0.026*** (4.77)	-0.027 (-0.21)	0.026*** (4.88)	-0.024 (-0.19)
Ownership	-0.000** (-2.34)	-0.002 (-0.86)	-0.000** (-2.33)	-0.002 (-0.81)	-0.000** (-2.24)	-0.003 (-0.73)	-0.000** (-2.24)	-0.004 (-0.89)
Lev	0.451*** (38.73)	3.862*** (12.51)	0.450*** (38.45)	3.891*** (12.63)	0.435*** (28.46)	3.796*** (9.64)	0.435*** (28.45)	3.862*** (9.73)
GCG	-0.001 (-0.11)	1.154*** (4.45)	-0.001 (-0.14)	1.119*** (4.34)	0.001 (0.12)	0.868*** (2.71)	0.002 (0.24)	0.852*** (2.64)
JCG	-0.000 (-1.39)	0.000 (0.04)	-0.000 (-1.31)	0.000 (0.04)	0.000 (1.02)	0.014 (1.46)	0.000 (1.07)	0.013 (1.40)
Constant	0.084 (0.87)	-0.541 (-0.18)	0.084 (0.87)	-0.232 (-0.08)	-0.033 (-0.22)	5.704 (1.41)	-0.058 (-0.34)	1.896 (0.37)
ΣControls	同伴公司特征加权值							
ΣControls	同产业公司特征均值控制							
Year	控制							
Observations	28997	28997	28997	28997	13012	13012	13012	13012
Adj-R^2	0.602	—	0.603	—	0.596	—	0.598	—
Pesudo Adj-R^2	—	0.1115	—	0.1119	—	0.1215	—	0.1239

注：*** $p<0.01$，** $p<0.05$，* $p<0.1$。

资料来源：作者整理。

网络并未在公司融资决策同群现象上产生明显的差距,即融资决策同群现象并不会因为高低经验共同分析师人数的变化而产生显著差异,但高低经验组下均表现出了较强的融资决策同群现象。而从领军同伴公司角度来看,融资同群现象的跟随性质在不同经验分析师跟踪网络下出现了显著差异,高低经验分析师跟踪网络下同伴公司融资决策变量于本公司融资变量系数分别为 0.078、1.121 及 0.012、0.092,且前两者均在 1% 水平上显著为正,后两者均不显著,说明了随着高经验共同分析师人数的增加,公司融资决策同群现象的这种跟随性质越明显,进一步说明了高经验分析师在公司借贷及增发融资决策间信息传递的高效性,基本验证了假设 H_1。

其次,基于明星分析师跟踪网络(见表 6-10),不同产业同伴公司下,明星分析师与非明星分析师在借贷、增发融资方式的回归系数分别为 0.124、0.284 及 0.127、1.794,且非明星分

表 6-10 明星分析师跟踪网络下同群效应差异回归

变量	不同产业				领军同伴公司→非领军公司			
	非明星组		明星组		非明星组		明星组	
	(1)	(2)	(3)	(4)	(5)	(6)	(7)	(8)
	FFL	Equity	FFL	Equity	FFL	Equity	FFL	Equity
APFLS1	0.127*** (3.57)							
APFLS2			0.124*** (3.04)					
APFLS3					0.053 (1.50)			
APFLS4							0.101** (2.35)	
IndFFL	0.928*** (23.58)		0.925*** (23.87)		0.507*** (9.14)		0.505*** (9.09)	

续表

变量	不同产业				领军同伴公司→非领军公司			
	非明星组		明星组		非明星组		明星组	
	(1)	(2)	(3)	(4)	(5)	(6)	(7)	(8)
	FFL	Equity	FFL	Equity	FFL	Equity	FFL	Equity
APFES1	1.794***							
	(5.99)							
APFES2			0.284					
			(1.12)					
APFES3					0.938**			
					(2.39)			
APFES4							0.476	
							(0.93)	
IndEquity		5.637***		5.589***		5.113***		5.172***
		(12.44)		(12.57)		(8.22)		(8.38)
MB	0.012***	-0.051	0.012***	-0.058	0.024**	-0.460*	0.022**	-0.440*
	(3.74)	(-0.62)	(3.77)	(-0.71)	(2.45)	(-1.78)	(2.33)	(-1.68)
EBITDA	0.046*	4.996***	0.043	4.870***	-0.013	6.120***	-0.010	6.199***
	(1.74)	(5.92)	(1.62)	(5.83)	(-0.44)	(5.18)	(-0.34)	(5.31)
Lnsales	-0.040***	-0.190**	-0.040***	-0.169**	-0.025***	-0.417***	-0.025***	-0.391***
	(-11.34)	(-2.53)	(-11.37)	(-2.25)	(-5.00)	(-3.16)	(-5.08)	(-2.97)
DR	0.023	-0.268	0.021	-0.255	0.081***	0.276	0.077**	0.294
	(0.84)	(-0.36)	(0.78)	(-0.35)	(2.66)	(0.26)	(2.50)	(0.28)
Lnasset	0.028***	-0.120	0.028***	-0.132	0.026***	-0.023	0.026***	-0.037
	(7.08)	(-1.34)	(7.01)	(-1.47)	(4.88)	(-0.18)	(4.86)	(-0.29)
Ownership	-0.000**	-0.002	-0.000**	-0.002	-0.000**	-0.004	-0.000**	-0.003
	(-2.34)	(-0.76)	(-2.32)	(-0.72)	(-2.25)	(-0.86)	(-2.38)	(-0.74)
Lev	0.450***	3.899***	0.450***	3.861***	0.435***	3.841***	0.437***	3.784***
	(38.54)	(12.65)	(38.60)	(12.57)	(28.32)	(9.71)	(28.70)	(9.65)
GCG	-0.001	1.126***	-0.001	1.135***	0.002	0.842***	0.003	0.820**
	(-0.11)	(4.34)	(-0.08)	(4.39)	(0.22)	(2.63)	(0.30)	(2.54)

续表

变量	不同产业				领军同伴公司→非领军公司			
	非明星组		明星组		非明星组		明星组	
	(1)	(2)	(3)	(4)	(5)	(6)	(7)	(8)
	FFL	Equity	FFL	Equity	FFL	Equity	FFL	Equity
JCG	-0.000 (-1.29)	0.000 (0.01)	-0.000 (-1.25)	0.000 (0.04)	0.000 (1.11)	0.013 (1.36)	0.000 (1.21)	0.013 (1.41)
Constant	0.076 (0.78)	-0.165 (-0.05)	0.058 (0.59)	-0.399 (-0.13)	-0.067 (-0.45)	5.523 (1.37)	-0.047 (-0.32)	4.958 (1.23)
ΣControls	同伴公司特征加权值							
ΣControls	同产业公司特征均值控制							
Year	控制							
Observations	28997	28997	28997	28997	13012	13012	13012	13012
Adj-R^2	0.603	—	0.603	—	0.597	—	0.598	—
Pesudo Adj-R^2	—	0.1135	—	0.1098	—	0.1223	—	0.1212

注：*** $p<0.01$，** $p<0.05$，* $p<0.1$。
资料来源：作者整理。

析师显著性及系数总体来看比明星分析师跟踪网络下更为明显，一定程度上说明随着非明星共同分析师人数的增加，上市公司与其同伴公司的融资决策的同群现象更为明显，揭示了不同产业融资信息在分析师跟踪网络中的传播有效性。与此同时，从领军同伴公司的影响来看，非明星共同分析师人数增加所带来的非领军公司对领军同伴公司融资决策的跟随行为更为明显（尽管借贷融资不显著，但T值也接近显著性水平临界值），这也说明明星分析师跟踪网络下存在融资决策同群程度的差异，进一步表明非明星分析师对领军同伴公司融资信息的传递效应，基本验证了假设 H_{2a}。

再次,从不同跟踪量分析师跟踪网络来看(见表 6-11),不论是不同产业同伴公司还是领军同伴公司,高跟踪量分析师跟踪网络下本公司与不同产业同伴公司、领军同伴公司的融资决策同群现象要比低跟踪量分析师跟踪网络下相关现象更为明显,表明了高跟踪量分析师网络所带来的相关信息传递的高效性及其对管理层融资决策的重要作用,基本验证了假设 H_3。最后,从不同券商所属分析师跟踪网络来看(见表 6-12),小券商组所属分析师跟踪网络下,不论是借贷融资还是增发融资,本公司对不同产业同伴公司及领军同伴公司的融资决策的学习行为更为明显,表明了不同产业信息及领军同伴公司信息在小券商所属分析师跟踪网络中更为明显的传递效应,基本验证了假设 H_{4b}。

表 6-11 不同跟踪量分析师跟踪网络下同群效应差异回归

变量	不同产业				领军同伴公司→非领军公司			
	低跟踪量组		高跟踪量组		低跟踪量组		高跟踪量组	
	(1)	(2)	(3)	(4)	(5)	(6)	(7)	(8)
	FFL	Equity	FFL	Equity	FFL	Equity	FFL	Equity
APFLF1	0.054 ** (2.09)							
APFLF2			0.148 *** (3.90)					
APFLF3					0.013 (0.44)			
APFLF4							0.068 * (1.75)	
IndFFL	0.939 *** (24.23)		0.923 *** (23.39)		0.529 *** (9.71)		0.499 *** (8.93)	
APFEF1		0.290 * (1.78)						

续表

变量	不同产业				领军同伴公司→非领军公司			
	低跟踪量组		高跟踪量组		低跟踪量组		高跟踪量组	
	(1)	(2)	(3)	(4)	(5)	(6)	(7)	(8)
	FFL	Equity	FFL	Equity	FFL	Equity	FFL	Equity
APFEF2				1.927***				
				(5.83)				
APFEF3						0.091		
						(0.37)		
APFEF4								1.087***
								(2.63)
IndEquity		5.660***		5.623***		5.238***		5.058***
		(12.67)		(12.41)		(8.37)		(8.16)
MB	0.012***	-0.045	0.012***	-0.058	0.023**	-0.443*	0.024**	-0.464*
	(3.62)	(-0.56)	(3.83)	(-0.71)	(2.39)	(-1.73)	(2.46)	(-1.78)
EBITDA	0.048*	4.817***	0.045*	4.960***	-0.003	6.074***	-0.016	6.124***
	(1.81)	(5.71)	(1.71)	(5.90)	(-0.10)	(5.11)	(-0.51)	(5.18)
Lnsales	-0.040***	-0.169**	-0.040***	-0.194**	-0.025***	-0.374***	-0.025***	-0.416***
	(-11.39)	(-2.24)	(-11.35)	(-2.58)	(-5.15)	(-2.83)	(-5.00)	(-3.15)
DR	0.020	-0.262	0.023	-0.260	0.082***	0.385	0.080***	0.328
	(0.74)	(-0.35)	(0.84)	(-0.35)	(2.67)	(0.37)	(2.63)	(0.31)
Lnasset	0.029***	-0.137	0.028***	-0.114	0.027***	-0.038	0.026***	-0.021
	(7.10)	(-1.51)	(7.06)	(-1.26)	(5.11)	(-0.30)	(4.79)	(-0.16)
Ownership	-0.000**	-0.002	-0.000**	-0.002	-0.000**	-0.004	-0.000**	-0.004
	(-2.41)	(-0.74)	(-2.32)	(-0.79)	(-2.37)	(-0.86)	(-2.29)	(-0.86)
Lev	0.450***	3.876***	0.451***	3.912***	0.437***	3.755***	0.435***	3.852***
	(38.50)	(12.65)	(38.57)	(12.62)	(28.83)	(9.52)	(28.31)	(9.70)
GCG	-0.001	1.123***	-0.001	1.128***	0.003	0.853***	0.001	0.845***
	(-0.13)	(4.35)	(-0.11)	(4.35)	(0.38)	(2.68)	(0.17)	(2.63)
JCG	-0.000	-0.001	-0.000	0.000	0.000	0.014	0.000	0.013
	(-1.33)	(-0.10)	(-1.31)	(0.01)	(1.10)	(1.43)	(1.09)	(1.43)

续表

变量	不同产业				领军同伴公司→非领军公司			
	低跟踪量组		高跟踪量组		低跟踪量组		高跟踪量组	
	(1)	(2)	(3)	(4)	(5)	(6)	(7)	(8)
	FFL	Equity	FFL	Equity	FFL	Equity	FFL	Equity
Constant	0.076 (0.78)	-0.400 (-0.14)	0.075 (0.76)	-0.133 (-0.04)	-0.077 (-0.52)	4.704 (1.16)	-0.049 (-0.33)	5.666 (1.41)
ΣControls	同伴公司特征加权值							
ΣControls	同产业公司特征均值控制							
Year	控制							
Observations	28997	28997	28997	28997	13012	13012	13012	13012
Adj-R^2	0.602	—	0.603	—	0.599	—	0.597	—
Pesudo Adj-R^2	—	0.1123	—	0.1134	—	0.1207	—	0.1222

注：*** $p<0.01$，** $p<0.05$，* $p<0.1$。
资料来源：作者整理。

表6-12 不同券商所属分析师跟踪网络下同群效应差异回归

变量	不同产业				领军同伴公司→非领军公司			
	小券商组		大券商组		小券商组		大券商组	
	(1)	(2)	(3)	(4)	(5)	(6)	(7)	(8)
	FFL	Equity	FFL	Equity	FFL	Equity	FFL	Equity
APFLB1	0.122*** (3.44)							
APFLB2			0.078** (2.40)					
APFLB3					0.081** (2.18)			
APFLB4							-0.002 (-0.07)	

续表

变量	不同产业				领军同伴公司→非领军公司			
	小券商组		大券商组		小券商组		大券商组	
	(1)	(2)	(3)	(4)	(5)	(6)	(7)	(8)
	FFL	Equity	FFL	Equity	FFL	Equity	FFL	Equity
IndFFL	0.931*** (23.70)		0.930*** (23.79)		0.492*** (8.93)		0.535*** (9.76)	
APFEB1		1.498*** (5.28)						
APFEB2				0.534** (2.53)				
APFEB3						0.972** (2.51)		
APFEB4								-0.024 (-0.08)
IndEquity		5.623*** (12.45)		5.581*** (12.52)		5.150*** (8.29)		5.225*** (8.37)
MB	0.012*** (3.73)	-0.050 (-0.61)	0.012*** (3.83)	-0.061 (-0.75)	0.024** (2.41)	-0.451* (-1.76)	0.024** (2.51)	-0.456* (-1.75)
EBITDA	0.045* (1.69)	4.948*** (5.88)	0.041 (1.58)	5.013*** (6.00)	-0.012 (-0.40)	6.002*** (5.07)	-0.011 (-0.36)	6.099*** (5.21)
Lnsales	-0.040*** (-11.37)	-0.195*** (-2.61)	-0.040*** (-11.40)	-0.174** (-2.31)	-0.025*** (-5.12)	-0.401*** (-3.05)	-0.025*** (-5.03)	-0.395*** (-2.99)
DR	0.023 (0.83)	-0.278 (-0.38)	0.022 (0.81)	-0.234 (-0.32)	0.082*** (2.68)	0.308 (0.29)	0.081*** (2.65)	0.339 (0.32)
Lnasset	0.029*** (7.12)	-0.115 (-1.27)	0.028*** (7.01)	-0.128 (-1.41)	0.026*** (4.92)	-0.033 (-0.26)	0.026*** (4.86)	-0.040 (-0.31)
Ownership	-0.000** (-2.35)	-0.002 (-0.80)	-0.000** (-2.33)	-0.002 (-0.82)	-0.000** (-2.29)	-0.004 (-0.85)	-0.000** (-2.33)	-0.004 (-0.92)
Lev	0.450*** (38.53)	3.913*** (12.66)	0.451*** (38.71)	3.866*** (12.57)	0.435*** (28.25)	3.819*** (9.60)	0.437*** (28.85)	3.785*** (9.59)

续表

变量	不同产业				领军同伴公司→非领军公司			
	小券商组		大券商组		小券商组		大券商组	
	(1)	(2)	(3)	(4)	(5)	(6)	(7)	(8)
	FFL	Equity	FFL	Equity	FFL	Equity	FFL	Equity
GCG	-0.001 (-0.12)	1.126*** (4.34)	-0.001 (-0.08)	1.143*** (4.41)	0.002 (0.22)	0.833*** (2.59)	0.003 (0.37)	0.812** (2.52)
JCG	-0.000 (-1.31)	0.000 (0.01)	-0.000 (-1.40)	0.000 (0.05)	0.000 (1.08)	0.013 (1.37)	0.000 (1.10)	0.013 (1.40)
Constant	0.082 (0.84)	-0.027 (-0.01)	0.071 (0.73)	-0.418 (-0.14)	-0.059 (-0.40)	5.886 (1.45)	-0.051 (-0.34)	5.243 (1.28)
ΣControls	同伴公司特征加权值							
ΣControls	同产业公司特征均值控制							
Year	控制							
Observations	28997	28997	28997	28997	13012	13012	13012	13012
Adj-R^2	0.603	—	0.603	—	0.598	—	0.598	—
Pesudo Adj-R^2	—	0.1126	—	0.1104	—	0.1220	—	0.1205

注：*** $p<0.01$，** $p<0.05$，* $p<0.1$。

资料来源：作者整理。

6.4 内生性处理

依然采用上一章相关处理方式，首先，以同伴公司加权超额股权收益冲击作为工具变量，原因在于国内外众多文献已经证明了股价与公司融资政策密切相关（刘端、陈收，2006；黄本多、干胜道，2009；马健等，2012；于丽峰等，2014；谢雅璐，

2015），而国外研究也发现分析师跟踪网络下股价的联动效应（Muslu 等，2014；Israelsen 等，2016），且股价变化一定程度上表明公司投资机会、期望收益及风险的改变，而这些必将导致融资政策的重大变化，所以该变量与同伴公司的加权融资政策会有显著的关系。其次，同伴公司加权超额股权收益冲击理论上不会直接影响本公司的特征及本公司的融资决策，所以基于以上两点，选择同伴公司加权超额股权收益冲击作为工具变量较为合适。

为了一定程度上规避掉隐性的共同效应而分离出跟踪网络引致的同群效应，引入同伴公司等权平均收益率（WAR_{it}）[①] 来估计公司的超额收益，且考虑到估计系数的精确性，本书通过跟踪行为前5年滚动样本的月度数据进行系数估计，并根据系数计算跟踪当年度公司的超额股权收益冲击，然后计算同伴公司的加权超额股权收益冲击[②]：

$$R_{it} = \alpha + \beta(R_{mt} - R_{ft}) + \gamma(WAR_{it} - R_{ft}) + \varepsilon_{it}(t \text{为前5年度滚动月度样本}) \quad (6-1)$$

$$ER_{it} = R_{it} - \hat{R}_{it}(t \text{为月度样本}) \quad (6-2)$$

$$APER_{ijt} = \sum_{i \neq j} N_{ijt} ER_{jt} \Big/ \sum_{i \neq j} N_{ijt} \quad (6-3)$$

其中 R_{it}、R_{mt}、R_{ft}、WAR_{it} 分别表示 i 公司在 t 月的考虑现金红利再投资的股票回报率[③]、对应市场 m 在 t 月的考虑现金红利再投资的市场回报率（总市值加权平均法）、月度化无风险利率

[①] 考虑股价指标的特殊性，此处本书采用同伴公司收益率简单平均值来进行估计和计算超额收益，稳健性检验测试了同伴公司收益率加权平均值的相关结果。

[②] 考虑到超额收益率计算年和分析师跟踪年的滞后性，此处超额股权收益及加权超额股权收益都是根据滞后一期跟踪网络关系来确定同伴公司并计算相关指标。

[③] 为了让相关预测收益的计算更加精确，所以此处采用样本所在年前五年滚动月度数据进行载荷系数估计。

及同伴公司加权月度平均收益率。ER_{it} 表示实际收益与预期收益差额,即超额股权收益。$APER_{ijt}$ 则是根据公司 i 的同伴公司 j 的 ER_{it} 值以分析师跟踪网络下共同分析师人数为权重计算的加权平均值。

首先,不同经验分析师跟踪网络下(见表 6-13),不同产业虽然没有表现出明显的同群效应,但是领军同伴公司依然对本公司融资决策产生了明显的影响,即这种具有跟随性质的融资决策同群效应明显,且高低经验分析师跟踪网络下第一阶段 APER 显著,Wald 检验而在 1% 水平上显著,通过了弱工具变量及内生性检验。与此同时,高经验分析师跟踪网络下的增发融资同群现象更为明显,进一步支持了假设 H_1。其次,明星与非明星分析师跟踪网络下(见表 6-14),不同产业同伴公司中非明星分析师跟踪网络下的借贷及增发融资同群现象更明显,而在领军同伴公司中非明星分析师网络所带来的融资同群现象仅在增发融资表现更明显,总体来看,可以看出随着非明星共同分析师人数的增加,本公司与不同产业同伴公司、领军同伴公司的融资决策同群行为越来越明显,进一步支持了假设 H_2。

再次,不同跟踪量下的融资决策同群行为也存在着一定差异,相关结果表明(见表 6-15),高跟踪量分析师网络下,不论是不同产业同伴公司还是领军同伴公司,第一阶段 APER 总体来讲均呈现显著负相关,F 值大于 10,且 Wald 检验依然显著,通过了弱工具变量与内生检验,且在增发融资上的同群程度差异较低跟踪量分析师网络更为明显,进一步说明了高跟踪量分析师跟踪网络带来的不同产业融资信息及领军同伴公司融资信息的传递效应,进一步验证了假设 H_3。最后,从券商规模差异来看(见表 6-16),小券商所属分析师跟踪网络在不同产业同伴公司及领军同伴公司下的融资同群现象明显,尤其是增发融资方式,

第6章 资本市场分析师跟踪网络、异质性与融资决策同群

表6-13 不同经验分析师跟踪网络下融资同群工具变量回归

变量	不同产业								领军同伴公司→非领军公司							
	借贷				增发（Twostep-probit）				借贷				增发（Twostep-probit）			
	低经验组		高经验组		低经验组		高经验组		低经验组		高经验组		低经验组		高经验组	
	第一阶段	第二阶段	第一阶段	第二阶段	第一阶段	第二阶段	第一阶段	第二阶段	第一阶段	第二阶段	第一阶段	第二阶段	第一阶段	第二阶段	第一阶段	第二阶段
	APFL	FFL	APFL	FFL	APFE	Equity	APFE	Equity	APFL	FFL	APFL	FFL	APFE	Equity	APFE	Equity
APER T值	-0.002^* (-1.68)	—	-0.003^* (-1.82)	—	0.023^{***} (6.29)	—	-0.039^{***} (-9.85)	—	-0.071^{***} (-9.98)	—	0.002 (0.77)	—	-0.043^{***} (-7.42)	—	—	—
APFL Z值	—	2.170 (1.22)	—	2.000 (1.48)	—	—	—	—	—	-0.401 (-0.58)	—	-1.556 (-0.54)	—	—	—	—
APFE Z值	—	—	—	—	—	-6.155^{***} (-2.64)	—	1.089 (0.92)	—	—	—	—	—	1.529^{**} (2.14)	—	5.745^{***} (3.03)
ΣControls	同伴公司特征加权均值控制															
ΣControls	同产业公司特征均值控制															
ΣControls	公司特征控制															
Year	控制															
Observations	28997	28997	28997	28997	28997	28997	28997	28997	13012	13012	13012	13012	13012	13012	13012	13012
F值	2.818	—	3.297	—	—	—	—	—	4.961	—	0.599	—	—	—	—	—
Wald test of exogeneity	—	—	—	—	chi2(1) = 10.90^{***}	—	chi2(1) = 0.21	—	—	—	—	—	chi2(1) = 4.53^{**}	—	chi2(1) = 8.55^{***}	—

注：$^{***}p<0.01$，$^{**}p<0.05$，$^*p<0.1$。
资料来源：作者整理。

表 6-14 明星分析师跟踪网络下融资同群工具变量回归

变量	不同产业 借贷 非明星组 第一阶段 APFL	不同产业 借贷 非明星组 第二阶段 FFL	不同产业 借贷 明星组 第一阶段 APFL	不同产业 借贷 明星组 第二阶段 FFL	不同产业 增发 非明星组 第一阶段 APFE	不同产业 增发 非明星组 第二阶段 Equity (Twostep-probit)	不同产业 增发 明星组 第一阶段 APFE	不同产业 增发 明星组 第二阶段 Equity (Twostep-probit)	领军同伴公司→非领军公司 借贷 非明星组 第一阶段 APFL	领军同伴公司→非领军公司 借贷 非明星组 第二阶段 FFL	领军同伴公司→非领军公司 借贷 明星组 第一阶段 APFL	领军同伴公司→非领军公司 借贷 明星组 第二阶段 FFL	领军同伴公司→非领军公司 增发 非明星组 第一阶段 APFE	领军同伴公司→非领军公司 增发 非明星组 第二阶段 Equity (Twostep-probit)	领军同伴公司→非领军公司 增发 明星组 第一阶段 APFE	领军同伴公司→非领军公司 增发 明星组 第二阶段 Equity (Twostep-probit)
APER T值	-0.006*** (-4.28)	—	0.002** (2.27)	—	-0.024*** (-6.31)	-0.04 (-1.30)	—	—	0.006*** (2.91)	—	-0.009*** (-4.84)	—	-0.026*** (-4.64)	—	-0.022*** (-6.05)	—
APFL Z值	—	0.971* (1.75)	—	1.555 (1.45)	—	—	—	—	—	-0.930 (-1.34)	—	-0.409 (-1.35)	—	—	—	—
APFE Z值	—	—	—	—	—	6.718** (2.56)	—	18.710 (1.10)	—	—	—	—	—	5.943* (1.94)	—	1.670 (0.65)
ΣControls	同伴公司特征加权控制															
ΣControls	同产业公司特征均值控制															
ΣControls	公司特征控制															
Year	控制															
Observations	28997	28997	28997	28997	28997	28997	28997	28997	13012	13012	13012	13012	13012	13012	13012	13012
F值	18.313	—	5.151	—	8.494	—	—	—	23.446	—	—	—	—	—	—	—
Wald test of exogeneity	—	—	—	—	—	chi2(1)= 5.41**	—	chi2(1)= 3.98**	—	—	—	—	—	chi2(1)= 3.70*	—	chi2(1)= 0.31

注：*** p<0.01、** p<0.05、* p<0.1。

资料来源：作者整理。

第6章 资本市场分析师跟踪网络、异质性与融资决策同群

表6-15　不同跟踪量分析师跟踪网络下融资同群工具变量回归

变量	不同产业 借贷 低跟踪量组 第一阶段 FL	不同产业 借贷 低跟踪量组 第二阶段 APFL	不同产业 借贷 高跟踪量组 第一阶段 APFL	不同产业 借贷 高跟踪量组 第二阶段 FFL	不同产业 增发(Twostep-probit) 低跟踪量组 第一阶段 APFE	不同产业 增发(Twostep-probit) 低跟踪量组 第二阶段 Equity	不同产业 增发(Twostep-probit) 高跟踪量组 第一阶段 APFE	不同产业 增发(Twostep-probit) 高跟踪量组 第二阶段 Equity	领军同伴公司→非领军公司 借贷 低跟踪量组 第一阶段 APFL	领军同伴公司→非领军公司 借贷 低跟踪量组 第二阶段 FFL	领军同伴公司→非领军公司 借贷 高跟踪量组 第一阶段 APFL	领军同伴公司→非领军公司 借贷 高跟踪量组 第二阶段 FFL	领军同伴公司→非领军公司 增发(Twostep-probit) 低跟踪量组 第一阶段 APFE	领军同伴公司→非领军公司 增发(Twostep-probit) 低跟踪量组 第二阶段 Equity	领军同伴公司→非领军公司 增发(Twostep-probit) 高跟踪量组 第一阶段 APFE	领军同伴公司→非领军公司 增发(Twostep-probit) 高跟踪量组 第二阶段 Equity
APER T值	0.004*** (4.31)	—	-0.002* (-1.74)	—	0.013*** (3.54)	—	-0.026*** (-7.62)	—	0.012*** (6.67)	—	0.001 (0.73)	—	-0.020*** (-3.36)	—	-0.020*** (-3.60)	—
APFL Z值	—	1.217*** (2.82)	—	3.765*** (3.28)	—	—	—	—	—	—	—	-3.242 (-0.63)	—	—	—	—
APFE Z值	—	—	—	—	—	-6.350** (-2.25)	—	7.594*** (2.98)	—	—	—	—	—	1.718 (0.79)	—	15.416*** (2.70)
ΣControls	同伴公司特征加权控制															
ΣControls	同产业公司特征均值控制															
ΣControls	公司特征控制															
Year	控制															
Observations	28997	28997	28997	28997	28997	28997	28997	28997	13012	13012	13012	13012	13012	13012	13012	13012
F值	18.608	—	12.171	—	—	—	—	—	44.426	—	0.530	—	—	—	—	—
Wald test of exogeneity	—	—	—	—	chi2(1) = 9.34***	—	chi2(1) = 7.61***	—	—	—	—	—	chi2(1) = 0.62	—	chi2(1) = 14.13***	—

注：*** $p<0.01$，** $p<0.05$，* $p<0.1$。

资料来源：作者整理。

表6-16　不同规模券商所属分析师跟踪网络下融资同群工具变量回归

变量	不同产业 借贷 小规模券商组 第一阶段 APFL	不同产业 借贷 小规模券商组 第二阶段 FFL	不同产业 借贷 大规模券商组 第一阶段 APFL	不同产业 借贷 大规模券商组 第二阶段 FFL	不同产业 增发 小规模券商组 第一阶段 APFE	不同产业 增发 小规模券商组 第二阶段 Equity	不同产业 增发 大规模券商组 第一阶段 APFE	不同产业 增发 大规模券商组 第二阶段 Equity	同产业 领军公司→非领军公司 借贷 小规模券商组 第一阶段 APFL	同产业 领军公司→非领军公司 借贷 小规模券商组 第二阶段 FFL	同产业 领军公司→非领军公司 借贷 大规模券商组 第一阶段 APFL	同产业 领军公司→非领军公司 借贷 大规模券商组 第二阶段 FFL	同产业 领军公司→非领军公司 增发 小规模券商组 第一阶段 APFE	同产业 领军公司→非领军公司 增发 小规模券商组 第二阶段 Equity	同产业 领军公司→非领军公司 增发 大规模券商组 第一阶段 APFE	同产业 领军公司→非领军公司 增发 大规模券商组 第二阶段 Equity
APER T值	-0.005^{***} (-3.52)	—	-0.003^{*} (-1.82)	—	-0.020^{***} (-5.39)	—	-0.038^{***} (-10.95)	—	0.004^{**} (2.21)	—	0.006^{***} (3.60)	—	-0.029^{***} (-5.52)	—	-0.004 (-0.78)	—
APFL Z值	—	0.797 (1.23)	—	-0.040 (-0.11)	—	—	—	—	—	0.105 (0.14)	—	-0.154 (-0.39)	—	—	—	—
APFE Z值	—	—	—	—	—	10.029^{***} (3.03)	—	2.515^{***} (2.56)	—	—	—	—	—	9.137^{***} (3.15)	—	-67.416 (-0.77)
ΣControls	同伴公司特征加权控制															
ΣControls	同产业公司特征均值控制															
ΣControls	公司特征控制															
Year	控制															
Observations	28997	28997	28997	28997	28997	28997	28997	28997	13012	13012	13012	13012	13012	13012	13012	13012
F值	12.397	—	24.190	—	—	—	—	—	4.865	—	12.955	—	—	—	—	—
Wald test of exogeneity	—	—	—	—	—	chi2(1) = 10.55^{***}	—	chi2(1) = 5.33^{**}	—	—	—	—	—	chi2(1) = 12.47^{**}	—	chi2(1) = 30.28^{***}

注：*** $p < 0.01$，** $p < 0.05$，* $p < 0.1$。

资料来源：作者整理。

且大券商所属分析师跟踪网络下仅在不同产业表现出了一定的同群效应，回归系数为 2.515，从系数上来看也小于小券商组的 10.029，所以总体来看，小券商所属分析师跟踪网络带来的信息效应较大券商更高，尤其是增发融资方式上表现出的差异更为明显，基本验证了假设 H_4。

综上，从整体Ⅳ结果来看，基本与主回归结果相类似，尤其是在增发融资方式的同群行为差异上，进一步验证了高经验、非明星、高跟踪量高分析师及小券商所属分析师跟踪网络对本公司在不同产业同伴公司及领军同伴公司融资决策跟随行为上的边际贡献，即相关类型共同分析师人数越多，本公司与不同产业同伴公司及领军同伴公司的融资决策同群现象更为明显，进一步揭示了分析师跟踪网络异质性对相关同群行为程度的影响差异。

6.5　稳健性检验

首先，用 EBITDA 作为划分领军公司的标准，对以上样本进行重复回归检验。相关实证结果表明（见表 6-17、表 6-18），高经验组和非明星分析师组相较低经验组和明星分析师组具有更为显著的回归系数，而高跟总量分析师组及小券商所属分析师组相较低跟踪量分析师组及大券商分析师组具有更为显著的回归系数，这也进一步说明了高经验、非明星、高跟总量分析师及小券商所属分析师跟踪网络引致的融资决策同群现象更明显，揭示了相关类型的共同分析师对融资信息传递及公司对相关信息使用的高效性，进一步验证了假设 H_1、H_{2a}、H_3、H_{4b}。

表 6-17　稳健性检验回归 1（经验与明星组）

变量	领军同伴公司→非领军公司				领军同伴公司→非领军公司			
	低经验组		高经验组		非明星分析师组		明星分析师组	
	(1)	(2)	(3)	(4)	(5)	(6)	(7)	(8)
	FFL	Equity	FFL	Equity	FFL	Equity	FFL	Equity
APFLE3	0.028 (0.66)							
APFLE4			0.144*** (3.61)					
APFEE3	0.606** (2.01)							
APFEE4			0.893*** (3.07)					
APFLS3					0.190*** (3.65)			
APFLS4							0.154** (2.50)	
APFES3					1.411*** (3.72)			
APFES4							0.900* (1.72)	
ΣControls	同伴公司特征加权控制							
ΣControls	同产业公司特征均值控制							
ΣControls	公司特征控制							
Year	控制							
Observations	12067	12067	12067	12067	12067	12067	12067	12067
Adj-R²	0.588	—	0.592	—	0.591	—	0.591	—
Pesudo Adj-R²	—	0.0975	—	0.1016	—	0.1008	—	0.1043

注：***p<0.01，**p<0.05，*p<0.1。

资料来源：作者整理。

第6章 资本市场分析师跟踪网络、异质性与融资决策同群

表6-18 稳健性检验回归1（跟踪量与券商组）

变量	领军同伴公司→非领军公司				领军同伴公司→非领军公司			
	低跟踪量分析师组		高跟踪量分析师组		小券商所属分析师组		大券商所属分析师组	
	(1)	(2)	(3)	(4)	(5)	(6)	(7)	(8)
	FFL	Equity	FFL	Equity	FFL	Equity	FFL	Equity
APFLF3	0.113*** (2.74)							
APFLF4			0.201*** (3.56)					
APFEF3		-0.472* (-1.85)						
APFEF4				1.736*** (4.27)				
APFLB3					0.198*** (3.54)			
APFLB4							0.057 (1.19)	
APFEB3						1.224*** (3.30)		
APFEB4								0.336 (1.30)
ΣControls	同伴公司特征加权控制							
ΣControls	同产业公司特征均值控制							
ΣControls	公司特征控制							
Year	控制							
Observations	12067	12067	12067	12067	12067	12067	12067	12067
Adj-R^2	0.589	—	0.590	—	0.590	—	0.589	—
Pesudo Adj-R^2	—	0.1032	—	0.1030	—	0.1003	—	0.0977

注：*** $p<0.01$，** $p<0.05$，* $p<0.1$。
资料来源：作者整理。

其次，用 MLE 方式替换 twostep 方式重复增发的相关 IV 回归。通过改变增发融资虚拟变量回归方式进行检验，总体来看，实证结果依然表明（见表 6-19、表 6-20），高经验分析师、非明星分析师、高跟踪量分析师及小券商分析师具有更为明显的同群效应，会通过不同产业同伴公司及领军同伴公司的相关融资决策来进行自身的融资决策，进一步表明了不同类型分析师在不同产业融资信息及领军公司优势信息传递及利用程度上的差异，再次验证了假设 H_1、H_2、H_3、H_{4b}。

表 6-19　稳健性检验回归 2（经验与明星组）

变量	不同产业				领军同伴公司→非领军公司			
	低经验分析师	高经验分析师	非明星分析师	明星分析师	低经验分析师	高经验分析师	非明星分析师	明星分析师
	(1)	(2)	(3)	(4)	(5)	(6)	(7)	(8)
	Equity	Equity	Equity	Equity	Equity	Equity	Equity	Equity
APER	0.023*** (4.77)	-0.039*** (-7.75)	-0.024*** (-4.86)	-0.004* (-1.78)	-0.071*** (-8.70)	-0.043*** (-5.79)	-0.026*** (-3.91)	-0.022*** (-3.81)
APFEE1	-4.798*** (-3.79)							
APFEE2		1.086 (0.93)						
APFEE3			5.838*** (3.45)					
APFEE4				7.414*** (4.80)				
APFES1					1.453** (2.42)			
APFES2						4.944*** (4.13)		

续表

变量	不同产业				领军同伴公司→非领军公司			
	低经验分析师	高经验分析师	非明星分析师	明星分析师	低经验分析师	高经验分析师	非明星分析师	明星分析师
	(1)	(2)	(3)	(4)	(5)	(6)	(7)	(8)
	Equity	Equity	Equity	Equity	Equity	Equity	Equity	Equity
APFES3							5.020 *** (2.73)	
APFES4							1.654 (0.67)	
ΣControls	同伴公司特征加权控制							
ΣControls	同产业公司特征均值控制							
ΣControls	公司特征控制							
Year	控制							
Observations	28997	28997	28997	28997	13012	13012	13012	13012
Wald test of exogeneity	chi2(1) = 10.19 ***	chi2(1) = 0.21	chi2(1) = 5.29 **	chi2(1) = 1.74 *	chi2(1) = 4.78 **	chi2(1) = 8.54 ***	chi2(1) = 3.70 *	chi2(1) = 0.32

注：*** $p < 0.01$, ** $p < 0.05$, * $p < 0.1$。
资料来源：作者整理。

表 6-20　稳健性检验回归 2（跟踪量和券商组）

变量	不同产业				领军同伴公司→非领军公司			
	低跟踪量分析师	高跟踪量分析师	小券商分析师	大券商分析师	低跟踪量分析师	高跟踪量分析师	小券商分析师	大券商分析师
	(1)	(2)	(3)	(4)	(5)	(6)	(7)	(8)
	Equity	Equity	Equity	Equity	Equity	Equity	Equity	Equity
APER	0.013 *** (2.51)	-0.026 *** (-5.63)	-0.019 *** (-4.17)	-0.038 *** (-7.73)	-0.020 *** (-2.76)	-0.020 *** (-3.21)	-0.029 *** (-4.80)	-0.035 *** (-6.47)
APFEF1	-3.887 *** (-4.93)							

续表

变量	不同产业				领军同伴公司→非领军公司			
	低跟踪量分析师	高跟踪量分析师	小券商分析师	大券商分析师	低跟踪量分析师	高跟踪量分析师	小券商分析师	大券商分析师
	(1)	(2)	(3)	(4)	(5)	(6)	(7)	(8)
	Equity	Equity	Equity	Equity	Equity	Equity	Equity	Equity
APFEF2	6.503*** (4.18)							
APFEF3		7.389*** (5.64)						
APFEF4			2.396*** (2.83)					
APFEB1					1.618 (0.90)			
APFEB2						8.172*** (10.04)		
APFEB3							6.495*** (6.40)	
APFEB4								5.144*** (3.24)
ΣControls	同伴公司特征加权控制							
ΣControls	同产业公司特征均值控制							
ΣControls	公司特征控制							
Year	控制							
Observations	28997	28997	28997	28997	13012	13012	13012	13012
Wald test of exogeneity	chi2(1) = 7.05***	chi2(1) = 7.53***	chi2(1) = 9.79***	chi2(1) = 5.36**	chi2(1) = 0.64	chi2(1) = 13.14***	chi2(1) = 12.84***	chi2(1) = 10.31***

注：*** $p < 0.01$，** $p < 0.05$，* $p < 0.1$。

资料来源：作者整理。

第7章
资本市场分析师跟踪网络、融资决策同群与企业价值

7.1 理论分析与研究假设

分析师跟踪网络引致的融资决策同群现象主要表现在不同产业同伴公司对本公司的影响及非领军同伴公司对领军公司融资决策的一种跟随策略，而在这种融资决策的同群行为下，分析师及券商异质性会影响融资决策同群程度，进一步说明了分析师信息量及信息来源差异所带来的融资决策同群的变化，也一定程度上说明了分析师通过其跟踪网络在公司融资决策行为间的信息传递作用。然而，分析师跟踪网络带来的信息传递进而引致的融资决策同群行为是否会对公司发展及其价值产生影响？即这种融资决策同群现象的经济后果如何？是否

真正能够体现分析师相关信息通过其跟踪网络传递的有效性？这些问题对于进一步了解分析师跟踪网络引致的公司决策行为变化带来的经济后果具有重要意义，为分析师产业发展、上市公司融资决策制订进而实现可持续发展提供更多信息。

从分析师及管理层视角探索企业价值影响的相关研究在国内外已逐渐显现，其一，从分析师视角来看，分析师跟踪本身作为一种上市公司外部治理机制而对公司形成了良好的外部监督，致使公司管理层行为，尤其是管理层自利行为受到了一定程度的约束。进一步地，相关管理层行为的约束必将使公司本身维持更加良好的运营环境，从而提升公司价值。当然，也有学者从分析师跟踪对公司价值提升的影响进行了直接的检验，但鉴于分析师跟踪与公司价值之间的逻辑链较长，相关直接论证可能存在一定问题，缺乏足够的说服力。而从本章分析师跟踪网络引致的融资决策同群的经济后果来看，分析师跟踪单个公司确实形成了对上市公司的外部监督，但本章相关主要变量是基于共同分析师人数赋权的同伴公司融资决策变量，所以如若更多共同分析师人数差异所带来的融资决策同群现象对公司价值产生显著影响，则一定程度上表明分析师跟踪网络程度变化对公司价值的影响差异，进而验证分析师通过其跟踪网络的相关融资信息传递效率的差异性。其二，从管理层层面来看，管理层等群体的决策行为也会对上市公司价值产生直接或间接的影响。一方面，由于上市公司会跟随分析师跟踪网络下的其他公司做出相似的融资决策，进而产生融资决策的同群行为，而这种分析师跟踪网络所带来的相关信息如果能够被管理层充分利用、识别并加以分析，即相关同群行为不是单纯的跟随策略，那么这种信息所带来的相似融资行为很可能对公司价值就会产生正面影响。另一方面，如果分析师跟踪网络下的同群行为只是上市公司管理层通过分析师网络的信息环境了

第7章 资本市场分析师跟踪网络、融资决策同群与企业价值

解相关内容而做出的与公司实际发展不相适应的跟随融资行为，则分析师跟踪网络下的信息环境在公司融资决策间的传递对公司价值并不会产生显著影响甚至可能会有负面影响，如果存在此种情况，则需要从分析师传递的内容、性质及管理层与分析师交流的信息监管、行为监管等方面入手，提出相关对策，进而使分析师在资本市场的新角色扮演具有更为有效的作用，进一步提升公司价值。

具体来看，理论上，公司不同融资决策同群现象所带来的经济后果也可能存在差异，鉴于前述章节，本书仅发现借贷融资与增发股权的相关融资方式、不同产业同伴公司及领军同伴公司所引致的融资决策同群现象较为明显，并对债券及配股可能不存在同群现象的原因进行了解释，因此，本章与第5章相似，仅针对借贷融资与增发股权融资方式进行深入探讨。首先，目前借贷融资方式在国内上市公司较为普遍，且公司融资结构中很大比例都是银行借贷融资，但这种借贷融资的模仿也可能带来两方面的影响：一方面，从财务杠杆理论来看，在适当的时候通过举债方式进行经营能够更好为公司发展提供资金来源，一定程度的负债能够发挥其税盾效应，最终提升公司价值，而采用举债经营须综合考虑期望收益率与利息率关系、借入资金与内源资金比例关系及举债风险的判断等一系列因素。在分析师跟踪网络信息环境下公司借贷融资能够符合自身发展趋势，并通过分析师跟踪网络实现对领军公司的理性跟随，则这样的借贷融资行为必然会充分利用财务杠杆，最大限度提升债务融资对公司价值的边际贡献。另一方面，从权衡理论来看，过多的借贷融资导致公司负债率的上升，当负债融资上升到一定程度时，边际税盾收益将等于边际财务困境成本，此时，如若继续增加借贷融资，则反而会导致更大的财务风险及经营风险，最终损害公司价值。而分析师跟踪网络

下的融资决策同群行为不考虑相关借贷融资潜在的财务风险，即使分析师传递信息具有一定的参考价值，管理层做出的相关融资决策跟随可能也并不会对企业价值产生显著影响甚至引致负面影响。

其次，从增发融资方式来看，增发融资同群所带来的影响也是多方面的，由于 2013—2017 年 Wind 数据显示，定向增发次数占到增发次数的 99.8%，即增发融资目前主要以定向增发为主。一方面，上市公司定向增发可以通过大股东以较高的增发价（等于或者高于市场价）向公司账户输送资金，一般来讲，被较大投资人认可且发展前景较好的上市公司才会实行定向增发计划进行融资。而定向增发融资方式对提升公司价值及改善公司治理水平具有明显的作用。股权分置阶段，通过再融资方式向大股东购买资产，导致其权益被稀释，新增资产持续营利能力与大股东利益关联度下降，当资产营利能力较弱时，此时由于大股东股份的非流通性，受损的必然是流通股股东权益。而在股权分置改革后（全流通背景下），控股股东鉴于定向增发部分在 3 年内才能流通及其变现收益的最大化，其必然对公司注入优质资产，每股营利能力显著提升，进而提升公司持续发展能力，进一步提升公司价值。从项目类型来看，投资者更倾向于前景更为看好的项目，进而导致股价的提升。另一方面，上市公司定向增发如若成为大股东掏空及利益输送的方式，则增发所带来的就是利空，必然引入大量劣质资产，对上市公司价值产生负面影响。当然，公司股价也可能由于前景不好的项目引起投资者反应有所下降。所以分析师跟踪网络下的融资同群行为进而分析师跟踪所带来的融资信息传递有效性也可能具有双面性，增发融资所带来的经济后果不尽相同。基于以上分析，本章提出如下对立假设：

假设 H_{1a}：分析师跟踪网络程度越大，借贷融资同群行为会提升公司价值。

假设 H_{1b}：分析师跟踪网络程度越大，借贷融资同群行为会降低公司价值。

假设 H_{2a}：分析师跟踪网络程度越大，增发融资同群行为会提升公司价值。

假设 H_{2b}：分析师跟踪网络程度越大，增发融资同群行为会降低公司价值。

7.2 研究设计

7.2.1 样本选择与数据来源

本书搜集了2013—2017年分析师预测样本，考虑到一般年报都是在次年度4月前后才公布，所以为了样本更为干净，本书选择在该年度末6个月前和3个月后的区间内进行预测作为该年度的样本。由于每年存在多名分析师对同一家公司发布盈余预测，且每个分析师又对不同公司跟踪并发布盈余预测，所以分析师跟踪样本呈现交叉网络特性，本书考虑到样本的复杂性，通过Python软件进行处理分离出共同分析师跟踪样本并得出分析师跟踪网络总体样本，所有原始数据资料均来自WIND金融数据库。

为了使研究更加准确，本书对样本进行如下处理：①与其他公司均不存在共同分析师的样本各指标取值均为0；②同名分析师情况本书也予以考虑，但均作为不同券商的多名分析师进行处理，即不考虑分析师跳槽的特殊情况；③剔除了金融类、ST等特殊处理的公司；④考虑IPO融资的影响因素复杂性及样本均为上市公司，为了更准确观测融资政策变化的影响，本书仅考虑企业增发配股的股权发行方式；⑤所有连续变量均经过上下1%的异常值处理。

7.2.2 变量定义

公司价值：为了考察分析师跟踪网络下上市公司融资决策间信息传递的有效性，本章拟引入公司价值相关指标，鉴于前期学者对融资与公司价值的研究方法（毕金玲、赵宇凌，2013），本章观测以分析师跟踪网络中共同分析师跟踪人数作为权重的同伴公司赋权融资变量对公司价值的影响，以期为这种跟踪网络下的融资信息传递有效性及其对公司价值的影响提供一定的实证证据，但本章重点依然关注采取了相似决策的公司价值变化，所以本章仅选取采用相关融资决策组来深入研究分析师跟踪网络下公司融资决策同群行为的价值影响。据此，本部分通过引入总资产收益率（ROA）、可持续增长率（SGR）及托宾Q值（TQ）三类绩效指标来测度企业价值。其中托宾Q值通过（总股本－境内上市的外资股B股）×今收盘价A股当期值+境内上市的外资股B股×B股今收盘价当期值×当日汇率计算得到。

本书通过定义分析师跟踪网络来进行解释变量的设计，由于一个分析师跟踪多家公司，而一家公司又被多个分析师跟踪，所以本书定义与某公司在同一分析师跟踪下的所有公司为同伴公司，通过同伴公司融资决策结合共同分析师人数（共同分析师跟踪人数为权重）计算本公司的同伴公司融资决策加权值作为解释变量，即APF。

$$APF_{ijt} = \sum_{i \neq j} N_{ijt} PF_{jt} / \sum_{i \neq j} N_{ijt}$$

其中PF_{jt}包括：借款总额占年初资产总额比例（PFL），企业债务发行（PFD）、增发股权（PFE）及配股融资（PFA），四种主要融资政策计算结果分别用 APFL，APFD、APFE 及 APFA 表示，鉴于第 4 章中有关融资方式中仅发现借贷和增发股权融资同群现象，故本章与第 5 章采用类似做法，仅针对借贷融资及增发股权融资同群行为的价值效应进行深入研究。

控制变量：依然参照前期文献选择了影响企业价值的主要因素：账面市值比（MB）、息税摊销前利润（EBITDA）、资产负债率（Lev）、成长性（Growth）、独董持股比例（DR）、公司规模（Lnasset）、营业收入（Lnsales）、股权集中度（Ownership）、机构投资者持股比例（JCG）、总资产周转率（ZZL）及高管持股比例（GCG），为了保证数据科学性，均采用滞后一期数值。见变量表 7-1：

表 7-1　　　　　　　　变量定义

变量类型	变量符号	变量名称	变量释义
被解释变量	ROA	总资产收益率	净利润/总资产平均余额
	SGR	可持续增长率	（净利润/所有者权益合计期末余额）×[1-每股派息税前÷（净利润本期值/实收资本本期期末值）]÷（1-分子）
	TQ	托宾 Q 值	市值/（资产总计-无形资产净额-商誉净额）

续表

变量类型	变量符号	变量名称	变量释义
解释变量	APFL、APFE	同伴公司借贷融资加权值、增发融资加权值	由上述 APF 计算公式得到
	APFL1、APFE1、APFL2、APFE2	同伴公司借贷融资加权值（不同产业）、增发融资加权值（不同产业）、借贷融资加权值（领军同伴公司）、增发融资加权值（领军同伴公司）	由上述 APF 计算公式得到，不同产业同伴公司及领军同伴公司计算得到
	APFLE1、APFLE2、APFLE4	低经验分析师跟踪网络（不同产业）、高经验分析师跟踪网络（不同产业）、高经验分析师跟踪网络（领军同伴公司）下同伴公司借贷融资加权值	由上述 APF 计算公式得到
	APFLS1、APFLS2、APFLS4	非明星分析师跟踪网络（不同产业）、明星分析师跟踪网络（不同产业）、明星分析师跟踪网络（领军同伴公司）下同伴公司借贷融资加权值	由上述 APF 计算公式得到
	APFLF1、APFLF2、APFLF4	低跟踪量分析师跟踪网络（不同产业）、高跟踪量分析师跟踪网络（不同产业）、高跟踪量分析师跟踪网络（领军同伴公司）下同伴公司借贷融资加权值	由上述 APF 计算公式得到
	APFLB1、APFLB2、APFLB3、APFLB4	小券商所属分析师跟踪网络（不同产业）、大券商所属分析师跟踪网络（不同产业）、小券商所属分析师跟踪网络（领军同伴公司）、大券商所属分析师跟踪网络（领军同伴公司）下同伴公司借贷融资加权值	由上述 APF 计算公式得到

续表

变量类型	变量符号	变量名称	变量释义
解释变量	APFEE1、APFEE2、APFEE4	低经验分析师跟踪网络（不同产业）、高经验分析师跟踪网络（不同产业）、高经验分析师跟踪网络（领军同伴公司）下同伴公司增发融资加权值	由上述 APF 计算公式得到
	APFES2、APFLS3、APFLS4	明星分析师跟踪网络（不同产业）、非明星分析师跟踪网络（领军同伴公司）、明星分析师跟踪网络（领军同伴公司）下同伴公司增发融资加权值	由上述 APF 计算公式得到
	APFEF1、APFEF2、APFEF4	低跟踪量分析师跟踪网络（不同产业）、高跟踪量分析师跟踪网络（不同产业）、高跟踪量分析师跟踪网络（领军同伴公司）下同伴公司增发融资加权值	由上述 APF 计算公式得到
	APFEB1、APFEB2、APFEB3	小券商所属分析师跟踪网络（不同产业）、大券商所属分析师跟踪网络（不同产业）、小券商所属分析师跟踪网络（领军同伴公司）下同伴公司增发融资加权值	由上述 APF 计算公式得到
控制变量	MB	账面市值比	股价/每股净资产
	EBITDA	息税摊销前利润相对值	（净利润＋所得税费用＋长期待摊费用摊销＋无形资产摊销＋固定资产折旧、油气资产折耗、生产性生物资产折旧）/年初总资产/总资产

续表

变量类型	变量符号	变量名称	变量释义
控制变量	Lnsales	年营业额	营业收入对数
	DR	独立董事比例	独立董事人数/董事会总人数
	Growth	成长性	业务收入增长率
	Lnasset	公司规模	总资产对数
	Ownership	股权集中度	第一大股东持股比例
	Lev	资产负债率	总负债/总资产
	GCG	高管持股比例	高管持股数/股本总数
	JCG	总机构投资者持股比例	所有机构持股比例之和
	ZZL	总资产周转率	营业收入/总资产平均余额
	IndMB、IndEBITDA、IndLnsales、IndDR、IndGrowth、IndLnasset、IndOwnership、IndLev、IndGCG、IndJCG、IndZZL	同产业账面市值比均值、息税摊销前利润均值、年营业额均值、独董比例均值、成长性均值、公司规模均值、股权集中度均值、资产负债率均值、高管持股比例均值、机构持股比例均值、总资产周转率均值	不包含 i 公司本身的同产业均值

7.2.3 模型设计

为了检验本章的研究假设,构建了如下模型:

$$ROA_{it} = \beta_0 + \beta_1 APFL_{ijt}/APFE_{ijt} + \beta_2 IndLev_{it-1} + \beta_3 IndGrowth_{it-1}$$

第7章 资本市场分析师跟踪网络、融资决策同群与企业价值

$$+ \beta_4 \text{IndDR}_{it-1} + \beta_5 \text{IndLnasset}_{it-1} + \beta_6 \text{IndOwnership}_{it-1}$$
$$+ \beta_7 \text{IndLnsales}_{it-1} + \beta_8 \text{IndJCG}_{it-1} + \beta_9 \text{IndZZL}_{it-1}$$
$$+ \beta_{10} \text{IndGCG}_{it-1} + \beta_{11} \text{Lev}_{it-1} + \beta_{12} \text{Growth}_{it-1}$$
$$+ \beta_{13} \text{DR}_{it-1} + \beta_{14} \text{Lnasset}_{it-1} + \beta_{15} \text{Ownership}_{it-1}$$
$$+ \beta_{16} \text{IndLnsales}_{it-1} + \beta_{17} \text{JCG}_{it-1} + \beta_{18} \text{ZZL}_{it-1}$$
$$+ \beta_{19} \text{GCG}_{it-1} + \varepsilon \tag{7-1}$$

$$\text{SGR}_{it} = \beta_0 + \beta_1 \text{APFL}_{ijt}/\text{APFE}_{ijt} + \beta_2 \text{IndLev}_{it-1} + \beta_3 \text{IndGrowth}_{it-1}$$
$$+ \beta_4 \text{IndDR}_{it-1} + \beta_5 \text{IndLnasset}_{it-1} + \beta_6 \text{IndOwnership}_{it-1}$$
$$+ \beta_7 \text{IndLnsales}_{it-1} + \beta_8 \text{IndJCG}_{it-1} + \beta_9 \text{IndZZL}_{it-1}$$
$$+ \beta_{10} \text{IndGCG}_{it-1} + \beta_{11} \text{Lev}_{it-1} + \beta_{12} \text{Growth}_{it-1} + \beta_{13} \text{DR}_{it-1}$$
$$+ \beta_{14} \text{Lnasset}_{it-1} + \beta_{15} \text{Ownership}_{it-1} + \beta_{16} \text{IndLnsales}_{it-1}$$
$$+ \beta_{17} \text{JCG}_{it-1} + \beta_{18} \text{ZZL}_{it-1} + \beta_{19} \text{GCG}_{it-1} + \varepsilon \tag{7-2}$$

$$\text{TobinQ}_{it} = \beta_0 + \beta_1 \text{APFL}_{ijt}/\text{APFE}_{ijt} + \beta_2 \text{IndLev}_{it-1} + \beta_3 \text{IndGrowth}_{it-1}$$
$$+ \beta_4 \text{IndDR}_{it-1} + \beta_5 \text{IndLnasset}_{it-1} + \beta_6 \text{IndOwnership}_{it-1}$$
$$+ \beta_7 \text{IndLnsales}_{it-1} + \beta_8 \text{IndJCG}_{it-1} + \beta_9 \text{IndZZL}_{it-1}$$
$$+ \beta_{10} \text{IndGCG}_{it-1} + \beta_{11} \text{Lev}_{it-1} + \beta_{12} \text{Growth}_{it-1}$$
$$+ \beta_{13} \text{DR}_{it-1} + \beta_{14} \text{Lnasset}_{it-1} + \beta_{15} \text{Ownership}_{it-1}$$
$$+ \beta_{16} \text{IndLnsales}_{it-1} + \beta_{17} \text{JCG}_{it-1} + \beta_{18} \text{ZZL}_{it-1}$$
$$+ \beta_{19} \text{GCG}_{it-1} + \varepsilon \tag{7-3}$$

7.3 实证结果与分析

7.3.1 描述性统计

首先，本章对绩效的相关指标及解释变量进行了描述性统计（见表7-2），从相关会计业绩指标来看，总资产收益率及可持

续增长率最小值存在负值，可以看出在近 5 年分析师跟踪的样本中，存在亏损的上市公司也会被分析师跟踪，且从三个指标的均值和中位数比较上来看，总资产收益率和可持续增长率的标准差很小，总体来说，分析师跟踪的公司会计业绩差距并不大。而托宾 Q 值作为市场业绩指标，涉及公司市值，且从最小值与最大值差距及均值与中位数差距来看，分析师跟踪的公司市场业绩还是具有一定差异。其次，由于前述章节发现分析师跟踪网络下领军同伴公司对非领军公司的融资决策影响明显，所以本章也对非领军公司的绩效进行描述性统计（见表 7-3），均值与中位数差距较小，但总体上来看，几类绩效指标与全样本绩效的指标值均值、中位数差距并不是太大。最后，鉴于绝大多数都实行了借贷融资，故此处仅对增发融资公司样本绩效进行描述性统计（见表 7-4），发现虽然三种绩效指标值均值比全样本均值低，但差距非常小，这也说明分析师跟踪网络下采用增发融资的公司绩效可以代表总体绩效水平。

表 7-2　　　　　描述性统计（全样本）

变量	均值	中位数	标准差	最小值	最大值
ROA	0.058	0.052	0.049	-0.080	0.218
SGR	0.070	0.062	0.071	-0.184	0.308
TQ	2.954	2.272	2.457	0.223	13.27
APFL	0.118	0.111	0.043	0.040	0.253
APFE	0.194	0.184	0.103	0	0.500
APFL1	0.119	0.113	0.046	0	0.271
APFE1	0.202	0.191	0.116	0	0.556
APFL2	0.142	0.136	0.054	0.009	0.309
APFE2	0.200	0.189	0.124	0	0.571

资料来源：作者整理。

第 7 章 资本市场分析师跟踪网络、融资决策同群与企业价值

表 7-3　描述性统计（非领军公司样本）

变量	均值	中位数	标准差	最小值	最大值
ROA	0.061	0.056	0.050	-0.080	0.218
SGR	0.062	0.056	0.066	-0.184	0.308
TQ	4.251	3.564	2.694	0.223	13.27

资料来源：作者整理。

表 7-4　描述性统计（实施增发融资公司样本）

变量	均值	中位数	标准差	最小值	最大值
ROA	0.053	0.049	0.045	-0.080	0.218
SGR	0.058	0.051	0.062	-0.184	0.308
TQ	3.040	2.413	2.363	0.223	13.27

资料来源：作者整理。

7.3.2　相关性分析

首先，从三类绩效指标来看（见表7-5、表7-6），相关系数的显著性很高，且均呈现正向关系，所以一定程度上表明选取的绩效指标具有代表公司价值变化方向的一致性特点，较为合理。其次，从解释变量和三类绩效指标来看，尽管借贷、增发融资与绩效单变量间简单相关呈现负向显著，但此系数和显著性并未考虑其他控制变量综合因素，因此，还须进一步通过回归系数来确定充分考虑各控制变量后的因果关系。最后，从解释变量与控制变量之间的相关系数值来看，绝大部分相关系数的绝对值均在 0.05 以下，所以可以判断变量之间不存在严重的多重共线性，即后续回归结果具有可信性。

表7-5   Pearson 相关系数表

变量	ROA	SGR	TQ	APFL	APFE
ROA	1				
SGR	0.747***	1			
TQ	0.365***	0.120***	1		
APFL	-0.226***	-0.093***	-0.300***	1	
APFE	-0.0120	-0.029***	0.118***	0.024***	1
IndMB	-0.207***	0.003	-0.417***	0.419***	-0.255***
IndEBITDA	0.049***	0.0120	0.030***	-0.088***	-0.053***
IndLnsales	-0.179***	-0.027***	-0.410***	0.217***	-0.180***
IndGrowth	-0.056***	0.010	-0.080***	0.046***	0.103***
IndDR	-0.022***	-0.030***	0.086***	-0.069***	0.068***
IndLnasset	-0.210***	-0.027***	-0.414***	0.303***	-0.142***
IndOwnership	-0.100***	-0.023***	-0.274***	0.256***	-0.207***
IndLev	-0.283***	-0.026***	-0.419***	0.436***	-0.065***
IndGCG	0.158***	0.032***	0.315***	-0.307***	0.091***
IndJCG	0.053***	0.093***	-0.109***	0.035***	-0.137***
IndZZL	-0.019**	-0.005	-0.070***	-0.111***	-0.079***
MB	-0.345***	-0.104***	-0.521***	0.335***	-0.171***
EBITDA	0.573***	0.388***	0.133***	-0.090***	-0.062***
Lnsales	-0.083***	0.117***	-0.548***	0.156***	-0.093***
Growth	0.117***	0.153***	0.076***	-0.042***	0.032***
DR	-0.0	-0.026***	0.050***	-0.042***	0.023***
Lnasset	-0.177***	0.049***	-0.568***	0.222***	-0.081***
Ownership	0.048***	0.035***	-0.099***	0.113***	-0.079***
Lev	-0.404***	0.008	-0.534***	0.278***	-0.041***
GCG	0.169***	0.029***	0.314***	-0.155***	0.049***
JCG	0.052***	0.111***	-0.081***	0.010	-0.035***
ZZL	0.136***	0.170***	-0.098***	-0.080***	-0.041***

注：*** $p<0.01$，** $p<0.05$。

资料来源：作者整理。

第7章 资本市场分析师跟踪网络、融资决策同群与企业价值

表7-6　　　　　　　　Pearson 相关系数表

变量	ROA	SGR	TQ	APFL1	APFE1	APFL2	APFE2
ROA	1						
SGR	0.747***	1					
TQ	0.365***	0.120***	1				
APFL1	-0.134***	-0.078***	-0.188***	1			
APFE1	-0.003	-0.022***	0.089***	0.088***	1		
APFL2	-0.176***	-0.076***	-0.216***	0.686***	0.019***	1	
APFE2	0.014*	-0.008	0.135***	-0.020***	0.690***	0.040***	1
IndMB	-0.207***	0.003	-0.417***	0.190***	-0.209***	0.302***	-0.253***
IndEBITDA	0.049***	0.012	0.030***	-0.062***	-0.074***	-0.036***	0.002
IndLnsales	-0.179***	-0.027***	-0.410***	0.132***	-0.100***	0.073***	-0.187***
IndGrowth	-0.056***	0.010	-0.080***	-0.042***	0.092***	0.033***	0.093***
IndDR	-0.022***	-0.030***	0.086***	-0.077***	0.038***	-0.045***	0.063***
IndLnasset	-0.210***	-0.027***	-0.414***	0.152***	-0.068***	0.159***	-0.160***
IndOwnership	-0.100***	-0.023***	-0.274***	0.166***	-0.137***	0.123***	-0.214***
IndLev	-0.283***	-0.026***	-0.419***	0.205***	-0.057***	0.300***	-0.103***
IndGCG	0.158***	0.032***	0.315***	-0.198***	0.020***	-0.159***	0.116***
IndJCG	0.053***	0.093***	-0.109***	-0.001	-0.111***	0.004	-0.105***
IndZZL	-0.019**	-0.005	-0.070***	-0.036***	-0.073***	-0.145***	-0.064***
MB	-0.345***	-0.104***	-0.521***	0.179***	-0.131***	0.235***	-0.177***
EBITDA	0.573***	0.388***	0.133***	-0.042***	-0.041***	-0.100***	-0.043***
Lnsales	-0.083***	0.117***	-0.548***	0.098***	-0.041***	0.049***	-0.111***
Growth	0.117***	0.153***	0.076***	-0.036***	0.020***	-0.023***	0.044***
DR	-0.012	-0.026***	0.050***	-0.044***	0.012**	-0.034***	0.021***
Lnasset	-0.177***	0.049***	-0.568***	0.123***	-0.030***	0.111***	-0.102***
Ownership	0.048***	0.035***	-0.099***	0.075***	-0.052***	0.046***	-0.086***
Lev	-0.404***	0.008	-0.534***	0.154***	-0.030***	0.193***	-0.073***
GCG	0.169***	0.029***	0.314***	-0.109***	0.017***	-0.083***	0.068***
JCG	0.052***	0.111***	-0.081***	0.005	-0.021***	-0.007	-0.034***
ZZL	0.136***	0.170***	-0.098***	-0.030***	-0.031***	-0.112***	-0.040***

注：*** $p<0.01$，** $p<0.05$，* $p<0.1$。

资料来源：作者整理。

7.3.3 回归结果分析

首先，由于前述章节实证结果总体表明，分析师跟踪网络下借贷融资及增发融资方式同群效应明显，且在不同产业同伴公司对本公司的融资决策影响及领军同伴公司对非领军公司融资决策的影响下存在更为明显的同群现象，所以本章针对借贷融资与增发融资的同群效应经济后果进行深入探索。通过对借贷融资及已实施增发融资的公司进行绩效回归，实证结果表明（见表7-7）。一方面，从借贷融资来看，同伴公司的融资决策加权指标与三种绩效指标回归系数均呈现负向关系，并通过了1%的显著性水平，一定程度上说明分析师跟踪网络所引致的借贷融资决策同群行为并未提升公司价值，相反，还使公司价值有所下降，这也支持了权衡理论假说，即这种借贷融资同群总体上来看，借贷规模的扩大可能致使财务杠杆税盾收益逐渐小于其所带来的财务困境成本，进而影响公司价值，基本验证了假设H_{1b}。另一方面，从增发融资来看，同伴公司的融资决策加权指标与三种绩效指标均呈现出正向关系，且ROA、SGR及TQ相关回归系数均通过了5%、1%的显著性水平，表明分析师跟踪网络下增发融资决策同群行为对公司价值提升具有重要作用，即跟踪网络中的共同分析师人数更多，相关信息传递量更大，会显著提升实施增发融资决策同群的公司价值，基本验证了假设H_{2a}。

表7-7　　　　绩效主回归

变量	(1) ROA	(2) ROA	(3) SGR	(4) SGR	(5) TQ	(6) TQ
APFL	-0.081*** (-11.99)		-0.102*** (-8.65)		-6.653*** (-21.31)	

第7章 资本市场分析师跟踪网络、融资决策同群与企业价值

续表

变量	(1) ROA	(2) ROA	(3) SGR	(4) SGR	(5) TQ	(6) TQ
APFE		0.017*** (2.72)		0.035*** (3.55)		0.642** (2.25)
MB	-0.009*** (-16.48)	-0.008*** (-6.21)	-0.019*** (-19.14)	-0.015*** (-7.45)	-0.118*** (-4.79)	-0.054 (-1.01)
EBITDA	0.411*** (71.66)	0.388*** (28.84)	0.459*** (45.84)	0.369*** (17.14)	4.452*** (17.97)	1.617*** (2.83)
Lnsales	-0.002** (-2.19)	-0.005** (-2.03)	-0.004* (-1.86)	-0.006 (-1.56)	-0.623*** (-12.41)	-0.759*** (-7.06)
Growth	0.003*** (5.36)	0.003*** (2.65)	0.011*** (10.39)	0.008*** (4.11)	0.240*** (9.53)	0.341*** (6.86)
DR	-0.024*** (-4.66)	-0.008 (-0.74)	-0.029*** (-3.21)	-0.013 (-0.72)	1.432*** (6.19)	2.524*** (5.26)
Lnasset	0.006*** (5.52)	0.008*** (3.23)	0.010*** (5.13)	0.014*** (3.60)	-0.058 (-1.12)	0.155 (1.41)
Ownership	0.000*** (9.81)	0.000*** (3.61)	0.000* (1.81)	0.000 (0.43)	0.009*** (9.66)	0.003* (1.66)
Lev	-0.059*** (-28.84)	-0.043*** (-9.62)	0.046*** (12.89)	0.031*** (4.32)	-2.178*** (-23.73)	-3.382*** (-17.20)
GCG	0.028*** (16.17)	0.025*** (6.87)	0.032*** (10.88)	0.025*** (4.28)	0.739*** (9.47)	0.933*** (5.75)
JCG	0.000*** (5.02)	0.000 (1.50)	0.000*** (8.04)	0.000 (1.28)	0.001 (0.68)	-0.001 (-0.32)
ZZL	0.018*** (11.60)	0.019*** (5.63)	0.025*** (9.17)	0.025*** (4.77)	0.585*** (8.20)	0.682*** (4.47)
Constant	0.085*** (3.94)	0.185*** (3.68)	0.085** (2.26)	0.117 (1.45)	12.393*** (13.43)	13.981*** (6.84)
ΣControls	同产业公司特征均值控制					
Year	控制					
Observations	17256	3614	17256	3614	20365	3921
Adj-R²	0.470	0.400	0.237	0.197	0.504	0.544

注:*** $p<0.01$,** $p<0.05$,* $p<0.1$。

资料来源:作者整理。

其次，针对不同产业同伴公司，本章也对相关样本进行了回归分析，实证结果表明（见表7-8），与本公司属于不同产业的同伴公司融资决策加权值和三类绩效指标回归也呈现不同结果。借贷融资加权值依然与三类绩效指标呈现负向显著，而增发融资加权值与三类绩效指标呈现正向关系，其中三类指标通过了显著性水平测试，说明随着本公司与不同产业的同伴公司间共同分析师人数的增加，增发融资决策同群现象对公司价值提升具有明显的作用，也在此验证了假设H_{1b}和H_{2a}，进一步证实了分析师跟

表7-8　不同产业同伴公司样本回归结果

变量	(1) ROA	(2) ROA	(3) SGR	(4) SGR	(5) TQ	(6) TQ
APFL1	-0.051*** (-9.25)		-0.062*** (-6.46)		-4.444*** (-17.05)	
APFE1		0.009* (1.79)		0.019** (2.26)		0.398* (1.65)
MB	-0.009*** (-16.87)	-0.008*** (-6.18)	-0.019*** (-19.44)	-0.015*** (-7.41)	-0.135*** (-5.48)	-0.055 (-1.04)
EBITDA	0.411*** (71.50)	0.389*** (28.92)	0.459*** (45.77)	0.371*** (17.23)	4.368*** (17.57)	1.613*** (2.82)
Lnsales	-0.002** (-2.12)	-0.005** (-2.08)	-0.004* (-1.80)	-0.006 (-1.63)	-0.613*** (-12.17)	-0.756*** (-7.03)
Growth	0.003*** (5.42)	0.003*** (2.61)	0.011*** (10.43)	0.007*** (4.06)	0.242*** (9.58)	0.340*** (6.83)
DR	-0.023*** (-4.51)	-0.008 (-0.76)	-0.028*** (-3.09)	-0.013 (-0.75)	1.505*** (6.49)	2.516*** (5.24)
Lnasset	0.006*** (5.44)	0.008*** (3.31)	0.010*** (5.07)	0.014*** (3.70)	-0.067 (-1.29)	0.155 (1.41)
Ownership	0.000*** (9.64)	0.000*** (3.56)	0.000* (1.69)	0.000 (0.36)	0.008*** (9.36)	0.003 (1.62)

续表

变量	(1) ROA	(2) ROA	(3) SGR	(4) SGR	(5) TQ	(6) TQ
Lev	-0.059*** (-28.83)	-0.044*** (-9.66)	0.046*** (12.85)	0.031*** (4.27)	-2.174*** (-23.59)	-3.395*** (-17.28)
GCG	0.028*** (16.27)	0.026*** (7.01)	0.033*** (10.97)	0.026*** (4.46)	0.757*** (9.65)	0.948*** (5.85)
JCG	0.000*** (5.17)	0.000 (1.54)	0.000*** (8.15)	0.000 (1.32)	0.001 (0.97)	-0.001 (-0.24)
ZZL	0.018*** (11.62)	0.019*** (5.71)	0.025*** (9.19)	0.026*** (4.87)	0.582*** (8.12)	0.681*** (4.47)
Constant	0.068*** (3.15)	0.189*** (3.75)	0.063* (1.68)	0.125 (1.55)	11.094*** (12.02)	14.054*** (6.88)
ΣControls	同产业公司特征均值控制					
Year	控制					
Observations	17259	3616	17259	3616	20368	3923
Adj-R²	0.468	0.400	0.236	0.195	0.500	0.544

注: *** $p<0.01$, ** $p<0.05$, * $p<0.1$。

资料来源: 作者整理。

踪网络下不同产业信息的传递效率问题。最后,通过领军同伴公司加权融资变量与非领军公司三类绩效指标的回归来分析这种具有跟随性质的同群现象的经济后果。实证结果表明(见表7-9),其一,从借贷融资来看,领军同伴公司借贷融资加权值与三类绩效指标均呈现负向关系,且三类绩效回归系数通过了1%的显著性水平,表明分析师跟踪网络下的借贷融资方式的跟随行为并未对自身价值产生显著提升作用,反而会因借贷规模的盲目扩大导致财务困境概率提升,对公司价值形成了一定程度的损害。其二,从增发融资来看,在三类绩效指标回归中,领军同伴公司的增发融资加权值与非领军公司增发融资决策间呈现正向关系,且三类回归系数均通过了1%的显著性水平，一定程度上表明，随着共同分析师人数的增加，相关融资信息含量的扩大及传递，进而引致的增发融资决策同群行为会显著提升公司价值，说明了分析师跟踪网络所带来的信息传递逐渐提高了非领军公司对领军企业融资决策的跟随效率。

表7-9 领军同伴公司对非领军公司融资决策影响回归

变量	(1) ROA (Lnsales < Median, 已采用借贷融资方式)	(2) ROA (Lnsales < Median, 已采用增发融资方式)	(3) SGR (Lnsales < Median, 已采用借贷融资方式)	(4) SGR (Lnsales < Median, 已采用增发融资方式)	(5) TQ (Lnsales < Median, 已采用借贷融资方式)	(6) TQ (Lnsales < Median, 已采用增发融资方式)
APFL2 (Lnsales > Median)	-0.022*** (-2.90)		-0.008 (-0.74)		-4.579*** (-12.03)	
APFE2 (Lnsales > Median)		0.021*** (2.97)		0.040*** (3.85)		1.145*** (3.32)
MB	-0.028*** (-15.95)	-0.024*** (-5.91)	-0.040*** (-14.82)	-0.043*** (-7.48)	-2.069*** (-23.75)	-1.995*** (-10.58)
EBITDA	0.348*** (39.51)	0.307*** (14.68)	0.345*** (25.61)	0.240*** (7.97)	4.864*** (11.70)	1.951** (2.02)
Lnsales	-0.010*** (-5.61)	-0.010*** (-2.65)	-0.007** (-2.50)	-0.012** (-2.21)	-1.164*** (-12.70)	-0.738*** (-3.90)
Growth	0.005*** (4.87)	0.005** (2.45)	0.013*** (9.01)	0.010*** (3.48)	0.269*** (5.59)	0.110 (1.17)
DR	-0.042*** (-5.24)	-0.045*** (-2.61)	-0.041*** (-3.29)	-0.035 (-1.40)	0.369 (0.93)	1.512* (1.86)
Lnasset	0.015*** (8.24)	0.011*** (2.79)	0.016*** (5.76)	0.022*** (3.77)	-0.204*** (-2.17)	-0.581*** (-2.91)

续表

变量	(1) ROA (Lnsales < Median,已 采用借贷 融资方式)	(2) ROA (Lnsales < Median,已 采用增发 融资方式)	(3) SGR (Lnsales < Median,已 采用借贷 融资方式)	(4) SGR (Lnsales < Median,已 采用增发 融资方式)	(5) TQ (Lnsales < Median,已 采用借贷 融资方式)	(6) TQ (Lnsales < Median,已 采用增发 融资方式)
Ownership	0.000*** (10.34)	0.000*** (5.93)	0.000*** (3.26)	0.000** (2.45)	0.008*** (4.78)	-0.000 (-0.07)
Lev	-0.052*** (-17.17)	-0.022*** (-3.19)	0.025*** (5.45)	0.043*** (4.38)	-1.186*** (-7.92)	-1.522*** (-4.76)
GCG	0.026*** (11.19)	0.036*** (6.94)	0.024*** (6.92)	0.029*** (3.93)	-0.014 (-0.12)	0.187 (0.76)
JCG	0.000*** (5.51)	0.001*** (3.15)	0.001*** (5.95)	0.001** (2.25)	0.017*** (4.71)	0.032*** (3.90)
ZZL	0.053*** (14.88)	0.031*** (4.11)	0.054*** (9.93)	0.045*** (4.11)	1.298*** (7.27)	-0.058 (-0.16)
Constant	-0.048 (-1.25)	0.271*** (3.02)	-0.114** (-1.96)	0.137 (1.06)	22.879*** (12.66)	34.454*** (8.12)
ΣControls	同产业公司特征均值控制					
Year	控制					
Observations	8323	1772	8323	1772	9240	1810
Adj-R^2	0.412	0.311	0.220	0.178	0.461	0.498

注：*** $p<0.01$，** $p<0.05$，* $p<0.1$。
资料来源：作者整理。

7.3.4 进一步分析

基于第5章分析师异质性所带来的公司融资决策同群程度差异结果，对存在同群效应的不同类型分析师跟踪网络的经济后果进行回归分析。首先，从不同经验分析师跟踪网络及明星分析师跟踪网络来看（见表7-10、表7-11），在不同产业同伴公司和领军同伴公司影响下，借贷融资与三类绩效上绝大部分回归系数呈现负向显著关系，而增发融资也较大程度上与三类绩效间呈现正向显著关系，且本公司对领军同伴公司融资跟随表现出了更为明显的回归系数，也进一步说明了高经验分析师跟踪网络引致的融资同群效应进而带来的绩效提升表现在跟随信息的传递上。而在明星分析师跟踪网络下，本公司与不同产业同伴公司的融资同群在借贷融资方式上的绩效性依然为负，而增发融资方式回归系数在一类绩效（TQ）指标上表现出了正向高度显著。与此同时，在领军同伴公司影响下，存在同群效应的非明星分析师跟踪网络下的公司增发融资和明星分析师跟踪网络下的借贷融资方式与三类绩效指标回归均表现出了较高的显著回归系数，也一定程度上说明明星分析师跟踪网络下对领军同伴公司的借贷融资信息的传递对本公司绩效并未表现出负面影响，相反，这种信息提高了相关公司绩效，也一定程度上说明明星分析师跟踪网络在公司借贷融资同群方面对公司价值产生了积极影响。

其次，从不同跟踪量分析师网络与不同券商规模分析师跟踪网络相关结果来看（见表7-12、表7-13），尽管低跟踪量分析师跟踪网络下借贷融资的绩效性并不十分明显（仅SGR上表现出了显著性），但低跟踪量分析师跟踪网络下的增发融资、高跟踪量分析师跟踪网络下的借贷与增发融资都与三类绩效指标回归系数表现出了高度的显著性，说明了主回归的相关绩效性关系主要来自高跟踪量分析师跟踪网络。而在领军管理公司影响下存在融资同群现象的高跟踪分析师网络中，借贷融资与增发融资的绩效性也较为明显，尤其是本公司对领军同伴公司增发融资的跟随行为带来的绩效提升较为明显。在不同规模券商分析师跟踪网络下，本公司与不同产业同伴公司融资决策同群行为的绩效性主

第7章 资本市场分析师跟踪网络、融资决策同群与企业价值

表7-10 不同经验分析师跟踪网络下同群效应绩效回归

变量	不同产业												领军同伴公司→非领军公司					
	低						高						高					
	ROA		SGR		TQ		ROA		SGR		TQ		ROA		SGR		TQ	
	借贷	增发	借贷	增发	借贷	增发	借贷	增发	借贷	增发	借贷	增发	借贷	增发	借贷	增发	借贷	增发
APPLE1	-0.050*** (-9.22)		-0.063*** (-8.89)		-3.669*** (-14.13)													
APPEE1		0.007* (1.67)		0.007 (1.11)		0.401** (2.12)												
APPLE2							-0.020*** (-4.91)		-0.017** (-2.41)		-2.250*** (-11.75)							
APPEE2								0.003 (0.89)		0.005 (0.88)		0.314* (1.77)						
APPLE4													-0.015** (-2.11)		-0.000 (-0.04)		-4.215*** (-11.69)	
APPEE4														0.012* (1.77)		0.025*** (2.58)		0.530 (1.59)
∑Controls	同产业公司特征均值控制																	
∑Controls	公司特征控制																	
Year	控制																	
Observations	17270	3620	17270	3620	20379	3927	17270	3620	17270	3620	20379	3927	8329	1775	8329	1775	9246	1813
Adj-R²	0.468	0.399	0.237	0.194	0.498	0.543	0.446	0.399	0.234	0.194	0.496	0.543	0.411	0.307	0.219	0.173	0.461	0.495

注：*** $p<0.01$，** $p<0.05$，* $p<0.1$。

资料来源：作者整理。

表7-11 明星分析师跟踪网络下同群效应绩效回归

变量	不同产业									领袖同伴公司→非领袖公司					
	非明星 借贷 ROA	非明星 增发 ROA	明星 借贷 ROA	非明星 借贷 SGR	非明星 增发 SGR	明星 借贷 SGR	非明星 借贷 TQ	非明星 增发 TQ	明星 借贷 TQ	非明星 增发 ROA	非明星 增发 SGR	非明星 增发 TQ	明星 借贷 ROA	明星 借贷 SGR	明星 借贷 TQ
APFLS1	-0.039*** (-7.68)			-0.052*** (-5.83)			-3.917*** (-16.19)								
APFES1		0.008 (1.54)			0.012 (1.52)			0.592*** (2.67)							
APFLS2			-0.008** (-2.13)			-0.011* (-1.66)			-0.054 (-0.31)						
APFES3										0.017*** (2.66)	0.034*** (3.60)	1.029*** (3.29)			
APFLS4													0.012** (2.41)	0.020*** (2.60)	-0.376 (-1.45)
ΣControls	同产业公司特征均值控制														
ΣControls	公司特征控制														
Year	控制														
Observations	17270	3620	17270	17270	3620	17270	20379	3927	20379	1775	1775	1813	8329	8329	9246
Adj-R²	0.467	0.399	0.466	0.235	0.194	0.234	0.499	0.543	0.493	0.308	0.176	0.497	0.411	0.220	0.453

注：*** $p < 0.01$，** $p < 0.05$，* $p < 0.1$。

资料来源：作者整理。

表7-12 不同跟踪量分析师跟踪网络下同群效应绩效回归

变量	不同产业 低 借贷 ROA	低 增发 ROA	低 借贷 SGR	低 增发 SGR	高 借贷 ROA	高 增发 ROA	高 借贷 SGR	高 增发 SGR	同产业 低 借贷 TQ	低 增发 TQ	高 借贷 TQ	高 增发 TQ	领军同伴公司→非领军公司 借贷 ROA	增发 ROA	借贷 SGR	增发 SGR	借贷 TQ	增发 TQ
APPLF1	0.004 (1.46)																	
APPEF1		0.006*** (3.05)	0.013** (2.55)	0.007** (1.99)					0.065 (0.47)	0.369*** (3.84)								
APPLF2					-0.027*** (-5.18)		-0.090*** (-3.38)				-3.219*** (-13.22)							
APPEF2						0.011** (2.08)		0.015* (1.82)				0.448* (1.92)						
APPLF4													-0.005 (-0.69)		0.008 (0.76)		-3.086*** (-8.83)	
APPEF4														0.021*** (2.97)		0.038*** (3.79)		1.293*** (3.84)
ΣControls	同产业公司特征均值控制																	
ΣControls	公司特征控制																	
Year	控制																	
Observations	17270	3620	17270	3620	17270	3620	17270	3620	20379	3927	20379	3927	8329	1775	8329	1775	9246	1813
Adj-R^2	0.465	0.401	0.234	0.195	0.466	0.400	0.234	0.195	0.493	0.544	0.497	0.543	0.411	0.309	0.219	0.177	0.457	0.498

注:*** $p<0.01$,** $p<0.05$,* $p<0.1$。

资料来源:作者整理。

表7-13　不同规模券商所属分析师跟踪网络下同群效应绩效回归

	不同产业												领军同伴公司→非领军公司											
	高		低		高		低		高		低		高		低		高		低		高		低	
	借贷	增发	借贷	增发	借贷	增发	借贷	增发	借贷	增发	借贷	增发	借贷	增发	借贷	增发	借贷	增发	借贷	增发	借贷	增发	借贷	增发
变量	ROA	ROA	ROA	ROA	SGR	SGR	SGR	SGR	TQ	TQ	TQ	TQ	ROA	ROA	ROA	ROA	SGR	SGR	SGR	SGR	TQ	TQ	TQ	TQ
APFLB1	−0.029*** (−6.05)				−0.031*** (−3.66)				−3.057*** (−13.35)															
APFEB1		0.002 (0.40)		0.000 (0.06)		0.004 (0.52)				0.274 (1.32)														
APFLB2							−0.004 (−0.73)				−1.224*** (−7.69)													
APFEB2						0.011*** (3.79)		0.012*** (2.62)				0.188 (1.43)												
APFLB3															−0.003 (−0.50)								−3.337*** (−10.18)	
APFEB3													0.011* (1.78)			0.008 (0.85)		0.018** (2.05)				0.781** (2.57)		
ΣControls	公司特征均值控制																							
ΣControls	同产业公司特征均值控制																							
Year	控制																							
Observations	17270	3620	17270	3620	17270	3620	17270	3620	20379	3927	20379	3927	8329	1775	8329	1775	8329	1775	8329	1775	9246	1813	9246	1813
Adj−R²	0.467	0.399	0.465	0.401	0.234	0.194	0.233	0.195	0.497	0.543	0.494	0.543	0.411	0.307	0.411	0.307	0.219	0.172	0.219	0.172	0.459	0.496	0.459	0.496

注：*** p<0.01，** p<0.05，* p<0.1。
资料来源：作者整理。

要表现在小券商分析师的增发融资及大券商分析师的借贷融资、增发融资上，且在领军同伴公司影响下，小券商分析师跟踪网络中本公司增发融资跟随行为对本公司的绩效具有明显的提升作用。

7.4 内生性处理

本章以上市公司通过共同分析师连接形成的同群网络为基础，可能存在分析师跟踪偏好的内生性问题，如分析师更偏好关注成长性高及盈余波动高的公司（崔玉英等，2014），可能会针对公司盈余的变动而进行选择性跟踪，为了一定程度上克服此问题，通过将解释变量提前一期进行相关检验。首先，本书对滞后一期变量是否存在融资决策同群进行了检验，结果表明（见表7-14），尽管总样本、不同产业及领军同伴公司影响下的借

表7-14 融资同群回归结果（滞后变量）

变量	总样本		不同产业同伴公司		领军同伴公司→非领军公司	
	(1)	(2)	(3)	(4)	(5)	(6)
	FFL	Equity	FFL	Equity	FFL	Equity
APFL	0.004 (0.56)		0.003 (0.41)		0.002 (0.51)	
APFE		1.701*** (3.32)		0.865** (2.21)		0.829** (2.02)
ΣControls	同伴公司特征加权控制					
ΣControls	同产业公司特征均值控制					
ΣControls	公司特征控制					
Year	控制					
Observations	28979	28979	28970	28970	13005	13005

注：*** $p<0.01$，** $p<0.05$。
资料来源：作者整理。

贷融资同群不明显，但增发融资方式下相关回归结果依然表明本公司增发融资行为的同群效应，且表现出了产业差异及跟随性质。进一步地，通过对增发融资同群行为绩效性进行检验，结果表明（见表7-15、表7-16、表7-17），不论是总样本、不同产业同伴公司还是领军同伴公司影响下，增发融资同群行为对本公司绩效提升具有明显的促进作用，进一步验证了相关假设。

表7-15　　　　　绩效主回归（滞后变量）

变量	(1) ROA	(2) ROA	(3) SGR	(4) SGR	(5) TQ	(6) TQ
APFL	-0.009*** (-4.94)		-0.004 (-1.07)		-0.237*** (-2.65)	
APFE		0.028*** (3.50)		0.052*** (4.08)		1.502*** (4.24)
ΣControls	同产业公司特征均值控制					
ΣControls	公司特征控制					
Year	控制					
Observations	17259	3616	17259	3616	20368	3923

注：*** $p<0.01$。
资料来源：作者整理。

表7-16　不同产业同伴公司样本回归结果（滞后变量）

变量	(1) ROA	(2) ROA	(3) SGR	(4) SGR	(5) TQ	(6) TQ
APFL	-0.012*** (-6.09)		-0.011*** (-3.30)		-0.353*** (-3.91)	
APFE		0.018*** (2.75)		0.031*** (2.95)		1.237*** (4.35)
ΣControls	同产业公司特征均值控制					

续表

变量	(1) ROA	(2) ROA	(3) SGR	(4) SGR	(5) TQ	(6) TQ
ΣControls	公司特征控制					
Year	控制					
Observations	17259	3616	17259	3616	20368	3923

注：*** $p < 0.01$。

资料来源：作者整理。

表 7 – 17　领军同伴公司对非领军公司融资决策影响回归（滞后变量）

变量	(1) ROA (Lnsales < Median, 已 采用借贷 融资方式)	(2) ROA (Lnsales < Median, 已 采用增发 融资方式)	(3) SGR (Lnsales < Median, 已 采用借贷 融资方式)	(4) SGR (Lnsales < Median, 已 采用增发 融资方式)	(5) TQ (Lnsales < Median, 已 采用借贷 融资方式)	(6) TQ (Lnsales < Median, 已 采用增发 融资方式)
APFL (Lnsales > Median)	-0.004* (-1.92)		0.002 (0.54)		-0.016 (-0.17)	
APFE (Lnsales > Median)		0.044*** (5.58)		0.073*** (6.37)		1.026*** (2.67)
ΣControls	同产业公司特征均值控制					
ΣControls	公司特征控制					
Year	控制					
Observations	8323	1772	8323	1772	9240	1810

注：*** $p < 0.01$，* $p < 0.1$。

资料来源：作者整理。

7.5 稳健性检验

本章尝试选用投入资本回报率（ROIC）、净资产收益率（ROE）来进行重复回归检验。由于主回归中选用了三类指标，为了让相关结果更加可信，引入了效率指标投资资本回报率及净资产收益率进行稳健测试，相关实证结果表明，首先，从主回归来看（见表7-18），所有同伴公司借贷融资加权值与本公司绩效呈现负向关系，而增发融资加权值与本公司绩效呈现正向关系，且均通过了1%的显著性水平，进一步说明从投资回报率和净资产收益率视角视角来看，总体上仍然支持了 H_{1b} 和 H_{2a}。其次，从不同产业同伴公司及领军同伴公司的影响来看（见表7-19），不论是借贷融资还是增发融资方式上同伴公司对应融资加权值与两类绩效指标回归系数均表现出了高度的显著性，且净资产收益率对不同产业同伴公司融资加权值、领军同伴公司融资加权值的敏感性从系数值和显著性上来看都比资本回报率的敏感性更高，这也再次验证了假设 H_{1b} 和 H_{2a}。

表7-18　　　　　　稳健性检验1（主回归）

变量	(1) ROIC	(2) ROIC	(3) ROE	(4) ROE
APFL	-0.084*** (-11.87)		-0.144*** (-13.30)	
APFE	(15.28)	0.018*** (3.16) (5.01)	(14.31)	0.038*** (3.92) (5.34)
ΣControls	同产业公司特征均值控制			

续表

变量	(1) ROIC	(2) ROIC	(3) ROE	(4) ROE
ΣControls	公司特征控制			
Year	控制			
Observations	28975	5689	28983	5689
Adj-R^2	0.395	0.387	0.330	0.340

注：*** $p < 0.01$。
资料来源：作者整理。

表7-19　稳健性检验1（不同产业及领军同伴公司）

变量	不同产业				领军同伴公司→非领军公司			
	(1) ROIC	(2) ROIC	(3) ROE	(4) ROE	(5) ROIC (Lnsales < Median)	(6) ROIC (Lnsales < Median)	(7) ROE (Lnsales < Median)	(8) ROE (Lnsales < Median)
APFL1	-0.053*** (-8.80)		-0.094*** (-10.26)					
APFE1		0.011** (2.20)		0.020** (2.37)				
APFL2 (Lnsales > Median)					-0.036*** (-4.70)		-0.055*** (-4.97)	
APFE2 (Lnsales > Median)						0.016** (2.49)		0.034*** (3.38)
ΣControls	同产业公司特征均值控制							
ΣControls	公司特征控制							
Year	控制							
Observations	28978	5691	28986	5691	13006	2629	13006	2629
Adj-R^2	0.394	0.386	0.328	0.339	0.326	0.300	0.302	0.317

注：*** $p < 0.01$，** $p < 0.05$。
资料来源：作者整理。

与此同时，由于本章侧重于检验对绩效的影响，而非对融资决策的影响，所以为了避免不同行业对绩效影响的差异性，本书拟用常规的行业固定效应进行控制后重复相关回归结果。相关实证结果表明（见表7-20、表7-21、表7-22），总体上，分析师跟踪网络环境下上市公司出现融资决策同群效应的借贷与增发融资方式对本公司的绩效影响具有显著的作用。而从不同产业及领军同伴公司的影响来看，相关结果与前期回归结果基本一致，再次验证了假设 H_{1b} 和假设 H_{2a}。

表7-20　　稳健性检验2（主回归）

变量	(1) ROA	(2) ROA	(3) SGR	(4) SGR	(5) TQ	(6) TQ
APFL	-0.062*** (-8.21)		-0.059*** (-4.43)		-4.272*** (-12.21)	
APFE		0.013** (2.09)		0.018* (1.84)		0.341 (1.24)
ΣControls	公司特征控制					
Year	控制					
Industry	控制					
Observations	17053	3573	17053	3573	20168	3880
Adj-R^2	0.502	0.460	0.283	0.281	0.565	0.630

注：*** $p<0.01$，** $p<0.05$，* $p<0.1$。
资料来源：作者整理。

表7-21　　稳健性检验2（不同产业）

变量	(1) ROA	(2) ROA	(3) SGR	(4) SGR	(5) TQ	(6) TQ
APFL1	-0.035*** (-5.93)		-0.033*** (-3.31)		-2.384*** (-8.83)	

第7章 资本市场分析师跟踪网络、融资决策同群与企业价值

续表

变量	(1) ROA	(2) ROA	(3) SGR	(4) SGR	(5) TQ	(6) TQ
APFE1		0.008 (1.46)		0.008 (0.94)		0.449* (1.95)
ΣControls	公司特征控制					
Year	控制					
Industry	控制					
Observations	17056	3575	17056	3575	20171	3882
Adj-R^2	0.501	0.459	0.282	0.280	0.564	0.631

注：*** $p<0.01$，* $p<0.1$。
资料来源：作者整理。

表7-22　稳健性检验2（领军同伴公司）

变量	(1) ROA	(2) ROA	(3) SGR	(4) SGR	(5) TQ	(6) TQ
APFL2 (Lnsales > Median)	-0.025*** (-3.10)		-0.020 (-1.58)		-3.388*** (-8.27)	
APFE2 (Lnsales > Median)		0.023*** (3.32)		0.037*** (3.69)		0.649* (1.86)
ΣControls	公司特征控制					
Year	控制					
Industry	控制					
Observations	8233	1747	8233	1747	9157	1785
Adj-R^2	0.441	0.445	0.254	0.339	0.526	0.585

注：*** $p<0.01$，* $p<0.1$。
资料来源：作者整理。

第8章

研究结论、政策建议与展望

8.1 主要结论

本书通过构建分析师跟踪网络样本及相关赋权变量，首次探索分析师跟踪网络程度（共同分析师跟踪人数差异）对上市公司融资决策间关系的影响，发现了分析师跟踪网络引致的融资决策同群行为的存在，且这种融资决策同群行为主要表现在借贷融资及增发股权融资方式上。而在区分了不同类型分析师跟踪网络并重新构建相关变量后，本书发现不同类型分析师跟踪网络下这种融资决策同群效应程度也存在一定差异。基于前期同群行为现象，本书探索由分析师跟踪网络引致的融资同群行为给公司价值所带来的影响，前述研究旨在为分析师在资本市场的新角色扮演、分析师跟踪网络作为公司融资决策同群现象的重要来源、上

第8章 研究结论、政策建议与展望

市公司融资决策影响因素及资本市场主体行为监管提供实证依据。具体来看，本书的主要结论如下：

第一，从分析师跟踪网络与融资决策检验结果来看，首先，我国证券分析师跟踪网络下上市公司融资决策间存在同群效应，即存在更多共同分析师跟踪且采用某融资方式（尤其是借贷及增发融资）的同伴公司时，本公司更易采用相同的融资决策，揭示了分析师跟踪网络引致的融资同群行为，进一步表明了国内分析师在公司融资决策之间的信息传递作用。其次，这种融资决策同群效应来自与本公司不同产业的同伴公司影响，即存在更多共同分析师跟踪且采用某融资方式的不同产业的同伴公司时，本公司更易采用相同的融资决策，同群效应更为明显，一定程度上说明了分析师对公司融资决策同群行为的影响主要集中于本公司与处于不同产业的同伴公司之间的融资决策同群，进一步表明了分析师在公司融资决策间对不同产业公司相关融资信息传递的有效性。最后，存在更多共同分析师跟踪且采用某种融资方式的领军同伴公司时，非领军公司更易采用相同的融资决策，此结论也表明这种融资决策同群是一种跟随策略的模仿机制，具有一定的方向性。反之，则不存在相关同群现象，一定程度上说明分析师通过其跟踪网络在公司融资决策信息的传递更多集中于对领军公司融资信息的传递。

第二，从不同类型分析师跟踪网络下融资决策同群行为影响来看，基于分析师跟踪网络下总体上产生融资决策同群行为的借贷及增发股权融资方式，本书对不同类型的分析师跟踪网络进行分类分析，发现不同类型的分析师跟踪网络引致的融资决策同群现象存在一定程度的差异。总体来看，不论是不同产业同伴公司还是领军同伴公司的影响，高经验、非明星、高跟踪量分析师及小规模券商分析师跟踪网络引致的融资决策同群现象更为明显，本公司更易采用与前述四类分析师跟踪网络下同伴公司的融资决策，这也说明上述四类分析师通过其跟踪网络对不同产业公司及领军公司融资信息传递的有效性更高，本公司更容易利用相关信息做出更为科学的融资跟随决策。

第三，从分析师跟踪网络下融资决策同群行为的经济后果来看，首先，总体上，存在融资决策同群行为的借贷及增发融资方式上，本公司做出的相关融资决策能够对公司价值产生不同影响，主要表现在会计业绩及市场业绩上。一方面，借贷融资决策同群行为对本公司会计业绩及市场业绩均产生了显著的负向影响，一定程度上说明虽然共同分析师人数的增加促进了本公司与同伴公司借贷融资决策的趋同，但这种具有跟随性质的行为并未对提升公司绩效，相反，一定程度上其损害了公司价值，支持了权衡假说，即借贷融资规模的趋同并非对每个公司都具有正向的边际贡献，资产负债率的不同对公司的可持续发展影响不同，负债率的上升可能会使某些公司边际税盾收益将小于边际财务困境成本，此时，继续增加借贷融资反而会导致更大的财务风险及经营风险，最终损害公司价值。另一方面，增发融资同群行为对各类绩效指标均产生了显著的正向影响，随着共同分析师人数的增加，本公司采用与同伴公司相似的融资决策能够提升公司价值，进一步证实了分析师通过其跟踪网络在公司融资决策间信息传递有效性及其经济后果，表明了相关跟随性质的趋同战略在增发融资方式上能够为公司注入优质资产，进而提高公司可持续发展能力，进一步提升公司价值。其次，在不同类型分析师跟踪网络下，相关融资同群行为均能够对公司价值产生影响。通过不同经验分析师、明星分析师、不同跟踪量分析师及不同规模券商所属分析师跟踪网络下公司的相关融资决策同群行为来看，在不同产业同伴公司的影响下，公司的融资同群行为均较为明显，且非明星分析师、高跟踪量分析师及小券商所属分析师跟踪网络下的公司融资同群行为更为明显，前两者绩效敏感性也更高，借贷融资同群依然对绩效产生负面影响，而增发融资同群对绩效产生了更为明显的正向影响。有趣的是，大券商所属分析师跟踪网络下公司增发融资同群行为却比小券商所属分析师跟踪网络下的公司同群行为的绩效敏感性更高，进一步表明了不同类型分析师跟踪网络引致的融资决策同群行为的绩效性差异。从领军同伴公司的影响来看，仅在高经验、非明星、高跟踪量分析师及小券商所属分析师跟踪网络下出现了相关融资同群行为，且均表现出了较为明显的绩效敏感性，尤其是增发融资跟随行为能够明显提升本公司价值，进一步说明了不同类型分析师通过其跟踪网络对领军公司融资信息传递的有效性。

8.2 政策启示

根据主要研究结论，本书提出如下建议，以期为资本市场分析师行业发展与规范、上市公司融资决策行为及资本市场主体行为监管提供一定借鉴与参考。

第一，分析师应充分关注及搜集上市公司的融资决策相关信息，在符合相关规则的前提下通过其广泛的跟踪网络进行信息传递，以提高资本市场信息效率。目前相关理论及实务已表明分析师倾向于关注私募股权融资的公司，通过其个人能力及其跟踪网络能够搜集更多融资信息，尽管管理层对自身公司的了解比分析师更多，但来自分析师角度的私有信息能够为管理层融资决策提供更多的方向及建议，最大限度发挥其在公司融资决策间的信息传递作用，为管理层做出科学、合理的融资决策提供更多信息来源。此外，作为资本市场重要的信息中介，分析师应充分发挥在各类市场参与者之间信息传递的重要作用，而不应仅仅局限于对盈余信息的关注及缓解投资者与上市公司之间的信息不对称，可以将自身的角色扮演扩展到更多信息领域，在遵守相关法律法规及职业道德的前提下发挥信息加工、分析及传递的职能，最大限度提升资本市场信息传递效率，为各类市场参与者提供更多帮助。

第二，管理层在进行融资决策时可以通过分析师来适当参考其跟踪网络下的其他公司相关融资信息并予以分析，尤其是利用分析师跟踪网络下不同产业公司、领军公司相关融资信息内容，进而提升此类信息在公司价值上的边际贡献。同产业信息较不同产业信息对上市公司而言更易获取且更为公开，产业相似性导致公司间发展模式较为类似，但目前也有更多公司涉足各类产业，形成了跨产业、多产业的发展理念，在此情形下，相关上市公司通过对分析师更多产业信息的了解，能够为上市公司的多产业发展提供指导及建议，对公司整体价值提升形成贡献。

第三，公司管理层在进行包括融资在内的各种决策跟随行为时，对相关公司的模仿也应理性对待，通过融合分析师跟踪网络下的相关信息，综合分析，做出符合市场趋势及自身实际发展需要的融资决策乃至更多科学决策行为。鉴于上市公司进行的融资决策等行为涉及一些内部私密信息，管理层通过分析师对相关公司的信息进行搜集及分析中要明确信息的有效性及合法性，结合自身的发展阶段、相关公司可借鉴的融资信息来综合决策，避免简单的"羊群行为"，做出更为准确、高效的公司决策。

第四，监管者须对分析师跟踪网络下的分析师个体与管理层的相关交流与沟通进行适当的监管，避免相关分析师利用有关信息（尤其是不易被市场参与者察觉的私有信息）与管理层之间进行不当的交易行为。近年来国内资本市场中介机构涉及的内幕交易行为频繁出现，不论是与券商具有血缘关系（券商参股基金公司）的基金公司分仓交易，还是2018年出现的券商分析师与新财富评选机构的丑闻事件，都折射出券商、卖方分析师与买方客户等信息需求者之间可能出现的内幕行为，严重阻碍了资本市场良性发展，降低了资本市场信息效率，违背了相关公平公正原则。而国内分析师预测行为对股价信息含量的贡献也被证实可能来源于内幕消息，有失市场公平，而分析师与管理层之间的交流频繁，尤其是近年来管理层对公司发展的相关决策的外部信息需求越来越大，极有可能会通过具有明显信息优势的分析师来实现相关信息获取，这就可能涉及部分利益问题，进而可能会存在内幕消息或机密信息传递的可能，滋生相关违规行为，所以监管者在关注分析师个体行为、投资者与上市公司之间的关系问题时，也须对分析师与管理层之间的关系进行更多监督，避免可能存在的私有信息不当交易问题，营造公平、良好的资本市场信息环境，为资本市场的良性发展提供更多保障。

8.3 研究局限

本书研究尚存在一定的不足之处，笔者在今后的研究中期望从以下几个方面加以改进：

第一，由于本书引入了分析师跟踪网络概念及其赋权的融资变量，虽然进行较为详尽的说明，但难免对部分读者的理解具有一定的难度，文字方面的可读性还需要后期进一步加工及完善，力求所有读者能够对该概念及相关研究设计更为通俗的理解，以认知研究结论的相关意义。

第二，在研究模型的控制变量设计上，本书力求尽可能多地涵盖包括公司、行业等层面的变量信息，虽然控制变量有近20个，但尚无法涵盖所有影响公司融资决策及企业价值的因素，未来拟通过引入更多公司、行业层面以外的外部环境信息等进一步完善控制变量的系统性。

第三，在内生性处理中相关工具变量的计算方面可能存在误差。尽管本书将相关工具变量取为同伴公司加权超额股权收益冲击，具有一定的理论基础及相关文献支撑，表现出了一定的科学性，但在计算同伴公司加权超额股权收益冲击的过程中，计算步骤较为复杂，计算过程中难免出现少数误差，且市场收益率的计算存在诸如流动市值加权平均等多种算法，未来期望能够用不同市场收益率的计算方法来对工具变量的计算进一步完善，以使相关结果更为稳健。

8.4 未来展望

有关分析师跟踪网络的研究目前仍然是国内外研究的焦点，毕竟分析师跟踪所形成的小范围信息环境带来的信息类型及数量均具有一定的针对性，且这种信息环境会随着分析师的相关特性而有所变化，与此同时，基于行为金融学视角来看，不论是针对管理层关系网络、董事网络还是其他公司层面的网络，关系网络的进一步探索依然是当前的热点话题。然而，目前针对公司行为密切相关的诸如分析师、审计师、基金公司等中介机构的相关关系网络研究尚为缺乏，这将是未来关系网络研究的重点内容，对与相关公司关联的外部主体行为特点、监管部门制定相关监管政策等内容的了解具有重要意义，通过相关理论研究对不断完善中

第 8 章 研究结论、政策建议与展望

介机构行为规范具有重要参考与借鉴，力求进一步提高资本市场信息效率。

第一，未来可以进一步对分析师跟踪网络下诸如上市公司并购决策间关系、投资决策间关系的特点进行探索及分析，观测分析师跟踪网络下是否存在其他财务决策关系，并基于一定的理论基础、文献证据及实践去解释其背后的这种关系现象。

第二，本书仅探索了可能与分析师跟踪网络密切相关的几种分析师异质特征，未来在相关数据信息可获取的情况下，可以通过探索更多的分析师异质特征在其跟踪网络下的相关行为影响差异，以期为分析师跟踪行为研究提供更多经验证据及信息。

第三，考虑到本书是将分析师跟踪人数的增量作为分析师信息传递量，一定程度上可以研究分析师信息传递效率，但毕竟这仅是一种间接衡量的方式，且目前研究也只能采用文中所述方式来进行分析师信息传递的测度，所以未来期望可以针对分析师信息数量及质量的特征进行更为直接的衡量，进一步提升分析师信息传递更为准确的增量变化，使相关实证研究结果更具说服力及科学性。

第四，可以针对除分析师以外的诸如审计师、基金公司等中介机构与上市公司之间的关系网络问题进行深入探索。以审计师、基金公司等中介机构的关系网络来发现相关决策主体的行为特点及关系网络下可能存在的新的利益冲突问题，为中介机构引致的关系网络利益问题提供更多实证证据及信息，进行一定程度的理论创新，丰富各类关系网络研究影响及价值效应，甚至发现更多潜在的失范及违规问题。与此同时，根据相关理论实证证据与信息提出针对性建议，为金融中介监管部门制定针对性的监督政策提供一定程度的借鉴与参考。

附录 A 主要回归结果的内生性检验全变量数据

表 A-1　全样本下工具变量回归结果（全变量）

变量	全样本			
	借贷		增发股权（Twostep-probit）	
	第一阶段	第二阶段	第一阶段	第二阶段
	APFL	FFL	APFE	Equity
APER	-0.015*** (-10.51)		-0.023*** (-6.06)	
APFL		0.519** (2.11)		
APFE				8.193** (2.41)
IndFFL	0.356*** (82.68)	0.748*** (8.34)		
IndEquity			0.203*** (36.29)	1.632** (2.34)
APMB	0.010*** (6.61)	-0.013*** (-3.22)	-0.040*** (-13.32)	0.146 (0.99)
APEBITDA	0.125*** (9.12)	-0.078* (-1.73)	0.192*** (5.64)	-1.664* (-1.74)
APLnsales	-0.026*** (-20.16)	0.010 (1.33)	0.001 (0.52)	-0.026 (-0.50)

附录 A　主要回归结果的内生性检验全变量数据

续表

变量	全样本			
	借贷		增发股权（Twostep-probit）	
	第一阶段	第二阶段	第一阶段	第二阶段
	APFL	FFL	APFE	Equity
APDR	-0.136*** (-7.20)	-0.040 (-0.71)	-0.018 (-0.42)	0.707 (0.77)
APLnasset	0.007*** (4.51)	-0.007* (-1.66)	-0.009*** (-2.62)	0.179** (2.47)
APOwnership	0.001*** (7.32)	0.000* (1.76)	-0.001*** (-6.77)	0.008 (1.55)
APLev	0.428*** (64.65)	-0.239** (-2.26)	0.315*** (22.34)	-2.747** (-2.51)
APGCG	-0.055*** (-8.73)	-0.021 (-1.11)	0.282*** (20.29)	-1.882* (-1.84)
APJCG	-0.001*** (-10.15)	0.000 (0.13)	-0.001** (-2.10)	0.002 (0.39)
IndMB	-0.001 (-1.32)	-0.003 (-1.34)	-0.003 (-1.26)	0.114** (2.45)
IndEBITDA	-0.004*** (-2.90)	-0.000 (-0.13)	-0.004 (-1.13)	0.060 (0.74)
IndLnsales	0.011*** (13.77)	0.031*** (9.19)	-0.017*** (-9.38)	0.229*** (3.25)
IndDR	0.056*** (4.58)	-0.026 (-0.70)	0.158*** (4.74)	-0.830 (-0.93)
IndLnasset	-0.006*** (-6.06)	-0.025*** (-8.27)	0.019*** (7.77)	-0.192** (-2.28)
IndOwnership	0.000* (1.85)	0.000 (0.77)	-0.001*** (-4.09)	0.004 (1.18)

续表

变量	全样本			
	借贷		增发股权（Twostep-probit）	
	第一阶段	第二阶段	第一阶段	第二阶段
	APFL	FFL	APFE	Equity
IndLev	-0.193***	-0.310***	-0.055***	-0.580**
	(-46.70)	(-6.33)	(-5.33)	(-2.06)
IndGCG	-0.029***	0.017	-0.084***	0.377
	(-6.57)	(1.29)	(-7.24)	(0.99)
IndJCG	-0.000**	0.000	-0.000**	0.007
	(-2.43)	(1.40)	(-2.18)	(1.44)
MB	-0.001*	0.013***	-0.000	-0.025
	(-1.76)	(11.69)	(-0.22)	(-1.28)
EBITDA	-0.001	0.049***	-0.021**	2.898***
	(-0.25)	(5.40)	(-2.18)	(13.56)
Lnsales	-0.000	-0.040***	0.004***	-0.136***
	(-0.60)	(-31.53)	(4.13)	(-5.61)
DR	-0.018***	0.029***	-0.008	-0.135
	(-6.74)	(3.05)	(-0.88)	(-0.74)
Lnasset	-0.000	0.029***	-0.001	-0.061***
	(-0.47)	(20.93)	(-1.20)	(-2.60)
Ownership	0.000	-0.000***	-0.000	-0.001*
	(0.56)	(-7.46)	(-0.12)	(-1.81)
Lev	0.002*	0.450***	-0.008**	2.251***
	(1.94)	(110.93)	(-2.27)	(29.54)
GCG	-0.002***	-0.000	0.010***	0.521***
	(-2.78)	(-0.03)	(3.39)	(7.49)
JCG	-0.000***	-0.000***	0.000	0.000
	(-3.09)	(-4.15)	(0.40)	(0.08)

附录 A　主要回归结果的内生性检验全变量数据

续表

变量	全样本			
	借贷		增发股权（Twostep-probit）	
	第一阶段	第二阶段	第一阶段	第二阶段
	APFL	FFL	APFE	Equity
Constant	0.291*** (13.75)	0.087 (0.99)	0.072 (1.43)	-2.625** (-2.35)
Year	控制			
Observations	28979	28979	28979	28979

注：*** p<0.01，** p<0.05，* p<0.1，表 A-1 至表 A-6 对应第 5 章内容。
资料来源：作者整理。

表 A-2　分产业同伴公司工具变量回归结果（全变量）

变量	分析师跟踪网络下同伴公司分产业样本							
	同产业				不同产业			
	借贷		增发（Twostep-probit）		借贷		增发（Twostep-probit）	
	第一阶段	第二阶段	第一阶段	第二阶段	第一阶段	第二阶段	第一阶段	第二阶段
	APFL	FFL	APFE	Equity	APFL	FFL	APFE	Equity
APER	-0.001 (-1.08)		-0.002 (-0.59)		-0.010*** (-6.00)		-0.022*** (-5.51)	
APFL		4.907 (1.05)				0.987*** (2.64)		
APFE				6.163 (0.31)				5.489* (1.83)
IndFFL	0.942*** (78.75)	-3.479 (-0.83)			0.132*** (29.85)	0.811*** (15.56)		

续表

变量	分析师跟踪网络下同伴公司分产业样本							
	同产业				不同产业			
	借贷		增发 (Twostep-probit)		借贷		增发 (Twostep-probit)	
	第一阶段	第二阶段	第一阶段	第二阶段	第一阶段	第二阶段	第一阶段	第二阶段
	APFL	FFL	APFE	Equity	APFL	FFL	APFE	Equity
IndEquity			0.792*** (72.67)	-1.618 (-0.10)			0.052*** (7.68)	3.025*** (16.06)
APMB	-0.004* (-1.92)	-0.022 (-1.25)	-0.061*** (-16.67)	0.258 (0.21)	0.018*** (10.42)	-0.028*** (-3.74)	-0.036*** (-10.74)	0.051 (0.42)
APEBITDA	0.035* (1.88)	-0.105 (-0.72)	0.351*** (9.28)	-2.636 (-0.38)	0.174*** (12.14)	-0.212*** (-3.00)	0.163*** (4.79)	-0.426 (-0.57)
APLnsales	-0.000 (-0.14)	0.142 (1.04)	-0.026*** (-6.67)	0.306 (0.60)	-0.015*** (-11.05)	0.018*** (2.78)	0.023*** (8.59)	-0.143* (-1.78)
APDR	-0.022 (-0.95)	-0.240 (-1.08)	0.130*** (2.86)	-0.802 (-0.31)	-0.087*** (-4.57)	0.022 (0.44)	0.046 (1.14)	-0.224 (-0.32)
APLnasset	0.002 (0.76)	-0.126 (-1.03)	0.022*** (5.88)	-0.272 (-0.62)	-0.001 (-0.55)	-0.012*** (-3.37)	-0.037*** (-10.35)	0.324*** (2.67)
APOwnership	-0.000*** (-3.18)	0.002 (0.90)	-0.001*** (-5.75)	0.004 (0.20)	0.000*** (5.11)	0.000* (1.75)	-0.001*** (-9.28)	0.004 (0.77)
APLev	-0.023*** (-2.78)	-2.150 (-1.06)	0.521*** (32.73)	-3.203 (-0.31)	0.447*** (70.12)	-0.401*** (-2.40)	0.368*** (28.81)	-1.996* (-1.79)
APGCG	-0.006 (-0.86)	-0.012 (-0.46)	0.225*** (15.01)	-1.056 (-0.24)	-0.055*** (-9.38)	0.013 (0.56)	0.234*** (18.47)	-0.966 (-1.28)
APJCG	-0.000** (-2.29)	0.002 (0.86)	0.002*** (5.77)	-0.019 (-0.48)	-0.002*** (-16.33)	0.002** (2.38)	0.001*** (3.19)	-0.010* (-1.82)
IndMB	-0.004 (-1.42)	-0.020 (-1.12)	0.033*** (6.89)	-0.085 (-0.13)	-0.000 (-0.12)	-0.006** (-2.85)	-0.015*** (-6.01)	0.137** (2.18)

附录 A　主要回归结果的内生性检验全变量数据

续表

变量	分析师跟踪网络下同伴公司分产业样本							
	同产业				不同产业			
	借贷		增发 (Twostep-probit)		借贷		增发 (Twostep-probit)	
	第一阶段	第二阶段	第一阶段	第二阶段	第一阶段	第二阶段	第一阶段	第二阶段
	APFL	FFL	APFE	Equity	APFL	FFL	APFE	Equity
IndEBITDA	-0.001 (-0.17)	-0.029 (-1.02)	0.008 (1.11)	0.008 (0.04)	-0.003* (-1.91)	0.002 (0.46)	-0.026*** (-5.45)	0.183* (1.65)
IndLnsales	0.037*** (13.04)	-0.087 (-0.74)	0.008* (1.76)	-0.086 (-0.52)	0.011*** (14.88)	0.026*** (5.92)	-0.011*** (-5.40)	0.144*** (2.97)
IndDR	-0.003 (-0.09)	0.306 (0.98)	-0.097 (-1.35)	1.161 (0.56)	0.042*** (3.44)	-0.079** (-2.12)	0.138*** (3.56)	-0.249 (-0.32)
IndLnasset	-0.030*** (-9.33)	0.090 (0.79)	0.008 (1.37)	0.091 (0.55)	-0.009*** (-9.81)	-0.020*** (-4.79)	0.019*** (6.53)	-0.117 (-1.58)
IndOwnership	0.001*** (3.94)	-0.002 (-0.79)	0.000 (0.16)	-0.000 (-0.12)	0.000** (2.14)	0.000* (1.75)	-0.001*** (-4.41)	0.003 (0.80)
IndLev	-0.399*** (-31.35)	1.598 (0.84)	-0.377*** (-16.63)	1.079 (0.14)	-0.093*** (-22.62)	-0.336*** (-9.16)	-0.030** (-2.57)	-0.932*** (-4.39)
IndGCG	0.004 (0.29)	0.008 (0.19)	-0.049* (-1.95)	-0.128 (-0.13)	-0.064*** (-14.15)	0.059** (2.22)	-0.073*** (-5.32)	0.175 (0.54)
IndJCG	0.000 (1.48)	-0.000 (-0.14)	-0.001 (-1.42)	0.013 (0.86)	-0.001*** (-9.01)	0.001** (2.27)	-0.002*** (-6.53)	0.013* (1.95)
MB	0.012*** (10.73)	0.016*** (3.44)	0.002 (0.84)	-0.040 (-1.07)	-0.001 (-1.55)	0.013*** (10.86)	-0.000 (-0.42)	-0.030 (-1.60)
EBITDA	0.040*** (4.35)	0.044* (1.96)	0.021 (1.14)	2.646*** (5.57)	-0.005* (-1.67)	0.051*** (5.28)	-0.053*** (-4.75)	2.958*** (11.84)
Lnsales	-0.040*** (-30.94)	-0.033*** (-4.98)	0.007*** (3.58)	-0.141 (-1.02)	-0.001 (-1.34)	-0.040*** (-30.89)	0.005*** (4.14)	-0.128*** (-5.77)

续表

变量	分析师跟踪网络下同伴公司分产业样本							
	同产业				不同产业			
	借贷		增发(Twostep-probit)		借贷		增发(Twostep-probit)	
	第一阶段	第二阶段	第一阶段	第二阶段	第一阶段	第二阶段	第一阶段	第二阶段
	APFL	FFL	APFE	Equity	APFL	FFL	APFE	Equity
DR	0.020** (2.32)	0.037 (1.44)	0.010 (0.58)	-0.284 (-1.00)	-0.015*** (-4.52)	0.036*** (3.44)	-0.006 (-0.55)	-0.152 (-0.86)
Lnasset	0.028*** (20.06)	0.024*** (4.97)	-0.007*** (-3.02)	-0.031 (-0.23)	-0.001* (-1.78)	0.030*** (20.74)	-0.002 (-1.21)	-0.067*** (-2.89)
Ownership	-0.000*** (-8.14)	-0.000 (-1.16)	-0.000*** (-3.57)	0.000 (0.02)	-0.000 (-0.12)	-0.000*** (-7.42)	-0.000 (-0.28)	-0.001* (-1.94)
Lev	0.451*** (111.79)	0.467*** (26.01)	-0.010 (-1.42)	2.234*** (10.69)	0.004*** (2.71)	0.447*** (103.03)	-0.012*** (-2.74)	2.250*** (29.13)
GCG	-0.001 (-0.58)	0.012 (0.83)	-0.001 (-0.12)	0.630*** (9.04)	-0.002* (-1.93)	0.001 (0.41)	0.010*** (2.73)	0.554*** (8.50)
JCG	-0.000*** (-4.81)	-0.000** (-2.38)	-0.000 (-0.39)	0.000 (0.20)	-0.000 (-1.37)	-0.000*** (-4.04)	0.000 (1.04)	-0.000 (-0.06)
Constant	0.066** (1.97)	-0.246 (-0.80)	-0.324*** (-4.72)	1.073 (0.17)	0.311*** (11.18)	-0.020 (-0.16)	0.130** (2.00)	-2.974** (-2.53)
Year	控制							
Observations	28954	28954	28954	28954	28970	28970	28970	28970

注：*** $p<0.01$，** $p<0.05$，* $p<0.1$

资料来源：作者整理。

附录 A　主要回归结果的内生性检验全变量数据

表 A-3　领军—非领军样本公司相关工具变量回归结果（全变量）

变量	分析师跟踪网络下领军-非领军样本							
	领军同伴公司→非领军公司				非领军同伴公司→领军公司			
	借贷		增发 (Twostep-probit)		借贷		增发 (Twostep-probit)	
	第一阶段	第二阶段	第一阶段	第二阶段	第一阶段	第二阶段	第一阶段	第二阶段
	APFL	FFL	APFE	Equity	APFL	FFL	APFE	Equity
APER	-0.005** (-2.13)		-0.025*** (-4.01)		-0.009*** (-5.58)		-0.011** (-2.12)	
APFL		0.577 (0.71)				0.156 (0.39)		
APFE				10.516** (2.50)				25.264* (1.88)
IndFFL	0.367*** (35.31)	0.311 (1.04)			0.144*** (29.37)	1.106*** (18.18)		
IndEquity			0.188*** (15.89)	1.096 (1.35)			0.152*** (13.69)	-0.438 (-0.21)
APMB	0.033*** (14.32)	-0.022 (-0.82)	-0.067*** (-14.03)	0.687** (2.42)	0.022*** (6.23)	-0.023** (-2.14)	-0.067*** (-8.44)	1.517 (1.64)
APEBITDA	0.385*** (17.74)	-0.230 (-0.75)	0.120** (2.28)	-0.248 (-0.25)	0.065*** (3.44)	-0.172*** (-3.54)	0.218*** (4.18)	-6.485* (-1.86)
APLnsales	-0.036*** (-15.05)	0.030 (1.04)	0.039*** (7.86)	-0.312* (-1.68)	-0.003 (-1.27)	0.013*** (3.16)	0.062*** (12.95)	-1.552* (-1.88)
APDR	-0.105*** (-3.59)	-0.017 (-0.19)	0.065 (1.03)	0.439 (0.39)	-0.150*** (-6.90)	-0.018 (-0.23)	0.435*** (7.36)	-10.439* (-1.72)
APLnasset	0.012*** (4.54)	-0.022** (-2.04)	-0.015*** (-2.93)	0.172 (1.54)	0.004** (1.71)	-0.009** (-2.13)	-0.064*** (-13.83)	1.614* (1.89)

续表

变量	分析师跟踪网络下领军-非领军样本							
	领军同伴公司→非领军公司				非领军同伴公司→领军公司			
	借贷		增发 (Twostep-probit)		借贷		增发 (Twostep-probit)	
	第一阶段	第二阶段	第一阶段	第二阶段	第一阶段	第二阶段	第一阶段	第二阶段
	APFL	FFL	APFE	Equity	APFL	FFL	APFE	Equity
APOwnership	0.000*** (2.80)	0.000 (1.39)	0.001*** (2.90)	0.001 (0.23)	0.000 (0.80)	-0.001*** (-6.09)	-0.002*** (-9.64)	0.039 (1.38)
APLev	0.470*** (46.40)	-0.267 (-0.71)	0.366*** (15.98)	-3.863** (-2.53)	0.406*** (52.64)	-0.062 (-0.38)	0.485*** (25.74)	-12.510* (-1.92)
APGCG	0.005 (0.42)	-0.007 (-0.40)	0.421*** (15.91)	-3.587* (-1.92)	-0.024*** (-4.16)	-0.037** (-2.49)	0.050*** (3.41)	-1.225 (-1.54)
APJCG	-0.001*** (-7.57)	0.002* (1.69)	-0.001*** (-2.92)	0.003 (0.40)	-0.001*** (-4.20)	0.000 (0.27)	0.005*** (9.35)	-0.108 (-1.54)
IndMB	0.001 (0.34)	-0.004 (-1.13)	-0.021*** (-4.26)	0.626*** (5.21)	-0.005*** (-5.27)	-0.006* (-1.79)	0.009** (2.22)	-0.382** (-2.39)
IndEBITDA	0.002 (0.86)	-0.015*** (-3.75)	0.024*** (3.46)	-0.383** (-2.49)	0.001 (0.57)	0.027*** (3.65)	-0.011 (-1.14)	0.521* (1.73)
IndLnsales	0.011*** (7.75)	0.025*** (2.71)	-0.030*** (-7.71)	0.513*** (3.47)	0.009*** (9.21)	0.040*** (9.13)	-0.003 (-0.95)	0.094 (0.88)
IndDR	0.117*** (4.39)	-0.171 (-1.54)	-0.036 (-0.48)	2.283* (1.79)	-0.007 (-0.52)	0.065 (1.56)	-0.289*** (-4.75)	6.870 (1.57)
IndLnasset	-0.014*** (-7.09)	-0.024** (-2.00)	0.047*** (8.42)	-0.734*** (-3.35)	-0.004*** (-2.97)	-0.034*** (-9.26)	0.000 (0.09)	0.139 (1.06)
IndOwnership	0.000 (0.00)	0.001*** (5.40)	-0.002*** (-8.20)	0.025** (2.48)	0.000 (6.11)	0.000 (0.07)	-0.000 (-0.89)	0.003 (0.45)
IndLev	-0.178*** (-18.46)	-0.119 (-0.82)	-0.025 (-1.12)	-1.179*** (-3.02)	-0.084*** (-16.31)	-0.470*** (-12.78)	-0.087*** (-4.62)	1.359 (1.04)

附录 A 主要回归结果的内生性检验全变量数据

续表

变量	分析师跟踪网络下领军-非领军样本							
	领军同伴公司→非领军公司				非领军同伴公司→领军公司			
	借贷		增发 (Twostep-probit)		借贷		增发 (Twostep-probit)	
	第一阶段	第二阶段	第一阶段	第二阶段	第一阶段	第二阶段	第一阶段	第二阶段
	APFL	FFL	APFE	Equity	APFL	FFL	APFE	Equity
IndGCG	-0.067***	0.063	0.029	-0.557	-0.026***	-0.076***	-0.113***	2.779*
	(-8.06)	(1.08)	(1.29)	(-1.42)	(-4.28)	(-4.07)	(-4.56)	(1.67)
IndJCG	-0.001***	0.001*	0.000	0.002	-0.000	0.000	0.000	-0.003
	(-4.45)	(1.67)	(0.52)	(0.20)	(-0.80)	(0.57)	(0.73)	(-0.30)
MB	-0.005**	0.027***	-0.001	-0.242***	-0.000	0.013***	0.006***	-0.132
	(-2.50)	(3.76)	(-0.25)	(-3.16)	(-0.82)	(10.87)	(3.67)	(-1.48)
EBITDA	0.014**	-0.020	-0.044**	3.929***	-0.002	0.037***	-0.042**	3.172***
	(2.31)	(-1.20)	(-2.26)	(10.22)	(-0.48)	(2.84)	(-2.12)	(3.94)
Lnsales	0.000	-0.025***	0.001	-0.250***	0.001***	-0.049***	0.002	-0.103
	(0.39)	(-11.92)	(0.51)	(-6.03)	(2.86)	(-28.27)	(0.92)	(-1.60)
DR	-0.023***	0.093***	0.006	0.095	-0.004	-0.009	-0.023	0.100
	(-4.06)	(4.32)	(0.31)	(0.30)	(-1.10)	(-0.75)	(-1.35)	(0.17)
Lnasset	0.000	0.026***	0.001	-0.041	-0.003***	0.031***	-0.001	-0.093
	(0.05)	(12.74)	(0.54)	(-0.96)	(-4.69)	(15.71)	(-0.49)	(-1.42)
Ownership	-0.000*	-0.000***	-0.000	-0.001	-0.000	-0.000***	0.000***	-0.005*
	(-1.87)	(-4.01)	(-1.21)	(-0.75)	(-0.99)	(-4.60)	(3.04)	(-1.71)
Lev	0.006**	0.432***	-0.022***	2.414***	-0.000	0.446***	-0.016**	2.602***
	(2.43)	(55.83)	(-3.10)	(16.27)	(-0.05)	(80.98)	(-2.10)	(8.52)
GCG	-0.003*	0.003	0.008	0.362***	-0.001	0.002	0.024***	0.396
	(-1.91)	(0.82)	(1.42)	(3.76)	(-0.79)	(0.51)	(3.13)	(1.03)
JCG	0.000	0.000**	0.000*	0.005*	0.000**	-0.000***	-0.000	-0.001
	(1.41)	(2.19)	(1.66)	(1.66)	(2.34)	(-6.02)	(-0.77)	(-0.26)

续表

变量	分析师跟踪网络下领军-非领军样本							
	领军同伴公司→非领军公司				非领军同伴公司→领军公司			
	借贷		增发(Twostep-probit)		借贷		增发(Twostep-probit)	
	第一阶段	第二阶段	第一阶段	第二阶段	第一阶段	第二阶段	第一阶段	第二阶段
	APFL	FFL	APFE	Equity	APFL	FFL	APFE	Equity
Constant	0.476*** (9.36)	-0.223 (-0.56)	-0.915*** (-7.87)	9.817** (2.32)	-0.064*** (-4.03)	0.231*** (4.07)	0.149** (2.19)	-6.092* (-1.95)
Year	控制							
Observations	13005	13005	13005	13005	15980	15980	15980	15980

注：*** $p<0.01$，** $p<0.05$，* $p<0.1$。
资料来源：作者整理。

表 A-4 主回归结果（非同一实际控制人样本，全变量）

变量	(1) FFL	(2) Debt	(3) Equity	(4) Allot
APFL	0.205*** (3.74)			
IndFFL	0.794*** (16.46)			
APFD		-0.761 (-1.06)		
IndDebt		6.876*** (11.23)		
APFE			2.098*** (4.75)	
IndEquity			5.296*** (9.39)	

附录 A　主要回归结果的内生性检验全变量数据

续表

变量	(1) FFL	(2) Debt	(3) Equity	(4) Allot
APFA				-46.802***
				(-2.90)
IndAllot				130.877***
				(4.79)
APMB	-0.014*	0.252	-0.390	2.123
	(-1.83)	(0.65)	(-1.39)	(1.05)
APEBITDA	-0.064	3.407	1.219	70.747**
	(-0.72)	(0.92)	(0.36)	(2.29)
APLnsales	0.004	-0.423	-0.029	-1.817
	(0.56)	(-1.29)	(-0.12)	(-1.06)
APDR	-0.180*	-6.796	5.094	-17.514
	(-1.86)	(-1.24)	(1.43)	(-0.77)
APLnasset	-0.008	0.272	0.348	1.310
	(-0.79)	(0.67)	(1.20)	(0.63)
APOwnership	0.000	-0.011	-0.004	-0.313**
	(0.96)	(-0.50)	(-0.28)	(-1.99)
APLev	-0.088**	-0.377	-0.231	18.705**
	(-1.96)	(-0.22)	(-0.19)	(1.98)
APGCG	-0.028	2.066	0.663	16.860
	(-0.92)	(1.27)	(0.64)	(1.57)
APJCG	0.000	0.017	-0.011	0.187
	(0.25)	(0.50)	(-0.48)	(1.57)
IndMB	-0.007	0.656**	0.467*	2.328*
	(-0.92)	(2.05)	(1.81)	(1.92)
IndEBITDA	-0.006	-0.890	0.116	5.555***
	(-0.82)	(-1.39)	(0.39)	(3.31)
IndLnsales	0.037***	0.991***	0.368**	1.607
	(5.43)	(3.84)	(2.12)	(1.42)

续表

变量	(1) FFL	(2) Debt	(3) Equity	(4) Allot
IndDR	0.028 (0.26)	4.821 (1.05)	0.673 (0.22)	-49.300* (-1.65)
IndLnasset	-0.028*** (-3.17)	-1.576*** (-4.45)	-0.427* (-1.75)	-1.122 (-0.84)
IndOwnership	0.000 (0.24)	0.004 (0.20)	-0.005 (-0.37)	-0.134 (-0.95)
IndLev	-0.346*** (-9.58)	-1.769 (-1.18)	-2.000** (-2.14)	-24.667*** (-3.30)
IndGCG	0.034 (0.94)	1.441 (0.95)	-0.983 (-0.97)	-4.819 (-0.67)
IndJCG	0.000 (0.45)	0.012 (0.35)	0.001 (0.05)	0.008 (0.05)
MB	0.013*** (3.03)	-0.737*** (-5.36)	0.009 (0.07)	-0.338 (-0.51)
EBITDA	0.038 (1.34)	2.398* (1.85)	6.467*** (6.46)	27.234*** (3.55)
Lnsales	-0.039*** (-9.53)	-0.638*** (-4.73)	-0.285*** (-2.85)	-1.444** (-2.31)
DR	0.069** (2.29)	-0.376 (-0.26)	-0.495 (-0.59)	10.207* (1.87)
Lnasset	0.030*** (6.54)	1.584*** (9.58)	-0.145 (-1.27)	0.684 (0.96)
Ownership	-0.000 (-0.96)	-0.002 (-0.39)	-0.001 (-0.37)	-0.042* (-1.83)
Lev	0.447*** (31.93)	2.860*** (5.95)	4.352*** (11.74)	10.923*** (4.89)
GCG	-0.012 (-1.37)	0.723 (1.56)	1.139*** (4.09)	0.716 (0.36)

附录 A　主要回归结果的内生性检验全变量数据

续表

变量	(1) FFL	(2) Debt	(3) Equity	(4) Allot
JCG	-0.000 (-0.15)	0.013 (1.21)	-0.005 (-0.57)	-0.006 (-0.13)
Constant	0.106 (0.68)	-8.488 (-1.13)	-2.783 (-0.59)	21.016 (0.76)
Year	控制			
Observations	21,086	21,086	21,086	21,086

注：*** $p<0.01$，** $p<0.05$，* $p<0.1$
资料来源：作者整理。

表 A-5　　同伴公司产业差异回归结果
（非同一实际控制人样本，全变量）

变量	同产业同伴公司				不同产业同伴公司			
	(1) FFL	(2) Debt	(3) Equity	(4) Allot	(5) FFL	(6) Debt	(7) Equity	(8) Allot
APFL	0.029 (0.81)				0.103** (2.48)			
IndFFL	0.850*** (15.90)				0.856*** (19.07)			
APFD		-2.272*** (-5.23)				0.377 (0.60)		
IndDebt		8.680*** (12.65)				6.638*** (11.59)		
APFE			-0.674** (-2.44)				2.200*** (6.11)	
IndEquity			6.170*** (10.59)				5.587*** (10.09)	

续表

变量	同产业同伴公司				不同产业同伴公司			
	(1)	(2)	(3)	(4)	(5)	(6)	(7)	(8)
	FFL	Debt	Equity	Allot	FFL	Debt	Equity	Allot
APFA				−8.014 (−1.54)				−10.879 (−0.44)
IndAllot				113.767*** (5.18)				119.980*** (4.56)
APMB	−0.005 (−0.90)	0.307 (1.37)	−0.043 (−0.20)	1.412 (1.58)	−0.013* (−1.82)	0.045 (0.11)	−0.346 (−1.32)	3.133* (1.77)
APEBITDA	−0.008 (−0.14)	0.245 (0.11)	−0.089 (−0.05)	13.684 (1.15)	−0.031 (−0.48)	2.804 (0.90)	1.058 (0.40)	64.288** (2.48)
APLnsales	0.000 (0.01)	−0.151 (−0.70)	0.484*** (2.65)	−2.454** (−2.37)	0.002 (0.33)	−0.231 (−0.87)	−0.100 (−0.49)	−0.733 (−0.82)
APDR	−0.047 (−0.81)	−1.738 (−0.68)	0.529 (0.26)	7.479 (0.93)	−0.144* (−1.94)	−3.726 (−0.91)	3.068 (1.17)	16.788 (0.89)
APLnasset	0.002 (0.27)	0.192 (0.95)	−0.481*** (−2.72)	2.124** (2.23)	−0.011 (−1.44)	0.079 (0.21)	0.474* (1.86)	−0.293 (−0.16)
APOwnership	−0.000 (−0.94)	−0.014 (−1.37)	−0.004 (−0.54)	0.039 (1.21)	0.000 (1.28)	−0.008 (−0.55)	−0.009 (−0.91)	−0.204*** (−2.73)
APLev	−0.026 (−1.09)	0.467 (0.46)	0.627 (0.92)	−2.055 (−0.68)	0.009 (0.28)	−0.171 (−0.13)	−0.502 (−0.58)	18.008** (2.49)
APGCG	−0.004 (−0.21)	0.735 (0.88)	0.699 (1.13)	5.759** (2.51)	−0.027 (−1.21)	0.978 (0.83)	0.446 (0.54)	10.338 (1.18)
APJCG	−0.000 (−0.81)	0.020 (0.93)	−0.008 (−0.54)	0.106 (1.63)	0.001 (1.18)	0.020 (0.72)	−0.018 (−0.95)	0.228** (2.00)

附录 A 主要回归结果的内生性检验全变量数据

续表

变量	同产业同伴公司				不同产业同伴公司			
	(1)	(2)	(3)	(4)	(5)	(6)	(7)	(8)
	FFL	Debt	Equity	Allot	FFL	Debt	Equity	Allot
IndMB	-0.007 (-0.94)	0.465 (1.39)	0.360 (1.24)	1.984** (2.37)	-0.011 (-1.52)	0.695** (2.31)	0.427* (1.76)	2.979* (1.86)
IndEBITDA	-0.005 (-0.60)	-0.703 (-1.19)	0.117 (0.39)	3.291* (1.79)	-0.005 (-0.74)	-0.858 (-1.38)	0.193 (0.65)	7.314*** (3.69)
IndLnsales	0.041*** (5.13)	1.051*** (3.74)	-0.083 (-0.38)	3.971*** (3.76)	0.040*** (6.10)	0.895*** (3.82)	0.370** (2.31)	2.490** (1.97)
IndDR	0.029 (0.26)	5.221 (1.06)	1.316 (0.39)	-63.623** (-2.11)	-0.021 (-0.20)	3.034 (0.66)	1.450 (0.47)	-60.012*** (-2.84)
IndLnasset	-0.033*** (-3.21)	-1.718*** (-4.46)	0.166 (0.58)	-4.313*** (-3.42)	-0.032*** (-3.61)	-1.491*** (-4.32)	-0.406* (-1.71)	-2.709* (-1.85)
IndOwnership	0.000 (0.83)	0.009 (0.47)	-0.006 (-0.42)	-0.164* (-1.66)	0.000 (0.54)	0.000 (0.00)	-0.006 (-0.46)	-0.175 (-1.37)
IndLev	-0.377*** (-9.50)	-2.560 (-1.49)	-2.909*** (-2.74)	-14.184*** (-2.81)	-0.385*** (-11.33)	-2.014 (-1.44)	-2.007** (-2.21)	-18.822* (-1.95)
IndGCG	0.028 (0.75)	1.308 (0.84)	-1.142 (-1.02)	-9.374* (-1.93)	0.030 (0.83)	1.921 (1.29)	-0.766 (-0.77)	0.319 (0.06)
IndJCG	0.001 (0.68)	0.001 (0.03)	0.011 (0.43)	-0.009 (-0.61)	0.000 (0.32)	0.019 (0.58)	0.004 (0.16)	0.095 (0.72)
MB	0.012*** (2.69)	-0.747*** (-5.35)	-0.021 (-0.18)	-0.489 (-0.75)	0.012*** (2.79)	-0.711*** (-5.16)	-0.006 (-0.05)	-0.719 (-1.44)
EBITDA	0.036 (1.28)	2.530** (1.97)	6.430*** (6.62)	24.444*** (3.31)	0.035 (1.25)	2.344* (1.83)	6.498*** (6.57)	29.218*** (3.54)

续表

变量	同产业同伴公司				不同产业同伴公司			
	(1)	(2)	(3)	(4)	(5)	(6)	(7)	(8)
	FFL	Debt	Equity	Allot	FFL	Debt	Equity	Allot
Lnsales	-0.039***	-0.684***	-0.257***	-1.638***	-0.039***	-0.643***	-0.280***	-1.306**
	(-9.57)	(-5.05)	(-2.61)	(-2.80)	(-9.63)	(-4.81)	(-2.81)	(-2.33)
DR	0.063**	-0.265	-0.498	8.533*	0.070**	-0.254	-0.559	11.207*
	(2.07)	(-0.19)	(-0.59)	(1.77)	(2.34)	(-0.18)	(-0.67)	(1.84)
Lnasset	0.029***	1.599***	-0.155	1.334*	0.030***	1.575***	-0.153	0.714
	(6.39)	(9.58)	(-1.38)	(1.66)	(6.58)	(9.57)	(-1.34)	(1.11)
Ownership	-0.000	-0.003	-0.002	-0.039*	-0.000	-0.002	-0.001	-0.053**
	(-1.22)	(-0.47)	(-0.57)	(-1.84)	(-1.13)	(-0.38)	(-0.37)	(-2.30)
Lev	0.449***	2.966***	4.302***	11.219***	0.448***	2.844***	4.362***	11.960***
	(31.99)	(6.05)	(11.71)	(4.71)	(32.05)	(5.96)	(11.78)	(5.48)
GCG	-0.012	0.741	1.166***	1.253	-0.012	0.696	1.131***	-0.273
	(-1.43)	(1.61)	(4.21)	(0.66)	(-1.45)	(1.50)	(4.05)	(-0.11)
JCG	-0.000	0.015	-0.005	-0.011	-0.000	0.013	-0.005	0.008
	(-0.22)	(1.39)	(-0.57)	(-0.27)	(-0.23)	(1.18)	(-0.59)	(0.17)
Constant	-0.033	-11.656**	2.326	27.245	0.220	-8.244	-3.642	30.026
	(-0.26)	(-2.06)	(0.62)	(1.31)	(1.43)	(-1.10)	(-0.75)	(0.86)
Year	控制							
Observations	21064	21064	21064	21064	21082	21082	21082	21082

注：*** $p<0.01$，** $p<0.05$，* $p<0.1$。
资料来源：作者整理。

表 A-6　领军公司—非领军公司融资决策影响回归（非同一实际控制人样本，全变量）

变量	领军同伴公司→非领军公司 Lnsales < Median				非领军同伴公司→领军公司 Lnsales > Median			
	(1)	(2)	(3)	(4)	(5)	(6)	(7)	(8)
	FFL	Debt	Equity	Allot	FFL	Debt	Equity	Allot
APFL (Lnsales > Median)	0.102*** (2.63)							
APFL (Lnsales < Median)					0.048 (0.70)			
IndFFL	0.481*** (7.90)				1.060*** (17.65)			
APFD (Lnsales > Median)		−0.527 (−0.70)						
APFD (Lnsales < Median)						0.627 (0.58)		
IndDebt		5.907*** (6.07)				7.166*** (9.53)		
APFE (Lnsales > Median)			1.387*** (3.29)					
APFE (Lnsales < Median)							0.615 (1.25)	
IndEquity			5.727*** (8.82)				6.215*** (6.44)	
APFA (Lnsales > Median)				21.013 (0.69)				
APFA (Lnsales < Median)								110.668** (2.28)

续表

变量	领军同伴公司→非领军公司				非领军同伴公司→领军公司			
	Lnsales < Median				Lnsales > Median			
	(1)	(2)	(3)	(4)	(5)	(6)	(7)	(8)
	FFL	Debt	Equity	Allot	FFL	Debt	Equity	Allot
IndAllot				86.624 ***				136.649 **
				(4.96)				(2.33)
APMB	-0.012 *	-0.294	-0.291	4.384	-0.021	-0.093	-0.208	8.190
	(-1.77)	(-0.76)	(-1.26)	(1.47)	(-1.55)	(-0.13)	(-0.34)	(1.34)
APEBITDA	-0.104	1.414	1.321	69.489 **	0.007	0.830	4.484	4.499
	(-1.53)	(0.29)	(0.47)	(2.56)	(0.08)	(0.24)	(1.16)	(0.14)
APLnsales	0.016 **	-0.711 *	0.055	-0.851	0.010	-0.112	-0.227	3.678
	(2.23)	(-1.75)	(0.22)	(-0.40)	(0.87)	(-0.33)	(-0.68)	(0.97)
APDR	-0.095	-5.581	1.597	-14.041	0.029	-8.158 *	5.514	-20.042
	(-1.29)	(-0.96)	(0.50)	(-0.27)	(0.25)	(-1.93)	(1.52)	(-0.34)
APLnasset	-0.016 **	0.669	0.307	-2.547	-0.007	0.211	0.155	-2.984
	(-2.11)	(1.52)	(1.23)	(-1.56)	(-0.65)	(0.63)	(0.49)	(-0.93)
APOwnership	0.000 *	0.027	0.005	0.084	-0.001 ***	0.027	-0.030 **	-0.562 **
	(1.96)	(1.40)	(0.53)	(0.54)	(-2.67)	(1.57)	(-2.09)	(-2.51)
APLev	-0.032	0.329	-0.172	8.721 **	0.003	-1.077	0.197	8.345
	(-0.94)	(0.17)	(-0.16)	(2.00)	(0.06)	(-0.72)	(0.14)	(0.95)
APGCG	-0.007	2.519	0.440	7.016	-0.018	0.723	0.727	1.379
	(-0.25)	(0.94)	(0.34)	(0.44)	(-0.61)	(0.67)	(0.73)	(0.11)
APJCG	0.001 **	-0.039	-0.020	-0.198 *	-0.001	0.027	0.023	0.313
	(2.36)	(-1.01)	(-1.08)	(-1.94)	(-0.50)	(0.75)	(0.67)	(0.85)
IndMB	-0.002	0.831	0.690 **	-7.426	-0.010	0.574 *	-0.103	1.536
	(-0.21)	(1.57)	(2.36)	(-1.59)	(-0.94)	(1.69)	(-0.26)	(0.53)

附录 A　主要回归结果的内生性检验全变量数据

续表

变量	领军同伴公司→非领军公司				非领军同伴公司→领军公司			
	Lnsales < Median				Lnsales > Median			
	(1)	(2)	(3)	(4)	(5)	(6)	(7)	(8)
	FFL	Debt	Equity	Allot	FFL	Debt	Equity	Allot
IndEBITDA	-0.015*	-10.612*	-0.625*	8.357***	0.027*	-0.146	0.897**	-1.427
	(-1.82)	(-1.94)	(-1.74)	(3.83)	(1.74)	(-0.24)	(1.98)	(-0.38)
IndLnsales	0.035***	1.146***	0.273	2.147	0.042***	0.879***	0.173	3.554**
	(4.16)	(3.02)	(1.15)	(1.25)	(4.53)	(2.87)	(0.72)	(2.07)
IndDR	-0.074	5.725	4.760	-52.405	0.084	0.195	-1.031	-77.123*
	(-0.58)	(0.76)	(1.29)	(-1.03)	(0.53)	(0.04)	(-0.22)	(-1.79)
IndLnasset	-0.032***	-1.548***	-0.413	0.774	-0.036***	-1.397***	0.117	-3.733
	(-2.85)	(-2.66)	(-1.38)	(0.57)	(-2.91)	(-3.28)	(0.32)	(-0.77)
IndOwnership	0.001*	-0.046	0.009	-0.271**	0.000	0.003	-0.019	0.089
	(1.79)	(-1.63)	(0.61)	(-2.15)	(0.22)	(0.14)	(-0.94)	(0.40)
IndLev	-0.219***	-4.341**	-2.086*	-21.553	-0.455***	-1.927	-2.040	-31.059**
	(-4.74)	(-1.99)	(-1.71)	(-1.44)	(-9.22)	(-1.07)	(-1.48)	(-1.98)
IndGCG	0.040	-0.792	-1.328	-0.102	-0.034	3.061	-1.084	2.810
	(0.80)	(-0.36)	(-1.10)	(-0.02)	(-0.63)	(1.47)	(-0.70)	(0.14)
IndJCG	0.001	0.058	0.002	0.829***	0.000	0.024	-0.007	-0.209
	(1.28)	(1.13)	(0.07)	(5.96)	(0.04)	(0.61)	(-0.21)	(-0.75)
MB	0.036***	-0.358	-0.711**	1.797	0.011**	-0.659***	0.150	0.678
	(3.61)	(-1.13)	(-2.20)	(0.57)	(2.25)	(-4.39)	(1.07)	(0.87)
EBITDA	-0.003	4.471**	6.350***	2.368	0.013	-0.179	6.412***	47.520***
	(-0.10)	(2.10)	(4.87)	(0.29)	(0.27)	(-0.11)	(4.20)	(5.23)
Lnsales	-0.026***	-0.145	-0.522***	0.999	-0.049***	-1.006***	-0.031	-4.138**
	(-4.99)	(-0.57)	(-3.53)	(1.24)	(-8.05)	(-5.09)	(-0.17)	(-2.26)

续表

变量	领军同伴公司→非领军公司				非领军同伴公司→领军公司			
	Lnsales < Median				Lnsales > Median			
	(1)	(2)	(3)	(4)	(5)	(6)	(7)	(8)
	FFL	Debt	Equity	Allot	FFL	Debt	Equity	Allot
DR	0.077**	0.459	0.319	-6.610	0.063	0.128	-1.705	8.393
	(2.39)	(0.21)	(0.28)	(-0.46)	(1.27)	(0.08)	(-1.34)	(0.85)
Lnasset	0.026***	2.154***	0.123	-1.563	0.031***	1.528***	-0.476**	0.786
	(4.49)	(7.16)	(0.85)	(-0.93)	(4.75)	(7.07)	(-2.44)	(0.53)
Ownership	-0.000	0.003	-0.000	-0.082**	-0.000	-0.003	-0.002	-0.039
	(-1.05)	(0.32)	(-0.10)	(-2.08)	(-0.37)	(-0.46)	(-0.46)	(-0.63)
Lev	0.424***	2.208***	4.142***	10.304***	0.460***	2.734***	4.823***	19.442***
	(25.15)	(3.09)	(9.27)	(4.85)	(19.52)	(4.15)	(7.28)	(3.49)
GCG	-0.003	0.942	0.845**	3.797	-0.016	0.830	1.913***	-7.242
	(-0.29)	(1.29)	(2.48)	(1.26)	(-0.94)	(1.36)	(4.00)	(-1.29)
JCG	0.001**	0.022	0.012	0.004	-0.000	0.015	-0.022*	-0.009
	(2.32)	(1.00)	(0.99)	(0.10)	(-1.07)	(1.34)	(-1.73)	(-0.10)
Constant	-0.098	-35.250***	-3.780	38.886	0.214	-4.577	1.468	89.521
	(-0.51)	(-2.91)	(-0.89)	(0.42)	(1.10)	(-0.68)	(0.22)	(0.81)
Year	控制							
Observations	11448	11448	11448	7333	9644	9644	9644	9644

注：*** $p<0.01$，** $p<0.05$，* $p<0.1$。
资料来源：作者整理。

附录 A 主要回归结果的内生性检验全变量数据

表 A-7 不同经验分析师跟踪网络下融资同群工具变量回归（全变量）

变量	不同产业												领军同伴公司→非领军公司												
	借贷						增发（Twostep-probit）						借贷						增发（Twostep-probit）						
	低经验组		高经验组			低经验组		高经验组			低经验组		高经验组			低经验组		高经验组							
	第一阶段	第二阶段	第一阶段	第二阶段	第一阶段	第二阶段	第一阶段	第二阶段	第一阶段	第二阶段	第一阶段	第二阶段	第一阶段	第二阶段	第一阶段	第二阶段	第一阶段	第二阶段
	APFL	FFL	APFL	FFL	APFE	Equity	APFE	Equity	APFL	FFL	APFL	FFL	APFE	Equity	APFE	Equity
APER	-0.002* (-1.68)		-0.003* (-1.82)		0.023*** (6.29)		-0.09*** (-9.85)								-0.071*** (-9.98)		-0.043*** (-7.42)	
APFL		2.170 (1.22)		2.000 (1.48)				1.089 (0.92)		-0.401 (-0.58)		-1.556 (-0.54)						
APFE					-6.155*** (-2.64)												5.745*** (3.03)	
APMB	0.035*** (12.05)	-0.093 (-1.46)	0.05*** (12.18)	-0.040* (-1.90)	-0.136*** (-19.33)	-0.783** (-2.30)	-0.045*** (-16.80)	0.036 (0.60)	0.043*** (14.70)	0.008 (0.27)	0.030*** (13.67)	0.043 (0.50)	-0.089*** (-8.25)	-0.046 (-0.48)	-0.080*** (-17.46)	0.493*** (3.04)
APEBITDA	0.050*** (3.81)	-0.170* (-1.68)	0.07*** (4.55)	-0.207** (-1.99)	0.442*** (11.78)	2.344*** (2.12)	-0.082*** (-2.06)	-0.155 (-0.31)	0.326*** (20.53)	0.111 (0.50)	0.210*** (10.52)	0.311 (0.50)	0.838*** (11.58)	-2.387*** (-2.89)	0.104*** (2.07)	1.158 (1.55)
APLnsales	0.009*** (5.90)	-0.013 (-0.83)	-0.022** (-5.32)	0.044 (1.52)	0.002 (0.56)	0.083 (1.63)	0.000 (0.09)	-0.002 (-0.06)	-0.018*** (-7.64)	-0.000 (-0.02)	-0.043*** (-17.27)	-0.053 (-0.44)	0.050*** (5.93)	-0.209*** (-3.22)	0.004 (0.88)	0.086 (1.18)
APDR	-0.042*** (-2.82)	0.014 (0.17)	-0.024 (-1.25)	0.064 (1.16)	0.292*** (7.29)	2.144** (2.40)	0.173*** (4.37)	-0.555 (-1.07)	0.033** (2.15)	-0.009 (-0.35)	-0.069** (-2.37)	-0.182 (-0.84)	0.244*** (4.69)	-0.159 (-0.40)	0.092 (1.49)	0.672 (0.73)

续表

变量	不同产业												领军同伴公司→非领军公司											
	借贷				增发(Twostep-probit)								借贷				增发(Twostep-probit)							
	低经验组		高经验组		低经验组		高经验组						低经验组		高经验组		低经验组				高经验组			
	第一阶段	第二阶段	第一阶段	第二阶段	第一阶段	第二阶段	第一阶段	第二阶段					第一阶段	第二阶段	第一阶段	第二阶段	第一阶段	第二阶段			第一阶段	第二阶段		
	APFL	FFL	APFL	FFL	APPE	Equity	APPE	Equity					APFL	FFL	APFL	FFL	APPE	Equity			APPE	Equity		
APLnasset	-0.010***(-6.78)	0.019(1.06)	0.019***(14.48)	-0.041(-1.56)	-0.003(-0.89)	-0.078(-1.56)	0.002(0.77)	0.024(0.68)					0.014***(6.24)	-0.000(-0.01)	0.012***(4.68)	0.003(0.10)	-0.060***(-7.37)	0.248***(3.76)			0.002(0.43)	-0.048(-0.67)		
APOwnership	-0.000(-1.35)	0.000(0.12)	-0.000***(-2.14)	0.001***(2.91)	-0.001***(-8.30)	-0.015***(-4.08)	-0.002***(-13.76)	0.003(1.09)					-0.001***(-18.83)	-0.001(-0.58)	0.000***(3.54)	0.001(0.99)	-0.001***(-2.56)	-0.006***(-2.77)			0.001***(6.10)	0.002(0.48)		
APLev	0.412***(76.27)	-0.905(-1.23)	0.406***(57.11)	-0.786(-1.44)	0.440***(32.53)	2.734***(2.59)	0.313***(20.25)	-0.867**(-2.20)					0.468***(88.78)	0.182(0.57)	0.448***(48.98)	0.703(0.54)	0.834***(35.12)	-1.512**(-2.49)			0.453***(21.22)	-2.798***(-3.13)		
APGCG	-0.039***(-9.35)	0.046(0.66)	-0.105***(-12.57)	0.211(1.47)	0.060***(5.54)	0.240(1.11)	0.349***(17.58)	0.355(0.73)					0.069***(13.32)	0.016(0.34)	-0.055***(-4.33)	-0.094(-0.58)	0.297***(15.09)	-0.450(-1.63)			0.318***(10.64)	-0.922(-1.21)		
APJCG	-0.000*(-1.65)	0.000(0.10)	-0.002***(-16.68)	0.004(1.47)	0.001***(2.37)	0.013**(1.98)	0.000(1.36)	0.002(0.58)					-0.002***(-12.21)	-0.001(-0.39)	-0.001***(-8.18)	-0.001(-0.33)	-0.004***(-6.43)	-0.004(-0.71)			-0.001*(-1.90)	-0.003(-0.62)		
IndMB	-0.005***(-6.93)	0.005(0.46)	0.003***(2.96)	-0.014**(-2.50)	-0.012***(-3.97)	-0.014(-0.28)	-0.028***(-8.39)	0.074(1.43)					-0.004***(-1.92)	-0.006(-1.30)	0.002(1.13)	-0.001(-0.13)	-0.031***(-3.26)	0.485***(6.89)			-0.023***(-4.49)	0.534***(6.45)		
IndEBITDA	0.003*(1.95)	-0.008(-1.26)	-0.011***(-4.29)	0.021(1.21)	-0.004(-0.76)	0.020(0.24)	-0.070***(-11.14)	0.103(0.90)					0.006**(2.09)	-0.012*(-1.97)	-0.001(-0.30)	-0.016**(-2.50)	0.026*(1.92)	-0.199*(-1.93)			0.009(1.31)	-0.194*(-1.79)		

附录 A 主要回归结果的内生性检验全变量数据

续表

变量	不同产业											领军同伴公司→非领军公司											
	借贷				增发 (Twostep–probit)							借贷				增发 (Twostep–probit)							
	低经验组		高经验组		低经验组		高经验组					低经验组		高经验组		低经验组				高经验组			
	第一阶段	第二阶段	第一阶段	第二阶段	第一阶段	第二阶段	第一阶段	第二阶段				第一阶段	第二阶段	第一阶段	第二阶段	第一阶段	第二阶段			第一阶段	第二阶段		
	APFL	FFL	APFL	FFL	APFE	Equity	APFE	Equity				APFL	FFL	APFL	FFL	APFE	Equity			APFE	Equity		
IndLnsales	0.007*** (9.57)	0.023* (1.91)	0.016*** (16.53)	0.007 (0.34)	-0.009*** (-3.72)	0.033 (0.79)	-0.017*** (-6.18)	0.094** (2.41)				0.011 (1.46)	0.216*** (3.92)	0.012*** (7.91)	0.051 (1.45)	-0.026*** (-6.40)	0.337*** (4.33)						
IndDR	-0.038*** (-3.48)	0.050 (0.63)	0.13*** (8.30)	-0.295 (-1.59)	-0.101** (-2.12)	-0.243 (-0.33)	0.091* (1.76)	0.308 (0.47)				-0.008 (-0.06)	2.033* (1.94)	0.135*** (4.93)	0.106 (0.27)	0.003 (0.04)	1.927* (1.73)						
IndLnasset	-0.004*** (-4.71)	-0.020*** (-2.60)	-0.003*** (-12.47)	-0.005 (-0.26)	0.011*** (3.00)	0.046 (0.82)	0.032*** (8.61)	-0.035 (-0.59)				0.035*** (3.16)	-0.340*** (-4.23)	-0.015*** (-7.43)	-0.056 (-1.25)	0.041*** (7.20)	-0.475*** (-4.20)						
IndOwnership	0.000*** (8.60)	-0.000 (-0.70)	-0.000*** (-C.55)	0.000** (2.43)	-0.001*** (-3.17)	-0.004 (-1.53)	-0.001*** (-3.34)	-0.002 (-0.62)				-0.001 (-1.23)	0.006* (1.76)	0.000 (0.15)	0.001*** (4.08)	-0.002*** (-8.79)	0.016*** (2.68)						
IndLev	-0.056*** (-15.45)	-0.300*** (-2.98)	-0.137*** (-28.65)	-0.153 (-0.82)	-0.016 (-1.11)	-1.284*** (-5.97)	-0.032** (-2.05)	-1.025*** (-5.31)				-0.179*** (-4.15)	-1.237*** (-3.69)	-0.189*** (-19.29)	-0.518 (-0.95)	-0.007 (-0.31)	-1.335*** (-4.08)						
IndGCG	-0.040*** (-9.57)	0.080 (1.12)	-0.099*** (-15.26)	0.190 (1.40)	-0.096*** (-5.69)	-0.824** (-2.49)	-0.045** (-2.51)	-0.160 (-0.70)				-0.020 (-0.45)	-0.365 (-1.15)	-0.079*** (-9.06)	-0.099 (-0.44)	0.022 (0.95)	-0.396 (-1.20)						
IndJCG	-0.000*** (-6.15)	0.001 (1.34)	-0.001*** (-8.92)	0.002 (1.49)	-0.001*** (-2.94)	-0.003 (-0.49)	-0.001*** (-2.61)	0.005 (1.13)				-0.001 (-0.79)	0.005 (0.69)	-0.001*** (-3.47)	-0.000 (-0.09)	0.001 (1.35)	0.001 (0.08)						

225

续表

变量	不同产业												领军同伴公司-非领军公司											
	借贷				增发 (Twostep-probit)				借贷				增发 (Twostep-probit)			
	低经验组		高经验组		低经验组		高经验组		低经验组		高经验组		低经验组		高经验组	
	第一阶段 APL	第二阶段 FFL	第一阶段 APL	第二阶段 FFL	第一阶段 APFE	第二阶段 Equity	第一阶段 APFE	第二阶段 Equity	第一阶段 APL	第二阶段 FFL	第一阶段 APL	第二阶段 FFL	第一阶段 APFE	第二阶段 Equity	第一阶段 APFE	第二阶段 Equity
MB	-0.001** (-2.19)	0.014*** (6.40)	-0.001 (-1.54)	0.013*** (7.34)	0.003** (2.06)	-0.023 (-1.07)	-0.002 (-1.13)	-0.030* (-1.67)	0.017** (1.96)	0.017 (1.26)	-0.004** (-2.41)	0.024*** (4.36)	0.095*** (2.43)	-0.267*** (-4.18)	-0.002 (-0.38)	-0.251*** (-3.77)
EBITDA	0.003 (1.05)	0.088*** (3.11)	-0.000 (-0.09)	0.044*** (3.55)	-0.045*** (-3.18)	2.394*** (10.22)	-0.088*** (-5.78)	2.759*** (12.76)	0.021*** (4.41)	0.013 (0.26)	0.017*** (2.68)	-0.001 (-0.07)	3.253*** (11.59)	3.850*** (11.86)
Lnsales	-0.000 (-0.34)	-0.040*** (-27.79)	-0.000 (-0.87)	-0.039*** (-23.92)	0.006** (4.06)	-0.060** (-2.35)	0.004** (2.55)	-0.108*** (-5.58)	-0.010 (-0.27)	-0.023*** (-6.51)	0.001 (0.98)	-0.023*** (-5.87)	-0.266*** (-7.12)	0.135 (0.53)	-0.003 (-0.16)	-0.253*** (-7.04)
DR	-0.016*** (-5.26)	0.056** (1.83)	-0.019** (-4.40)	0.060** (2.11)	-0.012 (-0.95)	-0.247 (-1.27)	-0.000 (-0.02)	-0.165 (-0.98)	-0.025*** (-4.32)	0.041 (0.56)	-0.009 (-1.38)	0.074*** (5.80)	-0.013** (-2.53)	-0.002 (-0.06)	-0.001 (-0.76)	0.186 (0.69)
Lnasset	-0.001 (-1.37)	0.030*** (15.74)	-0.002** (-2.86)	0.032*** (11.11)	-0.004** (-2.23)	-0.099*** (-3.76)	-0.002 (-0.86)	-0.072*** (-3.28)	-0.000 (-0.01)	0.026*** (9.72)	-0.003*** (-3.13)	0.024*** (7.46)	0.000 (1.18)	-0.002* (-1.75)	0.001 (0.40)	-0.028 (-0.76)
Ownership	0.000** (2.08)	-0.000*** (-5.20)	-0.000** (-2.29)	0.032*** (11.11)	0.000 (1.46)	-0.001 (-1.38)	0.000 (0.46)	-0.001** (-2.16)	-0.000*** (-1.60)	0.000 (-2.74)	-0.000*** (-4.87)	-0.000*** (-1.76)	-0.049*** (-3.45)	2.247*** (22.25)	-0.000** (-2.17)	-0.001 (-0.90)
Lev	-0.001 (-0.71)	0.453*** (92.05)	0.009*** (4.78)	0.433*** (33.22)	-0.008 (-1.55)	2.126*** (27.17)	-0.015*** (-2.64)	2.207*** (31.92)	0.002 (0.61)	0.436*** (69.90)	0.005** (2.25)	0.444*** (25.45)	0.005** (2.25)	2.323*** (21.49)	-0.020*** (-2.76)	2.323*** (21.49)

附录 A 主要回归结果的内生性检验全变量数据

续表

变量	不同产业												领军同伴公司→非领军公司											
	借贷				增发（Twostep-probit）								借贷				增发（Twostep-probit）							
	低经验组		高经验组		低经验组		高经验组						低经验组		高经验组		低经验组				高经验组			
	第一阶段	第二阶段	第一阶段	第二阶段	第一阶段	第二阶段	第一阶段	第二阶段					第一阶段	第二阶段	第一阶段	第二阶段	第一阶段	第二阶段			第一阶段	第二阶段		
	APFL	FFL	APFL	FFL	APFE	Equity	APFE	Equity					APFL	FFL	APFL	FFL	APFE	Equity			APFE	Equity		
GCC	-0.003*** (-2.87)	0.005 (0.82)	-0.003* (-1.77)	0.004 (0.78)	0.006 (1.30)	0.657*** (9.98)	0.017*** (3.46)	0.584*** (9.79)					-0.002 (-1.02)	0.000 (0.03)	-0.004** (-2.10)	-0.004 (-0.34)	-0.023** (-2.15)	0.484*** (6.35)			0.011** (2.01)	0.383*** (4.71)		
JCC	0.000 (0.73)	-0.000*** (-4.12)	-0.000*** (-2.75)	-0.000 (-0.97)	-0.000 (-0.27)	0.000 (0.15)	-0.000 (-0.73)	0.000 (0.28)					-0.000** (-2.36)	0.000 (1.58)	0.000* (1.96)	0.001 (1.42)	-0.000 (-1.34)	0.009*** (3.61)			0.000** (2.07)	0.006** (2.34)		
Constant	0.001 (0.07)	0.109** (2.30)	0.023 (1.33)	0.080 (1.63)	-0.005 (-0.10)	-0.126 (-0.16)	-0.384*** (-7.05)	0.054 (0.07)					-0.125*** (-4.01)	-0.091 (-0.85)	0.671*** (13.71)	1.035 (0.54)	-1.243*** (-7.54)	5.169*** (3.61)			-0.586*** (-4.93)	4.150** (2.11)		
Year	控制																							
Observations	28997	28997	28997	28997	28997	28997	28997	28997					13012	13012	13012	13012	13012	13012			13012	13012		

注：*** $p<0.01$，** $p<0.05$，* $p<0.1$，表 A-7 至表 A-10 对应第 6 章内容。

资料来源：作者整理。

表 A-8 明星分析师跟踪网络下融资同群工具变量回归（全变量）

变量	不同产业												领军同伴公司→非领军公司											
	借贷				增发（Twostep-probit）								借贷							增发（Twostep-probit）				
	非明星组		明星组		非明星组		明星组						非明星组		明星组				非明星组		明星组			
	第一阶段 APFL	第二阶段 FFL	第一阶段 APFL	第二阶段 FFL	第一阶段 APFE	第二阶段 Equity		第一阶段 APFE	第二阶段 Equity				第一阶段 APFL	第二阶段 FFL	第一阶段 APFL	第二阶段 FFL			第一阶段 APFE	第二阶段 Equity	第一阶段 APFE	第二阶段 Equity		
APFL	-0.006*** (-4.28)	0.971* (1.75)	0.002** (2.27)	1.555 (1.45)	-0.024*** (-6.31)	-0.04 (-1.30)							0.006*** (2.91)		-0.009*** (-4.84)	-0.409 (-1.35)			-0.026*** (-4.64)		-0.022*** (-6.05)			
APFE							6.718** (2.56)	18.710 (1.10)												5.943* (1.94)		1.670 (0.65)		
IndFFL	0.122*** (26.83)		0.112*** (27.58)	0.766*** (6.38)	0.038*** (5.44)	3.061*** (20.30)		3.424*** (13.44)					0.382*** (35.76)	0.882*** (3.33)	0.205*** (23.47)	0.611*** (9.04)			0.174*** (14.00)	2.038*** (3.68)		2.887*** (11.28)		
IndEquity	0.013*** (8.59)	-0.027*** (-3.50)	0.001 (0.95)	-0.008** (-2.25)	-0.057*** (-19.62)	0.252 (1.61)		0.624 (1.11)					0.020*** (10.62)	0.013 (0.87)	0.017*** (7.14)	0.006 (1.03)			-0.060*** (-14.39)	0.428** (2.24)		0.110*** (-28.87)		
APMB	0.049*** (3.22)	-0.164*** (-4.03)	0.149*** (9.64)	-0.202 (-1.21)	-0.080*** (-2.22)	0.669 (1.04)		9.870 (1.12)					0.136*** (5.24)	0.071 (0.64)	0.378*** (15.44)	0.267*** (2.57)			-0.236*** (-3.75)	3.052** (2.46)		0.116 (0.41)		
APEBITDA																						-2.600*** (-3.45)		

（表中数值为估计系数，括号内为 t 值；*** ** * 分别表示在1%、5%、10%水平显著）

附录 A 主要回归结果的内生性检验全变量数据

续表

变量	不同产业													领军同样公司→非领军公司												
	借贷						增发 (Twostep-probit)						借贷						增发 (Twostep-probit)					
	非明星组			明星组			非明星组			明星组			非明星组			明星组			非明星组			明星组		
	第一阶段	第二阶段		第一阶段	第二阶段		第一阶段	第二阶段		第一阶段	第二阶段		第一阶段	第二阶段		第一阶段	第二阶段		第一阶段	第二阶段		第一阶段	第二阶段	
	APFL	FFL		APFL	FFL		APFE	Equity		APFE	Equity		APFL	FFL		APFL	FFL		APFE	Equity		APFE	Equity	
A了Lnsales	-0.015*** (-9.95)	0.016* (1.86)		-0.025*** (-11.19)	0.028 (1.59)		0.029*** (10.54)	-0.174** (-1.99)		0.012*** (3.66)	-0.276 (-1.32)		-0.027*** (-10.57)	-0.010 (-0.52)		-0.041*** (-14.25)	-0.010 (-0.79)		0.010*** (1.99)	-0.025 (-0.33)		0.044*** (9.48)	-0.175 (-1.29)
APDR	-0.033* (-1.80)	-0.032 (-0.83)		0.075* (1.93)	0.075* (1.93)		0.020 (0.53)	-0.886 (-1.41)		-0.315*** (-7.28)	5.297 (0.97)		-0.094*** (-3.23)	-0.176** (-2.16)		-0.175*** (-5.58)	-0.034 (-0.56)		0.059 (0.95)	1.051 (1.16)		-1.049*** (-19.57)	1.232 (0.46)
AFLnasset	0.013*** (9.60)	-0.004* (-1.72)		0.016*** (11.12)	-0.028* (-1.65)		-0.022*** (-8.20)	0.155** (2.21)		0.019*** (5.89)	-0.265 (-0.81)		0.025*** (9.99)	0.009 (0.52)		0.059*** (13.91)	0.007 (0.57)		-0.005 (-1.09)	-0.031 (-0.45)		-0.022*** (-4.80)	0.142 (1.61)
AFOwnership	-0.000 (-0.51)	0.000*** (3.31)		-0.000 (-4.89)	0.000 (0.54)		-0.002*** (-12.81)	0.011* (1.84)		-0.006*** (-35.82)	0.113 (1.05)		-0.000 (-0.24)	0.000*** (2.15)		-0.000*** (-0.33)	-0.000 (-0.42)		0.000 (1.16)	0.003 (0.82)		-0.003*** (-12.37)	0.012 (1.43)
APLev	0.395*** (57.33)	-0.374*** (-1.70)		0.376*** (60.31)	-0.572 (-1.42)		0.311*** (23.07)	-1.995** (-2.35)		-0.037** (-2.50)	0.423 (0.58)		0.407*** (36.21)	0.379 (1.33)		0.430*** (39.67)	0.215* (1.70)		0.252*** (10.42)	-1.588* (-1.94)		0.689*** (32.37)	-1.077 (-0.63)
APCG	-0.042*** (-7.02)	0.025 (0.98)		-0.088*** (-14.71)	0.123 (1.33)		0.254*** (19.50)	-1.767** (-2.46)		-0.154*** (-9.92)	2.920 (1.09)		0.017 (1.46)	0.016 (0.70)		0.006 (0.52)	0.007 (0.41)		0.419*** (15.65)	-1.940 (-1.42)		0.193*** (8.44)	1.055* (1.74)
APICG	-0.002*** (-14.60)	0.002* (1.70)		-0.003*** (-23.86)	0.005 (1.27)		-0.000 (-0.29)	-0.007 (-1.48)		-0.001*** (-3.45)	0.022 (0.87)		-0.002*** (-9.74)	-0.001 (-0.62)		-0.002*** (-7.06)	0.000 (0.15)		-0.001*** (-3.51)	0.002 (0.28)		-0.009*** (-23.14)	0.011 (0.45)

续表

变量	不同产业								领军同伴公司→非领军公司							
	借贷				增发 (Twostep-probit)				借贷				增发 (Twostep-probit)			
	非明星组		明星组		非明星组		明星组		非明星组		明星组		非明星组		明星组	
	第一阶段 APFL	第二阶段 FFL	第一阶段 APFL	第二阶段 FFL	第一阶段 APFE	第二阶段 Equity	第一阶段 APFE	第二阶段 Equity	第一阶段 APFL	第二阶段 FFL	第一阶段 APFL	第二阶段 FFL	第一阶段 APFE	第二阶段 Equity	第一阶段 APFE	第二阶段 Equity
IndMB	-0.002** (-1.92)	-0.005** (-2.26)	0.006*** (7.52)	-0.016** (-2.23)	-0.016*** (-6.15)	0.159*** (2.58)	-0.020*** (-6.13)	0.435 (1.24)	0.001 (0.83)	-0.003 (-0.72)	0.010*** (7.10)	-0.001 (-0.15)	-0.027*** (-5.12)	0.563*** (5.22)	0.009** (2.18)	0.403*** (5.78)
IndEBITDA	-0.003*** (-1.96)	0.001 (0.22)	0.007*** (3.79)	-0.011 (-1.23)	-0.023*** (-4.65)	0.194* (1.92)	-0.039*** (-6.34)	0.761 (1.13)	-0.001 (-0.53)	-0.015*** (-2.88)	0.012*** (6.99)	-0.010* (-1.95)	0.027*** (3.69)	-0.284** (-2.15)	-0.026*** (-4.35)	-0.134 (-1.10)
IndLnsales	0.011*** (14.67)	0.027*** (4.35)	0.008*** (10.60)	0.024*** (2.81)	-0.010*** (-4.89)	0.146*** (3.22)	-0.023*** (-8.49)	0.515 (1.31)	0.013*** (8.59)	0.044*** (4.71)	0.007*** (6.04)	0.036*** (9.92)	-0.027*** (-6.63)	0.349*** (3.37)	-0.003 (-1.01)	0.245*** (4.45)
IndDR	0.117*** (9.50)	-0.139* (-1.89)	-0.166*** (-13.01)	0.219 (1.20)	0.218*** (5.40)	-0.933 (-1.04)	0.069 (1.36)	-0.937 (-0.56)	0.156*** (5.80)	0.046 (0.39)	-0.024 (-1.11)	-0.109** (-2.24)	0.015 (0.19)	1.749 (1.56)	-0.132** (-2.03)	2.103** (1.98)
IndLnasset	-0.008*** (-8.53)	-0.022*** (-4.14)	-0.011*** (-12.39)	-0.011 (-0.83)	0.017*** (5.77)	-0.117* (-1.72)	0.036*** (9.74)	-0.664 (-1.11)	-0.014*** (-7.00)	-0.045*** (-4.28)	-0.016*** (-10.09)	-0.041*** (-6.79)	0.044*** (7.56)	-0.490*** (-3.13)	0.014*** (2.98)	-0.292*** (-3.44)
IndOwnership	-0.000 (-0.92)	0.000*** (2.90)	0.000*** (8.62)	-0.000 (-0.60)	-0.001*** (-7.24)	0.006 (1.53)	-0.000 (-0.48)	0.000 (0.05)	-0.000* (-1.74)	0.001*** (3.90)	0.000*** (3.48)	0.001*** (5.57)	-0.002*** (-8.21)	0.017** (2.14)	0.000 (0.44)	0.004 (1.25)
IndLev	-0.082*** (-19.30)	-0.348*** (-7.41)	-0.077*** (-19.10)	-0.301*** (-3.58)	-0.021* (-1.76)	-0.963*** (-4.66)	0.021 (1.42)	-1.621*** (-3.21)	-0.198*** (-20.42)	-0.411*** (-2.96)	-0.097*** (-12.95)	-0.267*** (-7.93)	-0.001 (-0.03)	-1.381*** (-4.17)	-0.074*** (-3.81)	-1.595*** (-4.55)

附录 A 主要回归结果的内生性检验全变量数据

续表

变量	不同产业											领军同伴公司→非领军公司											
	借贷				增发 (Twostep-probit)							借贷				增发 (Twostep-probit)							
	非明星组		明星组		非明星组		明星组					非明星组		明星组		非明星组		明星组					
	第一阶段	第二阶段	第一阶段	第二阶段	第一阶段	第二阶段	第一阶段	第二阶段				第一阶段	第二阶段	第一阶段	第二阶段	第一阶段	第二阶段	第一阶段	第二阶段				
	APFL	FFL	APFL	FFL	APFE	Equity	APFE	Equity				APFL	FFL	APFL	FFL	APFE	Equity	APFE	Equity				
IndGCG	-0.070 *** (-14.93)	0.061 (1.51)	-0.056 *** (-8.51)	0.051 (1.26)	-0.088 *** (-6.21)	0.364 (1.08)	-0.048 ** (-2.72)	0.732 (0.79)				-0.075 *** (-8.90)	-0.049 (-0.90)	-0.056 *** (-8.29)	-0.011 (-0.47)	-0.006 (-0.25)	-0.215 (-0.64)	-0.001 (-0.17)	-0.551 (-1.40)				
IndICG	-0.001 *** (-6.92)	0.001 * (1.81)	-0.003 *** (-2.93)	0.000 (1.41)	-0.001 *** (-4.96)	0.013 ** (2.21)	-0.001 *** (-3.90)	0.030 (1.24)				-0.001 *** (-3.61)	0.000 (0.44)	-0.000 * (-1.92)	0.001 ** (2.14)	0.000 (0.15)	0.03 (0.40)	0.002 *** (3.75)	0.001 (0.14)				
MB	-0.001 (-1.62)	0.013 *** (10.55)	-0.001 ** (-2.49)	0.014 *** (7.57)	-0.001 (-1.06)	-0.025 (-1.26)	0.002 (1.39)	-0.076 (-1.56)				-0.002 (-0.86)	0.023 *** (3.82)	-0.002 (-1.48)	0.021 *** (3.55)	-0.008 * (-1.70)	-0.215 *** (-3.00)	-0.001 (-0.17)	-0.251 *** (-4.06)				
EBITDA	-0.007 * (-1.92)	0.051 *** (5.17)	0.005 * (1.70)	0.034 *** (2.76)	-0.061 *** (-5.11)	3.086 *** (12.05)	-0.069 *** (-4.61)	3.958 *** (3.24)				0.022 *** (3.49)	0.008 (0.42)	0.021 *** (3.69)	0.000 (0.03)	-0.025 (-1.19)	3.561 *** (11.80)	-0.026 * (-1.52)	3.500 *** (12.66)				
Lnsales	-0.001 *** (-3.05)	-0.039 *** (-25.58)	-0.009 *** (-1.84)	-0.039 *** (-24.63)	0.005 *** (4.38)	-0.139 *** (-5.59)	0.002 (1.56)	-0.141 ** (-2.60)				-0.000 *** (-4.49)	-0.025 *** (-10.72)	0.001 (0.80)	-0.025 *** (-11.07)	0.002 (0.90)	-0.256 *** (-6.95)	-0.006 *** (-3.02)	-0.219 *** (-5.87)				
DR	-0.017 *** (-4.93)	0.037 *** (2.89)	-0.004 (-1.17)	0.027 ** (2.56)	-0.008 (-0.73)	-0.132 (-0.73)	0.053 *** (3.86)	-1.153 (-1.19)				-0.026 *** (-4.44)	0.055 *** (2.60)	-0.000 (-0.06)	0.077 *** (7.07)	-0.016 (-0.82)	0.206 (0.75)	-0.002 (-0.10)	0.142 (0.57)				
Lnasset	-0.001 * (-1.72)	0.029 *** (20.01)	-0.001 (-1.19)	0.029 *** (18.56)	-0.002 (-1.41)	-0.060 ** (-2.52)	-0.004 ** (-2.37)	0.000 (0.00)				-0.001 (-0.66)	0.025 *** (10.46)	0.000 (0.59)	0.026 *** (12.34)	0.003 (1.17)	-0.037 (-0.96)	0.001 (0.62)	-0.027 (-0.80)				

续表

变量	不同产业								领军同伴公司-非领军公司							
	借贷				增发 (Twostep-probit)				借贷				增发 (Twostep-probit)			
	非明星组		明星组		非明星组		明星组		非明星组		明星组		非明星组		明星组	
	第一阶段	第二阶段	第一阶段	第二阶段	第一阶段	第二阶段	第一阶段	第二阶段	第一阶段	第二阶段	第一阶段	第二阶段	第一阶段	第二阶段	第一阶段	第二阶段
	APL	FFL	APL	FFL	APPE	Equity	APPE	Equity	APPL	FFL	APPL	FFL	APPE	Equity	APPE	Equity
Ownership	0.000 (0.97)	-0.000*** (-7.54)	-0.000 (-0.35)	-0.000*** (-6.63)	0.000 (0.54)	-0.002** (-2.16)	-0.000** (-2.59)	0.001 (0.51)	-0.000** (-2.00)	-0.000*** (-5.16)	0.000 (1.53)	-0.000*** (-5.65)	-0.000 (-1.40)	-0.001 (-1.13)	-0.000*** (-4.55)	-0.001 (-0.91)
Lev	0.005*** (3.82)	0.446*** (87.65)	0.004*** (2.87)	0.445*** (75.28)	-0.011** (-2.47)	2.264*** (29.35)	-0.011* (-1.94)	2.381*** (10.83)	0.010*** (4.30)	0.445*** (45.71)	-0.004* (-1.92)	0.435*** (69.14)	-0.020*** (-2.65)	2.316*** (19.60)	-0.018*** (-2.90)	2.194*** (21.47)
GCG	-0.003*** (-2.98)	0.002 (0.61)	-0.004*** (-3.45)	0.004 (0.93)	0.010*** (2.54)	0.547*** (8.38)	-0.008* (-1.68)	0.753*** (4.40)	-0.003* (-1.72)	-0.001 (-0.26)	-0.004** (-2.43)	0.001 (0.24)	0.009 (1.55)	0.388*** (4.63)	-0.004 (-0.78)	0.434*** (5.87)
JCG	-0.000 (-0.66)	-0.000*** (-4.10)	-0.000*** (-2.93)	-0.000* (-1.73)	0.000 (0.65)	-0.000 (-0.02)	0.000 (1.47)	-0.002 (-0.72)	0.000* (1.67)	0.000*** (3.12)	-0.000 (-0.12)	0.000*** (3.22)	0.000 (0.62)	0.007*** (2.77)	0.000 (1.33)	0.008*** (3.16)
Constant	0.004 (0.35)	0.182*** (13.55)	0.095*** (2.52)	-0.191 (-0.98)	-0.263*** (-6.18)	1.218 (1.26)	-0.285*** (-5.34)	5.670 (1.03)	0.064** (2.16)	-0.010 (-0.13)	0.188*** (7.53)	0.052 (0.68)	-0.453*** (-5.18)	5.796*** (3.23)	-0.092 (-1.30)	3.268*** (2.80)
Year	控制															
Observations	28997	28997	28997	28997	28997	28997	28997	28997	13012	13012	13012	13012	13012	13012	13012	13012

注：*** $p < 0.01$，** $p < 0.05$，* $p < 0.1$

资料来源：作者整理。

附录A 主要回归结果的内生性检验全变量数据

表 A－9　不同跟踪量分析师跟踪网络下融资同群工具变量回归（全变量）

	不同产业								领军同伴公司-非领军公司							
	借贷				增发（Twostep–probit）				借贷				增发（Twostep–probit）			
	低跟踪量组		高跟踪量组		低跟踪量组		高跟踪量组		低跟踪量组		高跟踪量组		低跟踪量组		高跟踪量组	
	第一阶段	第二阶段	第一阶段	第二阶段	第一阶段	第二阶段	第一阶段	第二阶段	第一阶段	第二阶段	第一阶段	第二阶段	第一阶段	第二阶段	第一阶段	第二阶段
变量	APFL	FFL	APFL	FFL	APFE	Equity	APFE	Equity	APFL	FFL	APFL	FFL	APFE	Equity	APFE	Equity
APER	0.004*** (4.31)		-0.002* (-1.74)		0.013*** (3.54)		-0.026*** (-7.62)		0.012*** (6.67)		0.001 (0.73)		-0.020*** (-3.36)		-0.020*** (-3.60)	
APFL		1.217*** (2.89)		3.765*** (3.28)						0.053 (0.36)		-3.242 (-0.63)				
APFE						-6.350** (-2.25)		7.594*** (2.98)						1.718 (0.79)		15.416*** (2.70)
IndFFL	0.109*** (16.13)	0.812*** (16.96)	0.121*** (28.44)	0.482 (1.34)					0.277*** (20.50)	0.518*** (11.61)	0.355*** (34.04)	1.672 (0.91)				
IndEquity					0.029** (2.07)	3.496*** (20.63)	0.047*** (7.09)	2.964*** (18.08)					0.068*** (2.94)	2.920*** (13.30)	0.177*** (15.30)	0.350 (0.34)
APMB	0.007*** (4.66)	-0.014*** (-3.58)	0.010*** (6.56)	-0.063* (-1.78)	-0.112*** (-29.00)	-0.855*** (-2.61)	-0.054*** (-19.02)	0.328*** (2.26)	0.021*** (8.98)	-0.002 (-0.63)	0.023*** (12.21)	0.069 (0.59)	-0.086*** (-14.14)	0.038 (0.20)	-0.066*** (-16.01)	1.101*** (2.90)
规模EBITDA	0.084*** (5.62)	-0.145*** (-3.41)	0.079*** (5.34)	-0.377 (-1.61)	-0.100** (-2.11)	-0.952* (-1.69)	-0.186*** (-5.24)	1.486* (1.85)	0.167*** (6.39)	0.001 (0.03)	0.211*** (8.78)	0.735 (0.66)	-0.034 (-0.42)	-2.087*** (-3.35)	-0.277*** (-4.71)	6.055*** (2.79)

续表

变量	不同产业												领军同伴公司→非领军公司											
	借贷				增发（Twostep-probit）								借贷							增发（Twostep-probit）				
	低跟踪量组		高跟踪量组		低跟踪量组		高跟踪量组						低跟踪量组		高跟踪量组				低跟踪量组		高跟踪量组			
	第一阶段	第二阶段	第一阶段	第二阶段	第一阶段	第二阶段	第一阶段	第二阶段					第一阶段	第二阶段	第一阶段	第二阶段			第一阶段	第二阶段	第一阶段	第二阶段		
	APFL	FFL	APFL	FFL	APFE	Equity	APFE	Equity					APFL	FFL	APFL	FFL			APFE	Equity	APFE	Equity		
APLnsales	-0.013*** (-7.50)	0.017*** (2.90)	-0.015*** (-10.86)	0.059 (1.33)	0.002 (0.49)	-0.070* (-1.93)	0.033*** (12.37)	-0.237** (-2.47)					-0.023*** (-10.40)	0.007*** (1.72)	-0.025*** (-8.85)	-0.067 (-0.53)			0.008 (1.24)	-0.072 (-1.53)	0.017*** (3.49)	-0.166 (-1.21)		
APDR	0.016 (1.11)	-0.008 (-0.36)	-0.063*** (-3.18)	0.195 (0.94)	-0.047 (-1.16)	-0.898*** (-2.07)	0.031 (0.77)	-1.052 (-1.46)					-0.041 (-1.50)	0.154*** (6.29)	-0.056** (-1.97)	-0.301 (-0.96)			-0.614*** (-8.31)	0.504 (0.36)	0.034 (0.54)	0.769 (0.59)		
APLnasset	0.011*** (6.54)	-0.015*** (-2.94)	0.015*** (10.92)	-0.056 (-1.29)	0.005 (1.36)	0.138*** (3.76)	-0.004*** (-9.08)	0.193** (2.57)					0.020*** (8.73)	-0.010*** (-2.87)	0.022*** (8.06)	0.060 (0.53)			0.000 (0.05)	0.083* (1.84)	-0.011** (-2.37)	0.008 (0.33)		
APOwnership	-0.001*** (-11.30)	0.001*** (2.99)	-0.000 (-1.43)	0.001 (1.32)	-0.001*** (-6.76)	-0.014*** (-3.60)	-0.003*** (-18.71)	0.020** (2.48)					0.000 (0.19)	-0.000 (-0.34)	-0.000 (-1.03)	-0.000 (-0.06)			0.001*** (3.08)	0.001 (0.24)	-0.000 (-1.29)	0.009* (1.85)		
APLev	0.431*** (69.08)	-0.513*** (-2.83)	0.394*** (57.41)	-1.471 (-1.28)	0.516*** (31.74)	3.190** (2.12)	0.285*** (21.04)	-2.184*** (-2.82)					0.416*** (44.69)	-0.021 (-0.34)	0.396*** (36.68)	1.294 (0.63)			0.680*** (24.64)	-1.501 (-1.00)	0.277*** (11.57)	-4.079*** (-2.62)		
APCCG	-0.016*** (-4.07)	0.024** (2.42)	-0.039*** (-6.30)	0.118 (0.99)	0.137*** (9.51)	0.669 (1.57)	0.171*** (13.07)	-1.188** (-2.34)					0.050*** (6.14)	-0.001 (-0.13)	-0.022** (-1.87)	-0.078 (-0.64)			0.443*** (16.57)	1.118 (1.13)	0.340*** (12.73)	-4.484** (-2.18)		
APJCG	-0.001*** (-9.23)	0.001*** (3.12)	-0.002*** (-18.15)	0.008 (1.22)	0.002*** (5.61)	0.019*** (2.89)	-0.001*** (-3.23)	0.004 (0.72)					-0.000 (-0.96)	0.001*** (6.04)	-0.002*** (-9.31)	-0.004 (-0.55)			-0.003*** (-6.59)	0.007 (0.95)	-0.002*** (-4.42)	0.020* (1.68)		

附录 A 主要回归结果的内生性检验全变量数据

续表

变量	不同产业												领军同伴公司→非领军公司											
	借贷								增发 (Twostep-probit)				借贷								增发 (Twostep-probit)			
	低跟踪量组			高跟踪量组			低跟踪量组		高跟踪量组				低跟踪量组			高跟踪量组			低跟踪量组		高跟踪量组			
	第一阶段 APFL	第二阶段 FFL		第一阶段 APFL	第二阶段 FFL		第一阶段 APFE	第二阶段 Equity	第一阶段 APFE	第二阶段 Equity			第一阶段 APFL	第二阶段 FFL		第一阶段 APFL	第二阶段 FFL		第一阶段 APFE	第二阶段 Equity	第一阶段 APFE	第二阶段 Equity		
lnIMB	0.001 (1.06)	-0.009*** (-3.42)		-0.000 (-0.3)	-0.006 (-1.58)		-0.037*** (-7.06)	-0.177 (-1.48)	-0.015*** (-6.31)	0.168*** (2.83)			0.012*** (5.21)	-0.006 (-1.58)		0.003* (1.79)	0.006 (0.36)		0.001 (0.07)	0.432*** (6.44)	-0.026*** (-5.35)	0.797*** (4.59)		
IndEBITDA	0.000 (0.20)	-0.002 (-0.36)		-0.001 (-0.91)	0.003 (0.41)		-0.052*** (-5.28)	-0.306* (-1.69)	-0.024*** (-5.36)	0.227** (2.20)			0.007*** (2.70)	-0.016*** (-3.92)		0.002 (0.95)	-0.006 (-0.36)		-0.012 (-0.90)	-0.112 (-1.07)	0.028*** (4.13)	-0.544*** (-2.64)		
IndLnsales	0.006*** (6.14)	0.030*** (8.73)		0.010*** (14.7%)	-0.002 (-0.07)		0.010** (2.24)	0.158*** (3.03)	-0.012*** (-6.30)	0.178*** (3.69)			0.000 (0.22)	0.034*** (11.16)		0.010*** (6.85)	0.065 (1.23)		-0.004 (-0.53)	0.218*** (3.91)	-0.029*** (-7.58)	0.623*** (3.37)		
IndDR	0.075*** (4.35)	-0.122** (-2.44)		0.048*** (4.09)	-0.211 (-1.39)		-0.358*** (-4.40)	-2.120 (-1.60)	0.159*** (4.26)	-0.797 (-1.00)			-0.013 (-0.39)	-0.120** (-2.50)		0.107*** (4.11)	0.257 (0.46)		-0.018 (-0.12)	2.269** (2.16)	-0.068* (-0.94)	2.708* (1.78)		
IndLnasset	-0.005*** (-3.79)	-0.024*** (-6.37)		-0.009*** (-10.22)	0.006 (0.21)		0.022*** (3.77)	0.131 (1.50)	0.019*** (6.77)	-0.151** (-2.17)			-0.005* (-1.95)	-0.033*** (-7.98)		-0.014*** (-7.10)	-0.079 (-1.08)		-0.012 (-1.12)	-0.229*** (-2.83)	0.088*** (9.03)	-0.960*** (-3.24)		
IndOwnership	0.000 (1.40)	0.000 (1.51)		0.000** (2.30)	-0.000 (-0.09)		-0.001*** (-2.72)	-0.006 (-1.61)	-0.001*** (-5.22)	0.004 (1.39)			-0.000 (-1.58)	0.001*** (5.78)		-0.000 (-0.26)	0.001** (2.56)		0.002*** (3.66)	0.001 (0.15)	-0.002*** (-7.31)	0.032*** (2.70)		
IndLev	-0.058*** (-9.24)	-0.355*** (-12.62)		-0.061*** (-20.10)	-0.119 (-0.50)		-0.076*** (-3.18)	-1.731*** (-5.11)	-0.009 (-0.83)	-1.032*** (-5.05)			-0.162*** (-14.27)	-0.220*** (-7.32)		-0.167*** (-17.69)	-0.762 (-0.88)		-0.111*** (-2.63)	-1.346*** (-3.54)	-0.010 (-0.47)	-1.276*** (-2.85)		

续表

变量	不同产业												领军同伴公司→非领军公司											
	借贷				增发(Twostep-probit)								借贷				增发(Twostep-probit)							
	低跟踪量组		高跟踪量组		低跟踪量组				高跟踪量组				低跟踪量组		高跟踪量组		低跟踪量组				高跟踪量组			
	第一阶段 APFL	第二阶段 FFL	第一阶段 APFL	第二阶段 FFL	第一阶段 APFE	第二阶段 Equity	第一阶段 APFE	第二阶段 Equity	第一阶段 APFL	第二阶段 FFL	第一阶段 APFL	第二阶段 FFL	第一阶段 APFE	第二阶段 Equity	第一阶段 APFE	第二阶段 Equity
IndGCG	-0.046*** (-6.75)	0.048** (2.06)	-0.068*** (-15.56)	0.249 (1.24)	-0.041 (-1.44)	-0.413 (-1.33)	-0.081*** (-6.16)	0.400 (1.24)	-0.065*** (-5.73)	0.024 (1.41)	-0.057*** (-7.09)	-0.166 (-0.56)	0.028 (0.66)	-0.368 (-1.17)	0.011 (0.53)	-0.390 (-0.88)
IndJCG	-0.000** (-2.05)	0.000 (1.43)	-0.001*** (-8.52)	0.003 (1.37)	-0.002*** (-3.00)	-0.007 (-0.91)	-0.001*** (-5.15)	0.013** (2.35)	-0.000* (-1.92)	0.001*** (2.80)	-0.001*** (-3.88)	-0.001 (-0.37)	0.005*** (5.21)	-0.009 (-0.66)	0.000 (0.15)	0.003 (0.23)
MB	-0.000 (-0.53)	0.012*** (9.43)	-0.001 (-1.26)	0.014*** (5.96)	-0.007** (-3.03)	-0.076** (-2.37)	0.001 (1.30)	-0.045** (-2.26)	-0.005** (-2.04)	0.023*** (4.28)	-0.001 (-0.59)	0.021** (2.19)	0.026*** (3.06)	-0.296*** (-3.53)	-0.007 (-1.61)	-0.160 (-1.64)
EBITDA	-0.022*** (-4.39)	0.075*** (5.18)	-0.003 (-0.87)	0.055*** (3.35)	-0.170** (-7.07)	1.495*** (2.68)	-0.040*** (-3.58)	2.975*** (13.25)	-0.031*** (-3.43)	-0.002 (-0.12)	0.020*** (3.19)	0.049 (0.47)	-0.208*** (-5.45)	3.750*** (7.17)	-0.030*** (-1.54)	3.866*** (9.06)
Lnsales	0.001 (1.44)	-0.041*** (-30.04)	-0.001*** (-2.99)	-0.036*** (-9.37)	-0.002 (-0.87)	-0.112*** (-4.33)	0.006*** (4.83)	-0.145*** (-5.85)	0.002** (2.12)	-0.025*** (-12.08)	0.000 (0.45)	-0.024*** (-5.70)	0.002 (0.36)	-0.224*** (-6.51)	0.003 (1.33)	-0.288*** (-5.57)
DR	0.006*** (1.32)	0.013 (1.25)	-0.016*** (-5.16)	0.082 (1.63)	0.040* (1.78)	0.090 (0.36)	-0.002 (-0.20)	-0.156 (-0.85)	-0.008 (-1.00)	0.082*** (7.67)	-0.016*** (-2.92)	0.026 (0.30)	-0.038 (-1.05)	0.225 (0.87)	-0.015 (-0.83)	0.374 (1.00)
Lnasset	-0.003*** (-4.91)	0.032*** (16.49)	-0.000 (-1.08)	0.030*** (12.39)	0.007** (2.35)	-0.037 (-1.07)	-0.003** (-2.24)	-0.051** (-2.06)	-0.002 (-1.62)	0.027*** (13.21)	-0.000 (-0.48)	0.024*** (5.88)	0.021*** (4.38)	-0.062 (-1.08)	-0.001 (-0.39)	-0.007 (-0.14)

续表

附录A 主要回归结果的内生性检验全变量数据

变量	不同产业													领军同伴公司→非领军公司												
	借贷								增发 (Twostep-probit)				借贷								增发 (Twostep-probit)			
	低跟踪量组				高跟踪量组				低跟踪量组				高跟踪量组				低跟踪量组				高跟踪量组				低跟踪量组				高跟踪量组			
	第一阶段	第二阶段	第一阶段	第二阶段	第一阶段	第二阶段	第一阶段	第二阶段	第一阶段	第二阶段	第一阶段	第二阶段
	APFL	FFL	APFL	FFL	APFE	Equity	APFE	Equity	APFL	FFL	APFL	FFL	APFE	Equity	APFE	Equity
Ownership	0.000** (2.38)	-0.000*** (-7.43)	-0.000 (-0.55)	-0.000*** (-3.97)	-0.000 (-1.20)	-0.002** (-2.10)	0.000 (0.29)	-0.001** (-2.10)	0.000** (4.11)	-0.000*** (-5.75)	-0.000** (-2.44)	-0.000 (-1.56)	-0.001*** (-3.44)	-0.001 (-0.71)	-0.000 (-1.30)	-0.000 (-0.28)
Lev	0.000 (0.10)	0.450*** (99.88)	0.004*** (3.40)	0.435*** (31.00)	-0.015* (-1.69)	2.090*** (21.06)	-0.012*** (-3.00)	2.281*** (29.17)	0.023*** (7.13)	0.436*** (64.28)	0.005*** (2.39)	0.452*** (15.57)	-0.067*** (-4.88)	2.269*** (13.06)	-0.018*** (-2.62)	2.475*** (14.42)
CCG	-0.003* (-1.85)	0.002 (0.72)	-0.002** (-2.30)	0.008 (0.94)	0.020*** (2.65)	0.733*** (7.62)	0.008*** (2.38)	0.547*** (8.50)	0.002 (1.03)	0.003 (1.08)	-0.002 (-1.51)	-0.007 (-0.48)	0.043*** (4.17)	0.367*** (3.04)	0.006 (1.08)	0.355*** (3.19)
JCG	-0.000 (-1.36)	-0.000*** (-3.11)	-0.000 (-0.44)	-0.000** (-2.50)	0.000 (0.98)	0.001 (0.56)	0.000 (0.12)	0.000 (0.17)	0.000*** (2.48)	0.000*** (2.82)	0.000* (1.67)	0.001 (1.20)	0.001*** (2.65)	0.007** (2.12)	0.000 (0.44)	0.007** (2.05)
Constant	0.023 (1.22)	0.068 (1.62)	0.058*** (3.19)	0.010 (0.13)	-0.581*** (-6.79)	-4.019** (-2.06)	-0.226*** (-5.74)	1.195 (1.34)	0.128*** (3.25)	-0.082 (-1.39)	0.088*** (3.11)	0.237 (0.51)	-0.181 (-1.13)	3.285*** (2.72)	-0.424*** (-5.24)	9.504*** (3.38)
Year	控制															
Observations	28997	28997	28997	28997	28997	28997	28997	28997	13012	13012	13012	13012	13012	13012	13012	13012

注：*** p<0.01，** p<0.05，* p<0.1

资料来源：作者整理。

表 A-10 不同规模券商所属分析师跟踪网络下融资同群工具变量回归（全变量）

变量	不同产业								领军同伴公司-非领军公司							
	借贷				增发（Twostep-probit）				借贷				增发（Twostep-probit）			
	小规模券商组		大规模券商组		小规模券商组		大规模券商组		小规模券商组		大规模券商组		小规模券商组		大规模券商组	
	第一阶段	第二阶段	第一阶段	第二阶段	第一阶段	第二阶段	第一阶段	第二阶段	第一阶段	第二阶段	第一阶段	第二阶段	第一阶段	第二阶段	第一阶段	第二阶段
	APFL	FFL	APFL	FFL	APFE	Equity	APFE	Equity	APFL	FFL	APFL	FFL	APFE	Equity	APFE	Equity
APFL	-0.005*** (-3.52)		-0.003* (-1.82)		-0.020*** (-5.39)		-0.088*** (-10.95)		0.004** (2.21)		0.006*** (3.60)		-0.029*** (-5.52)		-0.004 (-0.78)	
APFL		0.797 (1.23)		-0.040 (-0.11)						-0.154 (-0.39)						
APFE						10.029*** (3.03)		2.515*** (2.56)						9.137*** (3.15)		-67.416 (-0.77)
IndFFL	0.109*** (24.02)	0.857*** (11.80)	0.130*** (25.45)	0.945*** (19.29)					0.348*** (32.07)	0.483* (1.80)	0.271*** (21.32)	0.575*** (5.36)				
IndEquity					0.043*** (5.91)		0.020** (1.96)						0.161*** (13.16)		0.156*** (9.16)	
APMB	0.013** (8.44)	-0.022** (-2.50)	0.007*** (5.27)	-0.013*** (-4.33)	-0.059*** (-19.82)	2.879*** (15.10)	-0.063*** (-20.16)	3.201*** (28.77)	0.023*** (11.92)	-0.002 (-0.11)	0.022*** (11.07)	-0.007 (-0.77)	-0.088*** (-13.98)	1.624*** (3.26)	-0.094*** (-18.53)	13.574 (0.99)
APEBITDA	0.064*** (4.13)	-0.089* (-1.77)	0.122*** (7.87)	-0.098 (-0.94)	-0.329*** (-8.89)	3.492*** (2.63)	0.347*** (7.84)	-1.500* (-2.56)	0.178*** (6.86)	-0.015 (-0.10)	0.153*** (5.74)	0.059 (0.81)	-0.114* (-1.84)	3.645*** (3.32)	0.257*** (3.63)	17.500 (0.74)

附加项（增发第二阶段 Equity 列部分）：0.510*** (2.43)；0.150** (2.12)

附录 A 主要回归结果的内生性检验全变量数据

续表

变量	不同产业												领军同样公司→非领军公司											
	借贷				增发 (Twostep-probit)								借贷				增发 (Twostep-probit)							
	小规模券商组		大规模券商组		小规模券商组			大规模券商组			小规模券商组		大规模券商组		小规模券商组			大规模券商组						
	第一阶段	第二阶段	第一阶段	第二阶段	第一阶段	第二阶段		第一阶段	第二阶段		第一阶段	第二阶段	第一阶段	第二阶段	第一阶段	第二阶段		第一阶段	第二阶段					
	APFL	FFL	APFL	FFL	APFE	Equity		APFE	Equity		APFL	FFL	APFL	FFL	APFE	Equity		APFE	Equity					
APLnsales	-0.014*** (-10.33)	0.004 (1.41)	-0.016*** (-11.16)	-0.001 (-0.12)	0.034*** (12.16)	-0.304** (-2.36)		-0.007** (-2.35)	-0.029 (-0.85)		-0.030*** (-11.86)	0.022 (0.97)	-0.026*** (-11.14)	-0.001 (-0.13)	0.019*** (3.84)	-0.223** (-2.36)		-0.026*** (-4.44)	-1.730 (-0.75)					
APDR	-0.037* (-1.90)	0.006 (0.15)	-0.007 (-0.42)	-0.048** (-2.03)	0.118*** (2.93)	-1.319 (-1.62)		0.336*** (7.66)	-2.345*** (-4.03)		-0.028 (-0.94)	0.012 (0.26)	-0.081*** (-2.89)	-0.005 (-0.11)	-0.168*** (-2.72)	3.228*** (2.94)		-0.271*** (-3.70)	-19.499 (-0.79)					
APLnasset	0.013*** (9.73)	-0.013 (-1.44)	0.014*** (10.34)	0.002 (0.32)	0.026*** (-9.53)	0.229** (2.35)		0.008** (2.48)	0.070** (2.06)		0.027*** (11.01)	-0.023 (-1.10)	0.023*** (10.57)	-0.000 (-0.04)	-0.009* (-1.85)	0.079 (1.00)		0.029*** (5.04)	1.915 (0.77)					
APOwnership	-0.000*** (-1.02)	0.000*** (2.72)	-0.000*** (-4.50)	0.000* (1.70)	-0.002*** (-12.57)	0.019** (2.63)		-0.003*** (-16.10)	0.003 (0.82)		-0.000*** (-2.08)	0.000 (1.31)	-0.000*** (-2.43)	0.000*** (2.89)	-0.001*** (-4.63)	0.016*** (3.24)		0.001*** (6.19)	0.099 (0.76)					
APLev	0.391*** (58.12)	-0.296 (-1.17)	0.412*** (72.05)	0.012 (0.08)	0.262*** (18.91)	-2.778*** (-2.99)		0.374*** (25.69)	-1.268*** (-3.19)		0.394*** (34.56)	-0.041 (-0.13)	0.414*** (40.37)	0.088 (0.53)	0.275*** (11.61)	-2.257*** (-2.77)		0.522*** (19.69)	34.933 (0.76)					
APCCG	-0.032*** (-5.26)	0.020 (0.85)	-0.042*** (-8.36)	-0.020 (-1.15)	0.146*** (10.76)	-1.587*** (-2.76)		0.128*** (9.22)	-0.435** (-2.21)		0.026** (2.26)	0.025 (0.99)	0.019 (1.60)	-0.043*** (-2.93)	0.365*** (14.10)	-3.265*** (-2.83)		0.512*** (16.11)	35.452 (0.80)					
APICG	-0.002*** (-16.50)	0.001 (1.02)	-0.001*** (-11.93)	0.001 (1.13)	-0.000 (-0.63)	-0.007 (-1.42)		0.001*** (3.89)	-0.002 (-0.61)		-0.002*** (-10.51)	0.001 (0.50)	-0.000*** (-2.04)	0.001*** (4.25)	-0.002*** (-6.52)	0.021** (2.28)		-0.004*** (-7.67)	-0.240 (-0.76)					

239

续表

变量	不同产业								领军同伴公司→非领军公司							
	借贷				增发 (Twostep-probit)				借贷				增发 (Twostep-probit)			
	小规模券商组		大规模券商组		小规模券商组		大规模券商组		小规模券商组		大规模券商组		小规模券商组		大规模券商组	
	第一阶段	第二阶段	第一阶段	第二阶段	第一阶段	第二阶段	第一阶段	第二阶段	第一阶段	第二阶段	第一阶段	第二阶段	第一阶段	第二阶段	第一阶段	第二阶段
	APFL	FFL	APFL	FFL	APFE	Equity	APFE	Equity	APFL	FFL	APFL	FFL	APFE	Equity	APFE	Equity
IndMB	0.001* (1.83)	-0.008*** (-3.44)	-0.003*** (-3.64)	-0.007*** (-2.67)	-0.010*** (-3.91)	0.159** (2.65)	-0.020*** (-5.20)	0.115** (2.45)	-0.000 (-0.16)	-0.005 (-1.39)	0.012*** (6.82)	-0.001 (-0.25)	-0.018*** (-3.44)	0.594*** (6.36)	-0.019*** (-2.71)	-0.884 (-0.51)
IndEBITDA	0.000 (0.23)	-0.002 (-0.59)	-0.010*** (-5.08)	-0.001 (-0.22)	-0.023*** (-4.69)	0.286** (2.34)	-0.002 (-0.34)	0.029 (0.38)	0.003 (1.04)	-0.014*** (-3.12)	-0.001 (-0.56)	-0.015*** (-3.68)	0.034*** (4.75)	-0.426*** (-2.85)	0.020** (2.04)	1.224 (0.65)
IndLnsales	0.010*** (14.21)	0.029*** (4.34)	0.007*** (8.48)	0.057*** (10.84)	-0.014*** (-6.49)	0.224*** (3.54)	-0.001 (-0.20)	0.101*** (3.04)	0.010*** (6.88)	0.090*** (3.52)	0.007*** (4.09)	0.035*** (8.65)	-0.022*** (-5.50)	0.396*** (4.29)	-0.018*** (-3.25)	-1.003 (-0.62)
IndDR	0.067*** (5.29)	-0.080 (-1.45)	-0.011 (-0.83)	-0.045 (-1.39)	0.262*** (6.38)	-2.209* (-1.87)	-0.213*** (-3.66)	1.135** (1.67)	0.107*** (4.11)	-0.126 (-1.36)	-0.002 (-0.07)	-0.113** (-2.32)	0.109 (1.42)	0.967 (0.76)	-0.335*** (-3.11)	-20.432 (-0.67)
IndLnasset	-0.008*** (-8.79)	-0.023*** (-3.99)	-0.008*** (-8.01)	-0.029*** (-6.83)	0.022*** (7.38)	-0.230*** (-2.44)	0.007 (1.58)	-0.047 (-0.98)	-0.012*** (-6.02)	-0.030*** (-2.87)	-0.013*** (-5.76)	-0.036*** (-5.52)	0.031*** (5.48)	-0.528*** (-4.15)	0.068*** (7.35)	3.642 (0.72)
IndOwnership	0.000 (0.72)	0.000** (2.38)	0.000*** (6.48)	0.000** (2.05)	-0.001*** (-7.72)	0.010** (2.11)	0.001*** (2.92)	-0.003 (-1.19)	-0.000 (-0.49)	0.001*** (5.92)	0.000* (1.78)	0.001*** (5.27)	-0.002*** (-9.15)	0.026*** (3.11)	-0.001*** (-2.62)	-0.062 (-0.70)
IndLev	-0.076*** (-18.46)	-0.366*** (-7.24)	-0.076*** (-15.54)	-0.426*** (-14.15)	-0.024** (-1.98)	-0.850*** (-3.64)	-0.023 (-1.30)	-1.180*** (-6.13)	-0.157*** (-16.35)	-0.202** (-1.65)	-0.181*** (-18.43)	-0.264*** (-3.53)	-0.005 (-0.22)	-1.371*** (-3.78)	-0.097*** (-3.03)	-8.116 (-0.92)

续表

附录A　主要回归结果的内生性检验全变量数据

变量	不同产业								领军同样公司→非领军公司							
	借贷				增发（Twostep-probit）				借贷				增发（Twostep-probit）			
	小规模券商组		大规模券商组		小规模券商组		大规模券商组		小规模券商组		大规模券商组		小规模券商组		大规模券商组	
	第一阶段 APFL	第二阶段 FFL	第一阶段 APFL	第二阶段 FFL	第一阶段 APFE	第二阶段 Equity	第一阶段 APFE	第二阶段 Equity	第一阶段 APFL	第二阶段 FFL	第一阶段 APFL	第二阶段 FFL	第一阶段 APFE	第二阶段 Equity	第一阶段 APFE	第二阶段 Equity
IndGCG	-0.060*** (-12.94)	0.041 (1.01)	-0.068*** (-13.22)	-0.005 (-0.18)	-0.056*** (-3.86)	0.357 (1.09)	-0.042** (-2.03)	-0.107 (-0.47)	-0.061*** (-7.30)	0.028 (0.57)	-0.071*** (-7.64)	0.009 (0.28)	-0.024 (-1.07)	-0.005 (-0.01)	0.169*** (5.36)	11.135 (0.74)
IndJCG	-0.000*** (-5.54)	0.000 (1.27)	-0.001*** (-6.13)	0.000 (0.58)	-0.001*** (-2.56)	0.011** (1.97)	-0.003*** (-6.93)	0.011** (2.15)	-0.001*** (-3.27)	0.001* (1.76)	-0.001*** (-2.94)	0.001 (1.62)	0.001** (2.31)	-0.009 (-0.93)	-0.001 (-0.72)	-0.032 (-0.45)
MB	-0.001 (-1.44)	0.012*** (10.43)	-0.000 (-0.57)	0.012*** (11.21)	-0.000 (-0.26)	-0.028 (-1.31)	-0.001 (-0.78)	-0.006* (-1.94)	-0.001 (-0.77)	0.024*** (4.21)	-0.004* (-1.80)	0.024*** (4.19)	-0.002 (-0.34)	-0.239*** (-3.26)	-0.006 (-1.01)	-0.688 (-0.98)
EBITDA	-0.003 (-0.91)	0.047*** (4.95)	-0.013*** (-3.36)	0.040*** (3.98)	-0.046*** (-3.73)	3.133*** (11.64)	-0.076*** (-4.40)	2.933*** (14.37)	0.026*** (4.13)	-0.013 (-0.54)	-0.000 (-0.00)	-0.011 (-0.87)	0.006 (0.27)	3.304*** (10.26)	-0.099*** (-3.49)	-3.201 (-0.36)
Lnsales	-0.001* (-1.79)	-0.040*** (-29.31)	-0.001*** (-3.39)	-0.040*** (-28.63)	0.007*** (5.91)	-0.181*** (-5.28)	-0.003 (-1.59)	-0.094*** (-4.92)	0.000 (0.08)	-0.025*** (-12.04)	-0.000 (-1.21)	-0.025*** (-11.50)	-0.002 (-0.16)	-0.230*** (-5.80)	-0.000 (-0.01)	-0.234 (-0.97)
DR	0.034** (2.43)	-0.007* (-1.91)	-0.007* (-1.91)	0.021** (2.45)	-0.002 (-0.21)	-0.152 (-0.76)	-0.017 (-1.05)	-0.108 (-0.62)	-0.025*** (-4.16)	0.083*** (3.80)	-0.023*** (-3.36)	0.078*** (5.79)	-0.013 (-0.70)	0.244 (0.81)	-0.049* (-1.82)	-3.060 (-0.67)
Lnasset	-0.001*** (-2.86)	0.030*** (18.03)	-0.000 (-0.34)	0.028*** (20.32)	-0.004*** (-2.73)	-0.033 (-1.12)	0.002 (1.07)	-0.079*** (-3.53)	-0.000 (-0.17)	0.026*** (12.73)	0.001 (0.80)	0.026*** (12.41)	0.002 (0.60)	-0.039 (-0.94)	0.008*** (2.21)	0.510 (0.69)

续表

变量	不同产业												领军同伴公司→非领军公司											
	借贷				增发 (Twostep-probit)								借贷				增发 (Twostep-probit)							
	小规模券商组		大规模券商组		小规模券商组		大规模券商组						小规模券商组		大规模券商组		小规模券商组		大规模券商组						
	第一阶段	第二阶段	第一阶段	第二阶段	第一阶段	第二阶段	第一阶段	第二阶段					第一阶段	第二阶段	第一阶段	第二阶段	第一阶段	第二阶段	第一阶段	第二阶段					
	APL	FFL	APL	FFL	APFE	Equity	APFE	Equity					APL	FFL	APL	FFL	APFE	Equity	APFE	Equity					
Ownership	-0.000 (-0.37)	-0.000*** (-7.54)	0.000 (1.25)	-0.000*** (-7.56)	0.000 (0.87)	-0.002** (-2.30)	0.000 (0.31)	-0.001** (-2.11)					-0.000* (-1.89)	-0.000*** (-5.04)	0.000 (1.34)	-0.000*** (-5.74)	-0.008 (-1.06)	-0.002 (-1.54)	-0.000*** (-2.91)	-0.024 (-0.82)					
Lev	0.006*** (4.67)	0.446*** (77.24)	0.000 (0.26)	0.451*** (111.65)	-0.014*** (-3.14)	2.342*** (25.13)	-0.003 (-0.47)	2.191*** (32.06)					0.006** (2.36)	0.435*** (59.14)	0.008*** (2.77)	0.438*** (67.39)	0.013** (2.39)	2.260*** (19.63)	-0.047*** (-4.61)	-1.023 (-0.24)					
GCG	-0.002 (-1.62)	0.000 (0.11)	-0.006** (-4.61)	-0.001 (-0.40)	0.008* (1.95)	0.530*** (7.40)	0.015** (2.71)	0.579*** (9.73)					-0.002 (-1.07)	0.002 (0.59)	-0.004** (-2.09)	0.003 (0.80)	-0.000 (-1.58)	0.316*** (3.31)	-0.004 (-0.48)	0.165 (0.27)					
JCG	-0.000*** (-0.37)	-0.000*** (-4.36)	-0.000 (-0.22)	-0.000*** (-4.88)	0.000 (0.48)	-0.000 (-0.09)	-0.000 (-1.16)	0.001 (0.54)					0.000 (1.23)	0.000*** (2.71)	0.000*** (2.69)	0.000*** (2.74)	0.010*** (3.47)	0.010*** (3.47)	0.001*** (3.47)	0.068 (0.85)					
Constant	0.022** (1.76)	0.082** (2.31)	0.104*** (6.91)	0.084** (1.74)	-0.329*** (-7.60)	2.734** (2.11)	-0.035 (-0.57)	-0.001 (-0.00)					0.053* (1.77)	-0.056 (-0.79)	0.200*** (6.00)	-0.022 (-0.23)	-0.241*** (-2.80)	5.409*** (3.65)	-0.891*** (-7.46)	-56.990 (-0.72)					
Year	控制																								
Observations	28997	28997	28997	28997	28997	28997	28997	28997					13012	13012	13012	13012	13012	13012	13012	13012					

注：*** $p<0.01$，** $p<0.05$，* $p<0.1$
资料来源：作者整理。

附录 A 主要回归结果的内生性检验全变量数据

表 A-11 融资同群回归结果（滞后变量，全变量）

变量	总样本		不同产业同伴公司		领军同伴公司→非领军公司	
	(1)	(2)	(3)	(4)	(5)	(6)
	FFL	Equity	FFL	Equity	FFL	Equity
APFL	0.004 (0.56)		0.003 (0.41)		0.002 (0.51)	
APFE		1.701*** (3.32)		0.865** (2.21)		0.829** (2.02)
IndFFL	0.933*** (23.81)		0.943*** (24.07)		0.522*** (9.69)	
IndEquity		5.532*** (12.33)		5.572*** (12.38)		5.824*** (9.99)
APMB	-0.008 (-1.15)	-0.194 (-0.90)	-0.010* (-1.73)	-0.168 (-0.87)	-0.003 (-0.49)	-0.149 (-0.72)
APEBITDA	-0.018 (-0.23)	0.104 (0.04)	-0.044 (-0.77)	0.943 (0.44)	-0.013 (-0.22)	0.484 (0.19)
APLnsales	-0.004 (-0.53)	0.035 (0.19)	0.003 (0.50)	-0.012 (-0.07)	0.010 (1.59)	0.135 (0.63)
APDR	-0.110 (-1.21)	1.233 (0.41)	-0.065 (-0.98)	-0.059 (-0.03)	-0.078 (-1.12)	2.135 (0.77)
APLnasset	-0.003 (-0.39)	0.061 (0.27)	-0.012* (1.83)	0.149 (0.70)	-0.015** (-2.20)	0.120 (0.53)
APOwnership	0.001* (1.68)	0.008 (0.69)	0.001*** (2.61)	-0.004 (-0.45)	0.001** (2.25)	0.015 (1.62)
APLev	-0.021 (-0.66)	-0.401 (-0.42)	0.037 (1.58)	-0.156 (-0.23)	-0.000 (-0.01)	-0.008 (-0.01)
APGCG	-0.047* (-1.65)	0.918 (1.05)	-0.038* (-1.84)	0.567 (0.85)	-0.004 (-0.12)	1.670 (1.47)

续表

变量	总样本		不同产业同伴公司		领军同伴公司→非领军公司	
	(1)	(2)	(3)	(4)	(5)	(6)
	FFL	Equity	FFL	Equity	FFL	Equity
APJCG	-0.001 (-0.92)	-0.007 (-0.35)	-0.000 (-0.22)	-0.010 (-0.66)	0.001** (2.24)	-0.019 (-1.10)
IndMB	-0.004 (-0.59)	0.160 (0.76)	-0.007 (-1.15)	0.114 (0.57)	-0.004 (-0.46)	0.538** (2.04)
IndEBITDA	-0.003 (-0.47)	0.086 (0.30)	-0.002 (-0.27)	0.084 (0.30)	-0.014* (-1.95)	-0.335 (-0.84)
IndLnsales	0.036*** (6.22)	0.140 (0.97)	0.037*** (6.51)	0.169 (1.25)	0.032*** (4.34)	0.247 (1.23)
IndDR	0.004 (0.05)	0.815 (0.31)	-0.036 (-0.39)	1.228 (0.47)	-0.102 (-0.88)	2.857 (0.82)
IndLnasset	-0.028*** (-3.80)	-0.077 (-0.39)	-0.029*** (-4.04)	-0.066 (-0.35)	-0.032*** (-3.27)	-0.320 (-1.22)
IndOwnership	0.000 (0.35)	-0.001 (-0.10)	0.000 (0.86)	-0.002 (-0.18)	0.001** (2.16)	0.005 (0.41)
IndLev	-0.409*** (-13.89)	-1.627** (-1.96)	-0.427*** (-15.01)	-1.850** (-2.28)	-0.221*** (-5.26)	-1.999* (-1.84)
IndGCG	0.002 (0.06)	-0.611 (-0.69)	-0.004 (-0.14)	-0.425 (-0.50)	0.024 (0.54)	-1.003 (-0.92)
IndJCG	0.000 (0.36)	0.004 (0.22)	0.000 (0.17)	0.007 (0.41)	0.001 (0.94)	-0.002 (-0.08)
MB	0.013*** (3.94)	-0.034 (-0.42)	0.012*** (3.74)	-0.048 (-0.59)	0.024** (2.47)	-0.564** (-2.10)
EBITDA	0.049* (1.83)	4.978*** (5.82)	0.045* (1.70)	4.899*** (5.78)	-0.013 (-0.41)	5.874*** (4.98)

附录 A 主要回归结果的内生性检验全变量数据

续表

变量	总样本		不同产业同伴公司		领军同伴公司→非领军公司	
	（1）	（2）	（3）	（4）	（5）	（6）
	FFL	Equity	FFL	Equity	FFL	Equity
Lnsales	-0.040***	-0.178**	-0.040***	-0.177**	-0.025***	-0.398***
	(-11.24)	(-2.34)	(-11.31)	(-2.35)	(-5.01)	(-3.02)
DR	0.020	-0.273	0.022	-0.265	0.080***	0.355
	(0.72)	(-0.37)	(0.78)	(-0.36)	(2.60)	(0.34)
Lnasset	0.029***	-0.125	0.029***	-0.128	0.026***	-0.020
	(7.02)	(-1.36)	(7.07)	(-1.40)	(4.85)	(-0.16)
Ownership	-0.000**	-0.002	-0.000**	-0.002	-0.000**	-0.004
	(-2.20)	(-0.67)	(-2.33)	(-0.74)	(-2.25)	(-0.99)
Lev	0.451***	3.831***	0.451***	3.838***	0.435***	3.811***
	(38.46)	(12.40)	(38.49)	(12.43)	(28.40)	(9.60)
GCG	-0.001	1.121***	-0.001	1.123***	0.001	0.856***
	(-0.16)	(4.33)	(-0.13)	(4.33)	(0.16)	(2.66)
JCG	-0.000	0.000	-0.000	0.000	0.000	0.013
	(-1.34)	(0.05)	(-1.35)	(0.06)	(1.06)	(1.35)
Constant	0.235*	-2.045	0.282**	-3.009	0.051	-1.891
	(1.90)	(-0.55)	(2.28)	(-0.78)	(0.29)	(-0.48)
Year	控制					
Observations	28979	28979	28970	28970	13005	13005

注：*** $p<0.01$，** $p<0.05$，* $p<0.1$，表 A-11 至表 A-14 对应第 7 章内容。
资料来源：作者整理。

表 A-12　　　绩效主回归（滞后变量，全变量）

变量	(1) ROA	(2) ROA	(3) SGR	(4) SGR	(5) TQ	(6) TQ
APFL	-0.009*** (-4.94)		-0.004 (-1.07)		-0.237*** (-2.65)	
APFE		0.028*** (3.50)		0.052*** (4.08)		1.502*** (4.24)
IndMB	0.003** (2.54)	0.002 (0.53)	0.008*** (3.49)	0.004 (0.75)	0.143** (2.43)	0.395*** (2.91)
IndEBITDA	-0.006*** (-3.26)	-0.004 (-1.02)	-0.007** (-2.11)	-0.004 (-0.61)	-0.328*** (-3.68)	-0.362* (-1.87)
IndLnsales	0.001 (0.45)	0.004 (1.00)	-0.009** (-2.49)	0.006 (0.94)	-0.708*** (-7.72)	-0.137 (-0.74)
IndGrowth	0.001*** (4.38)	0.001 (1.15)	0.001*** (3.02)	0.002** (2.56)	-0.005 (-0.40)	0.043* (1.91)
IndDR	-0.051** (-2.46)	-0.031 (-0.66)	0.006 (0.17)	0.141* (1.89)	1.852** (2.08)	-0.256 (-0.14)
IndLnasset	-0.005** (-2.19)	-0.015*** (-3.11)	-0.001 (-0.21)	-0.025*** (-3.23)	0.982*** (9.63)	0.210 (1.00)
IndOwnership	-0.000 (-0.89)	0.000 (0.49)	-0.000 (-1.55)	0.000 (1.12)	-0.022*** (-6.96)	-0.016** (-2.38)
IndLev	0.009* (1.67)	0.032** (2.49)	0.057*** (5.88)	0.088*** (4.36)	-4.425*** (-17.24)	-4.138*** (-7.50)
IndGCG	0.029*** (4.80)	0.000 (0.03)	0.031*** (2.95)	0.004 (0.16)	1.687*** (5.97)	2.339*** (3.89)
IndJCG	0.001*** (7.71)	0.001*** (3.07)	0.001*** (5.75)	0.002*** (3.96)	0.029*** (4.89)	0.036*** (2.82)
IndZZL	-0.018*** (-6.37)	-0.024*** (-4.36)	-0.019*** (-3.96)	-0.037*** (-4.13)	0.828*** (6.58)	0.209 (0.83)
MB	-0.009*** (-16.86)	-0.007*** (-5.87)	-0.019*** (-19.57)	-0.014*** (-7.05)	-0.147*** (-5.88)	-0.040 (-0.75)

附录 A　主要回归结果的内生性检验全变量数据

续表

变量	(1) ROA	(2) ROA	(3) SGR	(4) SGR	(5) TQ	(6) TQ
EBITDA	0.411*** (71.37)	0.390*** (29.07)	0.459*** (45.77)	0.373*** (17.38)	4.384*** (17.51)	1.680*** (2.94)
Lnsales	-0.002** (-2.03)	-0.005** (-2.23)	-0.003* (-1.73)	-0.007* (-1.81)	-0.616*** (-12.15)	-0.770*** (-7.18)
Growth	0.003*** (5.43)	0.003** (2.34)	0.011*** (10.43)	0.007*** (3.74)	0.238*** (9.33)	0.323*** (6.49)
DR	-0.022*** (-4.26)	-0.008 (-0.74)	-0.027*** (-2.92)	-0.013 (-0.72)	1.651*** (7.07)	2.557*** (5.34)
Lnasset	0.006*** (5.36)	0.008*** (3.42)	0.010*** (5.00)	0.015*** (3.83)	-0.061 (-1.18)	0.168 (1.53)
Ownership	0.000*** (9.53)	0.000*** (3.49)	0.000 (1.59)	0.000 (0.28)	0.008*** (9.03)	0.003 (1.52)
Lev	-0.059*** (-28.96)	-0.044*** (-9.83)	0.045*** (12.72)	0.029*** (4.07)	-2.209*** (-23.81)	-3.426*** (-17.47)
GCG	0.028*** (16.43)	0.025*** (6.90)	0.033*** (11.06)	0.026*** (4.35)	0.775*** (9.82)	0.934*** (5.77)
JCG	0.000*** (5.14)	0.000 (1.50)	0.000*** (8.16)	0.000 (1.27)	0.001 (0.92)	-0.002 (-0.47)
ZZL	0.018*** (11.57)	0.020*** (5.88)	0.025*** (9.16)	0.027*** (5.08)	0.598*** (8.29)	0.699*** (4.60)
Constant	0.062*** (2.89)	0.204*** (4.05)	0.056 (1.48)	0.154* (1.91)	10.327*** (11.13)	14.548*** (7.13)
Year	控制					
Observations	17259	3616	17259	3616	20368	3923

注：*** $p<0.01$，** $p<0.05$，* $p<0.1$。
资料来源：作者整理。

表 A-13　　不同产业同伴公司样本回归结果
（滞后变量，全变量）

变量	(1) ROA	(2) ROA	(3) SGR	(4) SGR	(5) TQ	(6) TQ
APFL	-0.012*** (-6.09)		-0.011*** (-3.30)		-0.353*** (-3.91)	
APFE		0.018*** (2.75)		0.031*** (2.95)		1.237*** (4.35)
IndMB	0.003** (2.41)	0.002 (0.51)	0.008*** (3.48)	0.004 (0.71)	0.143** (2.43)	0.398*** (2.93)
IndEBITDA	-0.007*** (-3.77)	-0.005 (-1.15)	-0.007** (-2.35)	-0.005 (-0.76)	-0.357*** (-4.00)	-0.384** (-1.99)
IndLnsales	0.002 (0.80)	0.004 (0.92)	-0.008** (-2.35)	0.005 (0.82)	-0.689*** (-7.51)	-0.135 (-0.73)
IndGrowth	0.001*** (3.73)	0.001 (1.09)	0.001*** (2.82)	0.002** (2.48)	-0.009 (-0.81)	0.045** (1.99)
IndDR	-0.055*** (-2.64)	-0.021 (-0.45)	0.000 (0.01)	0.160** (2.15)	1.728* (1.94)	0.203 (0.11)
IndLnasset	-0.005** (-2.39)	-0.014*** (-3.01)	-0.001 (-0.27)	-0.024*** (-3.09)	0.971*** (9.52)	0.224 (1.07)
IndOwnership	-0.000 (-0.99)	0.000 (0.32)	-0.000 (-1.60)	0.000 (0.92)	-0.022*** (-7.03)	-0.017** (-2.53)
IndLev	0.008 (1.44)	0.030** (2.38)	0.056*** (5.77)	0.086*** (4.23)	-4.468*** (-17.42)	-4.235*** (-7.68)
IndGCG	0.029*** (4.79)	-0.000 (-0.03)	0.031*** (2.95)	0.002 (0.10)	1.696*** (6.00)	2.369*** (3.95)
IndJCG	0.001*** (7.48)	0.001*** (3.27)	0.001*** (5.63)	0.002*** (4.17)	0.028*** (4.81)	0.040*** (3.14)
IndZZL	-0.018*** (-6.52)	-0.024*** (-4.28)	-0.020*** (-4.07)	-0.036*** (-4.01)	0.811*** (6.44)	0.222 (0.89)

附录 A　主要回归结果的内生性检验全变量数据

续表

变量	(1) ROA	(2) ROA	(3) SGR	(4) SGR	(5) TQ	(6) TQ
MB	-0.009*** (-16.96)	-0.007*** (-5.92)	-0.019*** (-19.54)	-0.014*** (-7.13)	-0.147*** (-5.90)	-0.038 (-0.71)
EBITDA	0.412*** (71.48)	0.391*** (29.08)	0.459*** (45.79)	0.373*** (17.39)	4.386*** (17.52)	1.681*** (2.94)
Lnsales	-0.002** (-2.09)	-0.005** (-2.20)	-0.003* (-1.77)	-0.007* (-1.76)	-0.619*** (-12.20)	-0.765*** (-7.13)
Growth	0.003*** (5.45)	0.003** (2.43)	0.011*** (10.45)	0.007*** (3.85)	0.239*** (9.38)	0.329*** (6.62)
DR	-0.022*** (-4.31)	-0.008 (-0.74)	-0.027*** (-2.95)	-0.013 (-0.73)	1.644*** (7.04)	2.529*** (5.28)
Lnasset	0.006*** (5.40)	0.008*** (3.38)	0.010*** (5.03)	0.015*** (3.78)	-0.059 (-1.13)	0.159 (1.46)
Ownership	0.000*** (9.55)	0.000*** (3.42)	0.000 (1.62)	0.000 (0.20)	0.008*** (9.03)	0.003 (1.45)
Lev	-0.059*** (-28.89)	-0.044*** (-9.79)	0.045*** (12.76)	0.030*** (4.13)	-2.204*** (-23.76)	-3.436*** (-17.51)
GCG	0.028*** (16.42)	0.025*** (6.82)	0.033*** (11.08)	0.025*** (4.28)	0.774*** (9.80)	0.917*** (5.66)
JCG	0.000*** (5.16)	0.000 (1.45)	0.000*** (8.15)	0.000 (1.23)	0.001 (0.93)	-0.002 (-0.48)
ZZL	0.018*** (11.61)	0.020*** (5.86)	0.025*** (9.18)	0.027*** (5.03)	0.600*** (8.32)	0.698*** (4.59)
Constant	0.061*** (2.84)	0.200*** (3.97)	0.055 (1.47)	0.144* (1.79)	10.288*** (11.09)	14.168*** (6.95)
Year	控制					
Observations	17,259	3,616	17,259	3,616	20,368	3,923

注：*** p<0.01，** p<0.05，* p<0.1
资料来源：作者整理。

表 A-14 领军同伴公司对非领军公司融资决策影响回归
（滞后变量，全变量）

变量	(1) ROA (Lnsales < Median, 已采用借贷融资方式)	(2) ROA (Lnsales < Median, 已采用增发融资方式)	(3) SGR (Lnsales < Median, 已采用借贷融资方式)	(4) SGR (Lnsales < Median, 已采用增发融资方式)	(5) TQ (Lnsales < Median, 已采用借贷融资方式)	(6) TQ (Lnsales < Median, 已采用增发融资方式)
APFL (Lnsales > Median)	-0.004* (-1.92)		0.002 (0.54)		-0.016 (-0.17)	
APFE (Lnsales > Median)		0.044*** (5.58)		0.073*** (6.37)		1.026*** (2.67)
IndMB	0.001 (0.49)	0.002 (0.37)	0.002 (0.42)	-0.008 (-0.98)	0.035 (0.30)	1.328*** (4.77)
IndEBITDA	0.000 (0.02)	0.010 (1.56)	0.001 (0.16)	0.008 (0.83)	-0.340*** (-2.62)	-0.982*** (-2.89)
IndLnsales	-0.008** (-2.34)	-0.006 (-0.85)	-0.023*** (-4.17)	-0.011 (-0.96)	-1.125*** (-6.40)	-0.677* (-1.76)
IndGrowth	-0.000 (-0.08)	-0.002** (-2.02)	0.000 (0.17)	-0.001 (-0.40)	-0.006 (-0.27)	0.070 (1.34)
IndDR	-0.138*** (-4.15)	-0.154** (-1.99)	-0.070 (-1.38)	0.108 (0.96)	-2.240 (-1.42)	-5.551 (-1.55)
IndLnasset	0.009** (2.36)	-0.006 (-0.72)	0.020*** (3.27)	-0.013 (-1.05)	1.731*** (8.90)	0.518 (1.19)
IndOwnership	-0.000 (-1.25)	0.000 (0.32)	-0.000 (-0.10)	0.001 (1.59)	-0.042*** (-7.89)	-0.005 (-0.40)
IndLev	-0.012 (-1.27)	0.024 (1.06)	0.009 (0.58)	0.124*** (3.88)	-5.728*** (-11.93)	-5.600*** (-5.31)

附录 A　主要回归结果的内生性检验全变量数据

续表

变量	(1) ROA (Lnsales < Median, 已采用借贷融资方式)	(2) ROA (Lnsales < Median, 已采用增发融资方式)	(3) SGR (Lnsales < Median, 已采用借贷融资方式)	(4) SGR (Lnsales < Median, 已采用增发融资方式)	(5) TQ (Lnsales < Median, 已采用借贷融资方式)	(6) TQ (Lnsales < Median, 已采用增发融资方式)
IndGCG	0.032*** (3.63)	-0.010 (-0.46)	0.024* (1.80)	-0.013 (-0.44)	1.461*** (3.32)	4.055*** (4.02)
IndJCG	0.000 (1.61)	0.001 (1.51)	0.000 (1.12)	0.002** (1.97)	-0.014 (-1.19)	0.025 (0.95)
IndZZL	-0.004 (-0.81)	-0.013 (-1.23)	0.004 (0.47)	-0.025 (-1.61)	1.605*** (6.55)	1.352** (2.48)
MB	-0.028*** (-15.96)	-0.021*** (-5.37)	-0.040*** (-14.84)	-0.039*** (-6.85)	-2.094*** (-23.85)	-1.933*** (-10.24)
EBITDA	0.348*** (39.47)	0.310*** (14.93)	0.345*** (25.60)	0.246*** (8.22)	4.786*** (11.42)	2.088** (2.16)
Lnsales	-0.010*** (-5.69)	-0.012*** (-3.00)	-0.007** (-2.50)	-0.015*** (-2.61)	-1.177*** (-12.74)	-0.788*** (-4.15)
Growth	0.005*** (4.92)	0.004** (2.13)	0.013*** (8.99)	0.009*** (3.13)	0.270*** (5.57)	0.110 (1.16)
DR	-0.041*** (-5.11)	-0.045*** (-2.60)	-0.041*** (-3.28)	-0.034 (-1.37)	0.482 (1.20)	1.595** (1.96)
Lnasset	0.015*** (8.27)	0.013*** (3.18)	0.016*** (5.76)	0.024*** (4.25)	-0.203** (-2.15)	-0.514** (-2.57)
Ownership	0.000*** (10.36)	0.000*** (5.86)	0.000*** (3.27)	0.000** (2.30)	0.008*** (4.86)	-0.001 (-0.24)
Lev	-0.052*** (-17.22)	-0.024*** (-3.54)	0.025*** (5.44)	0.039*** (4.02)	-1.215*** (-8.06)	-1.597*** (-4.99)

续表

变量	(1) ROA (Lnsales < Median, 已采用借贷融资方式)	(2) ROA (Lnsales < Median, 已采用增发融资方式)	(3) SGR (Lnsales < Median, 已采用借贷融资方式)	(4) SGR (Lnsales < Median, 已采用增发融资方式)	(5) TQ (Lnsales < Median, 已采用借贷融资方式)	(6) TQ (Lnsales < Median, 已采用增发融资方式)
GCG	0.026 *** (11.29)	0.037 *** (7.09)	0.024 *** (6.93)	0.030 *** (4.09)	0.022 (0.19)	0.195 (0.79)
JCG	0.000 *** (5.49)	0.001 *** (3.35)	0.001 *** (5.95)	0.001 ** (2.48)	0.017 *** (4.58)	0.033 *** (4.03)
ZZL	0.053 *** (14.95)	0.033 *** (4.40)	0.054 *** (9.96)	0.048 *** (4.47)	1.337 *** (7.43)	0.021 (0.06)
Constant	-0.052 (-1.38)	0.316 *** (3.53)	-0.119 ** (-2.05)	0.212 (1.64)	20.585 *** (11.35)	35.721 *** (8.40)
Year	控制					
Observations	8323	1772	8323	1772	9240	1810

注: *** $p<0.01$, ** $p<0.05$, * $p<0.1$
资料来源: 作者整理。

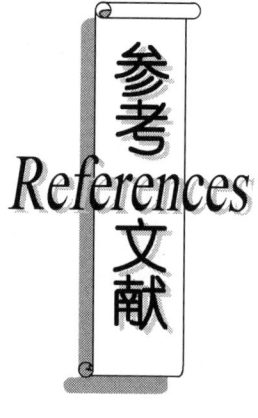

[1] 毕金玲,赵宇凌. 监管政策驱动下不同股权再融资方式的价值效应比较[J]. 重庆工商大学学报,2013(2):44-52.

[2] 陈运森,郑登津,李路. 民营企业发审委社会关系、IPO 资格与上市后表现[J]. 会计研究,2014(2):12-19.

[3] 陈运森,郑登津. 董事网络关系、信息桥与投资趋同[J]. 南开管理评论,2017(20):159-171.

[4] 陈钦源,马黎珺,伊志宏. 分析师跟踪与企业创新绩效——中国的逻辑[J]. 南开管理评论,2017(20):15-27.

[5] 陈辉,顾乃康,万小勇. 股票流动性、股权分置改革与公司价值[J]. 管理科学,2011(3):43-55.

[6] 崔玉英,李长青,郑燕,等. 公司成长、盈余波动与财务分析师跟踪——来自中国证券市场的经验证据[J]. 管理评论,2014(4):60-72.

[7] 陈文婷,壬俊梅. 人情还是规则更重要？——不同产

业制度环境下创业者社会关系与企业创新绩效的关系研究 [J]. 经济管理, 2015 (5): 155 - 165.

[8] 邓博夫, 吴萌, 吉利. 分析师预测盈余与股权资本成本测度 [J]. 财务研究, 2016 (5): 26 - 36.

[9] 董振林, 邹国庆. 权变视角下的管理者社会关系与企业创新绩效 [J]. 财经问题研究, 2016 (3): 18 - 26.

[10] 窦欢, 王会娟. 私募股权投资与证券分析师新股关注 [J]. 会计研究, 2015 (2): 44 - 50.

[11] 邓翔, 向书坚, 唐毅. 中国上市公司融资约束的产业特征分析——基于641家上市企业的Logistic回归分析 [J]. 宏观经济研究, 2014 (1): 107 - 117.

[12] 杜欣, 邵云飞, 钱航. 集群领先企业与跟随企业的协同创新过程模型 [J]. 技术经济, 2012 (10): 33 - 37.

[13] 董大勇, 张尉, 赖晓东, 等. 谁领先发布: 中国证券分析师领先——跟随影响因素的实证研究 [J]. 南开管理评论, 2012 (5): 56 - 63.

[14] 戴国强, 邓文慧. 分析师关注度对企业投资决策的影响 [J]. 金融经济学研究, 2017 (5): 105 - 116.

[15] 樊铮, 宋乐. 分析师特征、券商规模与盈利预测 [J]. 中国注册会计师, 2010 (7): 45 - 50.

[16] 冯旭南, 李心愉. 中国证券分析师能反映公司特质信息吗?——基于股价波动同步性和分析师跟踪的证据 [J]. 经济科学, 2011 (4): 99 - 106.

[17] 冯体一, 杨大楷, 沈秋实. 分析师预测及评级的影响因素研究——基于券商利益和信息优势的视角 [J]. 投资研究, 2013 (12): 136 - 150.

[18] 宫义飞, 夏艳春. 分析师对上市公司外部融资结构的

影响[J]. 财经科学, 2017 (11): 32-42.

[19] 郭海. 管理者的社会关系影响民营企业绩效的机制研究[J]. 管理科学, 2013 (8): 14-24.

[20] 管总平, 黄文锋. 证券分析师特征、利益冲突与盈余预测准确性[J]. 中国会计评论, 2012, 10 (4): 371-394.

[21] 韩洁, 田高良, 封华. 分析师跟踪对并购绩效的影响研究[J]. 系统工程理论与实践, 2016 (2): 401-412.

[22] 何瑛, 张大伟. 管理者特质、负债融资与企业价值[J]. 会计研究, 2015 (8): 65-72.

[23] 洪剑峭, 王瑞, 陈长松. 分析师盈余预测准确性与投资评级的效率——基于中国证券市场的实证分析[J]. 投资研究, 2012 (8): 30-44.

[24] 黄波, 王满. 分析师跟踪影响了商业信用融资吗?[J]. 山西财经大学学报, 2018 (8): 42-55.

[25] 黄波, 王满, 于浩洋. 分析师预测质量影响了债务融资成本吗?——来自我国上市公司的经验证据[J]. 金融评论, 2018 (2): 56-72.

[26] 胡奕明, 林文雄. 信息关注深度、分析能力与分析质量——对我国证券分析师的调查分析[J]. 金融研究, 2005 (2): 46-58.

[27] 黄少安, 张岗. 中国上市公司股权融资偏好分析[J]. 经济研究, 2001 (11): 12-27.

[28] 黄本多, 干胜道. 股权结构、自由现金流量与权益再融资的股价效应[J]. 华东经济管理, 2009 (6): 83-87.

[29] 蒋艳辉, 李林纯. 智力资本多源化信息披露、分析师跟踪与企业价值的关系——来自A股主板高新技术企业的经验证[J]. 财贸研究, 2014 (5): 138-146.

［30］蒋德权，章贵桥，俞俊利. 高管网络、产权性质与企业投资效率［J］. 山西财经大学学报，2016（10）：75-88.

［31］揭晓小. 分析师覆盖、外部约束和收购方企业并购绩效［J］. 北京工商大学学报（社会科学版），2015（7）：58-69.

［32］李春涛，宋敏，张璇. 分析师跟踪与企业盈余管理——来自中国上市公司的证据［J］. 金融研究，2014（7）：124-139.

［33］李瑶，张磊楠，陶蕾. 如何利用社会关系来有效控制机会主义行为——基于外部环境不确定性的调节作用研究［J］. 商业经济与管理，2015（6）：6-14.

［34］刘晔，肖斌卿. 分析师跟踪、管理层持股与公司价值——基于联立方程组模型的实证检验［J］. 南方经济，2009（3）：62-72.

［35］李常安，储一昀，仓勇涛. 公司价值、公司治理与分析师跟踪［J］. 经济社会体制比较，2016（1）：107-120.

［36］刘长奎，孙维. 董事会治理及融资决策影响公司价值的传导效应［J］. 求索，2011（3）：46-48.

［37］刘东博，潘琦，赵杰. 分析师关注度对企业R&D投资影响的实证检验［J］. 统计与决策，2017（17）：180-184.

［38］李永壮，张博，夏鸿义. 领导者过度自信、公司债务融资偏好与企业绩效［J］. 中央财经大学学报，2014（6）：92-93.

［39］刘诚，杨继东. 独立董事的社会关系与监督功能——基于CEO被迫离职的证据［J］. 财经研究，2013（7）：16-26.

［40］陆蓉，王策，邓鸣茂. 我国上市公司资本结构"同群效应"研究［J］. 经济管理，2017（1）：181-194.

［41］吕兆德，曾雪寒. 证券分析师性别、盈余预测偏差与纠偏能力［J］. 北京工商大学学报（社会科学版），2016（9）：

77-86.

[42] 刘端, 陈收. 上市公司权益再融资的股价效应和中长期市场绩效 [J]. 系统工程, 2006 (12): 60-65.

[43] 刘海斌, 张晓芳. 褪色的誓言: 卖方分析师的产业潜规则调查 [EB/OL]. (2008-11-29) [2017-10-05]. http-//finance.sina.com.cn/stock/qsth/20081129/03485569032.shtml.

[44] 李志刚, 施先旺, 谢建. 信息不对称的市场感知与银行借款契约——以分析师预测为视角 [J]. 投资研究, 2015 (9): 11-32.

[45] 李洋, 杨晶宇. 债务融资结构变化趋势及产业特征分析——来自四川上市公司的经验证据 [J]. 财会通讯, 2013 (6): 64-66.

[46] 李丽青.《新财富》评选的最佳分析师可信吗?——基于盈利预测准确度和预测修正市场反应的经验证据 [J]. 投资研究, 2012 (7): 54-64.

[47] 李春涛, 徐鑫, 李万峰. 分析师评级有效性研究: A股市场的证据 [J]. 浙江社会科学, 2016 (9): 19-28.

[48] 李勇, 王莉, 王满仓. 明星分析师的推荐评级更具价值吗? [J]. 投资研究, 2015 (5): 143-160.

[49] 刘星, 陈西婵. 证监会处罚、分析师跟踪与公司银行债务融资——来自信息披露违规的经验证据 [J]. 会计研究, 2018 (1): 60-67.

[50] 李鹏, 陈希晖. 国际财务报告准则对分析师预测的影响——基于国际资本市场的证据 [J]. 中南财经政法大学学报, 2013 (3): 129-135.

[51] 陆正飞, 叶康涛. 中国上市公司股权融资偏好解析——偏好股权融资就是缘于融资成本低吗? [J]. 经济研究,

2004 (4): 50-59.

[52] 马健, 刘志新, 张力健. 投资者——管理者异质信念、公司融资决策及股价效应 [J]. 管理评论, 2012 (10): 49-57.

[53] 钱乐乐. 分析师公司预测信息与企业债券融资成本——基于我国上市公司数据的研究 [J]. 海南大学学报（人文社会科学版）, 2017 (5): 65-71.

[54] 饶育蕾, 梅立兴, 余志红. 新闻报道是否会影响证券分析师盈利预测分歧——基于信息"噪声"的视角 [J]. 华东经济管理, 2014 (11): 165-171.

[55] 苏诚. 连锁董事网中公司并购行为的同群效应 [J]. 华东经济管理, 2017 (1): 143-150.

[56] 孙刚. 并购重组复杂度、公平信息披露监管与证券分析师盈余预测质量 [J]. 上海金融, 2014 (5): 81-88.

[57] 王宇熹, 洪剑峭, 肖峻. 顶级券商的明星分析师荐股评级更有价值么？——基于券商声誉、分析师声誉的实证研究 [J]. 管理科学学报, 2012 (3): 197-206.

[58] 王化成, 李志杰, 孙健. 境外上市背景下治理机制对公司价值的影响——基于融资决策传导效应的研究 [J]. 会计研究, 2008 (7): 65-72.

[59] 王燕妮, 杨慧. 融资方式、资本化研发选择与企业价值 [J]. 预测, 2018 (2): 44-49.

[60] 王文姣, 夏常源, 傅代国, 等. 独立董事网络、信息双向传递与公司被诉风险 [J]. 管理科学, 2017 (7): 64-80.

[61] 万良勇, 梁婵娟, 饶静. 上市公司并购决策的产业同群效应研究 [J]. 南开管理评论, 2016 (3): 40-50.

[62] 吴井峰. 信息不对称与定向增发价格折扣率——机构投资者与分析师的影响 [J]. 证券市场导报, 2015 (4): 50-54.

[63] 王玉涛, 王彦超. 业绩预告信息对分析师预测行为有影响吗? [J]. 金融研究, 2012 (6): 193-206.

[64] 王玉, 王建忠. 分析师关注度、会计稳健性与过度投资 [J]. 投资研究, 2016 (12): 79-91.

[65] 王菊仙, 王玉涛, 鲁桂华. 地理距离影响证券分析师预测行为吗? [J]. 中央财经大学学报, 2016 (1): 61-72.

[66] 汪要文. 我国证券分析师特征与预测准度之间的经验分析 [J]. 金融理论与实践, 2013 (7): 91-95.

[67] 肖作平, 曲佳莉. 分析师意见分歧、经验与权益资本成本 [J]. 证券市场导报, 2013 (9): 18-26.

[68] 许汝俊, 袁天荣. 行为金融视域下承销业务与分析师荐股评级研究——来自分析师异质效应的经验证据 [J]. 海南大学学报 (人文社会科学版), 2017 (4): 45-51.

[69] 肖虹. 中国公司产品竞争战略中的融资决策行为与产业特征变量关系检验 [J]. 财经理论与实践, 2006 (7): 52-57.

[70] 谢雅璐. 制度变迁、股权再融资与股价崩盘风险 [J]. 投资研究, 2015 (1): 22-41.

[71] 杨玉龙, 孙淑伟, 孔祥. 媒体报道能否弥合资本市场上的信息鸿沟?——基于社会关系网络视角的实证考察 [J]. 管理世界, 2017 (7): 99-119.

[72] 伊志宏, 王鑫斌, 李颖. 券商规模与分析师盈利预测准确性——基于分析师跳槽的经验证据 [J]. 山西财经大学学报, 2016 (1): 36-43.

[73] 杨飞. 如何成为明星分析师?——分析师上榜新财富决定因素研究 [J]. 中央财经大学学报, 2016 (11): 47-56.

[74] 于丽峰, 唐涯, 徐建国. 融资约束、股价信息含量与投资股价敏感性 [J]. 金融研究, 2014 (11): 159-174.

[75] 张萃. 股权结构、社会关系网络与民营企业创新 [J]. 暨南学报 (哲学社会科学版), 2016 (11): 78 – 89.

[76] 周军, 刘晓彤, 杨茗. 董事网络影响股价崩盘风险吗? ——基于中国 A 股上市公司的经验证据 [J]. 北京工商大学学报 (社会科学版), 2018 (1): 61 – 74.

[77] 朱佳俊, 周方召. 市场份额、负债融资与企业价值——基于中国房地产上市公司的实证研究 [J]. 技术经济, 2017 (1): 117 – 122.

[78] 朱红军, 何贤杰, 陶林. 中国的证券分析师能够提高资本市场的效率吗? ——基于股价同步性和股价信息含量的经验证据 [J]. 金融研究, 2013 (2): 110 – 121.

[79] 张敦力, 江新峰. 管理者权力、产权性质与企业投资同群效应 [J]. 中南财经政法大学学报, 2016 (5): 82 – 90.

[80] 赵颖. 中国上市公司高管薪酬的同群效应分析 [J]. 中国工业经济, 2016 (2): 114 – 129.

[81] AMIHUD Y, MENDELSON H. The liquidity route to a lower cost of capital [J]. Journal of applied corporate finance, 2000 (12): 10 – 25.

[82] AL – NAJJAR B, AL – NAJJAR D. The impact of external financing on firm value and a corporate governance index: SME Evidence [J]. Journal of small business and enterprise development, 2017, 24 (2): 411 – 423.

[83] ANDREWS A, SEN P, STEPHAN J. Analysts' forecasts and uncertainty about firm value [J]. Review of accounting and finance, 2018, 17 (3): 298 – 315.

[84] AVRAMOV D, CHORDIA T, JOSTOVA G, et al. Dispersion in analysts' earnings forecasts and credit rating [J]. Journal of

financial economics, 2009, 91 (1): 83 -101.

[85] BILLINGS M B, JENNINGS R, LEV B. On guidance and volatility [J]. Journal of accounting and economics, 2015, 60 (2 -3): 161 -180.

[86] BAI X, WANG F, ZHANG J. Analyst coverage and stock return synchronicity: evidence from regulation changes in China's IPO market [J]. Applied economics, 2016, 48 (47): 4538 -4557.

[87] BAE S C, KIM H S, KWON T H. Foreign currency debt financing, firm value, and risk: evidence from Korea surrounding the global financial crisis [J]. Asia - Pacific journal of financial studies, 2016 (45): 124 -152.

[88] BESTER H. The role of collateral in credit markets with imperfect information [J]. European economic review, 1987, 31 (4): 887 -901.

[89] BRANAN M J, SUBRAHMANYAM A. Investment analysis and price formation in securities markets [J]. Jounal of financial economics, 1995, 38 (3): 361 -381.

[90] BARRY C B, BROWN S J. Differential information and security market equilibrium [J]. Journal of financial and quantitative analysis, 1985, 20 (4): 407 -422.

[91] BRAMOULL'E Y, DJEBBARI H, FORTIN B. Identification of group effects through social networks [J]. Journal of econometrics, 2009, 150 (1): 41 -55.

[92] BECHER D A, COHN J B, JUERGENS J L. Do stock analysts influence merger completion? —an examination of postmerger announcement recommendations [J]. Management Science, 2015, 61 (10): 2430 -2448.

[93] BIRD A, KAROLYI S A. Governance and taxes: evidence from regression discontinuity [J]. Proceedings of the annual conference on taxation, 2015 (108): 1-36.

[94] BRENNAN M, TAMAROWSKI C. Investor relations, liquidity and stock prices [J]. Journal of applied corporate finance.

[95] BASCHIERI G, CAROSI A, MENGOLI S. Local IPOs, local delistings, and firm location premium [J]. Journal of banking and finance, 2015 (53): 67-83.

[96] BEBCHUK L A, FRIED J M. Executive compensation as an agency problem [J]. Journal of economic perspectives, 2003 (17): 71-92.

[97] BROWN L D, CALL A C, CLEMENT M B, et al. Inside the "black box" of sell-side financial analysts [J]. Journal of accounting research, 2015, 53 (1): 1-46.

[98] BOWEN R M, CHEN X, CHENG Q. Analyst coverage and the cost of raising equity capital: evidence from underpricing of seasoned equity offerings [J]. Contemporary accounting research, 2008, 25 (3): 657-700.

[99] BIRD A, EDWARDS A, RUCHTI T G. Taxes and peer effects [J]. The accounting review, 2018, 93 (5): 97-117.

[100] CLAESSENS S, DJANKOV S, FAN J P H, et al. Disentangling the incentive and entrenchment effects of large shareholdings [J]. The journal of finance, 2002, 57 (6): 2741-2771.

[101] CLIFF M, DENIS D J. Do initial public offering firms purchase analyst coverage with underpricing? [J]. The journal of finance, 2004, 59 (6): 2871-2901.

[102] CHAN K, HAMEED A. Stock price synchronicity and

analyst coverage in emerging markets [J]. Journal of financial economics, 2006, 80 (1) 115 - 147.

[103] CHANG X, DASGUPTA S, HILARY G. Analyst coverage and financing decisions [J]. The journal of finance, 2006, 61 (6): 3009 - 3048.

[104] COLLINS D W, GONG G, LI H. Corporate governance and back dating of executive stock options [J]. Contemporary accounting research, 2009, 26 (2): 403 - 445.

[105] CHEN W, CHUNG H, HSU T, et al. External financing needs, corporate governance, and firm value [J]. Corporate governance: An international review, 2018, 18 (3): 234 - 249.

[106] CAI J, WALKING R A, YANG K. The price of street friends: social networks, informed trading and shareholders costs [R]. Working paper, Drexel University.

[107] COHEN L, FRAZZINI A, MALLOY C J. Sell side social ties [R]. Harvard business school working paper, 2011 (8): 74.

[108] CHUNG K H, JO H. The impact of security analysts' monitoring and marketing functions on the market value of firms [J]. Journal of financial and quantitative analysis, 1996, 31 (4): 493 - 512.

[109] CHUANG W, LEE B. Information role of institutional investors and finacial analysis in the market [J]. Journal of fiancial markets, 2011, 14 (3): 465 - 493.

[110] COWEN A, GROYSBERG B, HEALY P. Which type of analyst firms are more optimistic? [J]. Journal of accounting and economics, 2006, 41 (1 - 2): 119 - 146.

[111] CHRISTENSEN D M, MIKHAIL M B, WALTHER B

R, et al. From k street to wall street: politically connected analysts and stock recommendations [J]. The accounting review, 2017, 92 (3): 87 –112.

[112] COOPER R A, DAY T E, LEWIS C M. Following the leader: a study of individual analysts' earnings forecasts [J]. Journal of financial economics, 2001, 61 (3): 383 –416.

[113] CHANG B. Which analysts lead? [R]. Working paper, University of Ontario Institute of Technology, 2008.

[114] CLEMENT M, TSE S. Do investors respond to analysts' forecast revisions as if forecast accuracy is all that matters? [J]. The accounting review, 2003, 78 (1): 227 –249.

[115] CHEN M A. Forecast timing and reputational concerns: theory and evidence [R]. Working paper, University of Maryland, 2007.

[116] CHENX, CHENG Q, LOB K. On the relationship between analyst reports and corporate disclosures: exploring the roles of information discovery and interpretation [J]. Journal of accounting and economics, 2010, 49 (3): 206 –226.

[117] CANG Y, CHU Y, LIN T W. An exploratory study of earnings management detectability, analyst coverage and the impact of ifrs adoption: evidence from China [J]. Journal of accounting and public policy, 2014, 33 (4): 356 –371.

[118] DOUKAS J A, KIM C, PANTZALIS C L. Security analysis, agency costs and company characteristics [J]. Financial analysts journal, 2000 (56): 54 –63.

[119] DUONG H K, NGO A D, MCGOWAN C B. Industry group effect and the maturity structure of corporate debt [J]. Manag-

erial finance, 2015, 41 (7): 714-733.

[120] DEGEORGE F, DERRIEN F, KECSKES A, et al. Do analysts' preferences affect corporate policies? [R]. Swiss finance institute research paper, 2013.

[121] DOUKAS J A, KIM C, PANTZALIS C. Do analysts influence corporate financing and investment? [J]. Financial management, 2008, 37 (2): 307-339.

[122] DERRIEN F, KECSK'ES A. The real effects of financial shocks: evidence from exogenous changes in analyst coverage [J]. The journal of finance, 2013, 68 (4): 1407-1440.

[123] DOUKAS J, KIM C F, PANTZALIS C. The two faces of analyst coverage [J]. Financial management, 2005 (34): 99-126.

[124] DYCK A, MORSE A, ZINGALES L. Who blows the whistle on corporate fraud? [J]. Journal of finance, 2010 (65): 2213-2253.

[125] EL-KHATIB R, FOGEL K, JANDIK K. CEO network centrality and merger performance [J]. Journal of financial economics, 2015, 116 (2): 349-382.

[126] ENGELBERG J, GAO P, PARSONS C A. The price of a CEO's rolodex [J]. Review of financial studies, 2013, 26 (1): 79-114.

[127] FANG L H, HUANG S. Gender and connections among wall street analysts [J]. Review of financial studies, 2017, 30 (9): 3305-3335.

[128] FRIEDLANDER J. Better to shine a light [J]. Investment dealer's digest, 2005 (3): 14.

[129] FRACASSI C, PETRY S, TATE G. A. Do credit ana-

lysts matter? the effect of analysts on ratings, prices, and corporate decisions [R]. Working paper, 2014.

[130] FRACASSI C. Corporate finance policies and social networks [J]. Management science, 2017, 63 (8): 2420 - 2438.

[131] FAIRCHILD R J. Managerial overconfidence, moral hazard problems, and excessive life - cycle debt sensitivity [J]. Investment management and financial innovations, 2009, 6 (3): 1 - 27.

[132] GUNNY K A. The relation between earnings management using real activities manipulation and future performance: evidence from meeting earnings benchmarks [J]. Contemporary accounting research, 2010, 27 (3): 855 - 888.

[133] GOLDSMITH - PINKHAM P, IMBENS G W. Social networks and the identification of group effects [J]. Journal of business and economic statistics, 2013, 31 (3): 253 - 264.

[134] GLEASON C, LEE C. Analyst forecast revisions and market price discovery [J]. The accounting review, 2003, 78 (1): 193 - 225.

[135] GROYSBERG B, HEALY P, MABER D. What drives sell - side analyst compensation at high - status investment banks? [J]. Journal of accounting research, 2011, 49 (4): 969 - 1000.

[136] GU Z, LI Z, YANG Y G. Monitors or predators: the influence of institutional investors on sell - side analysts [J]. The accounting review, 2013, 88 (1): 137 - 166.

[137] GUNNY K A. The relation between earnings management using real activities manipulation and future performance: evidence from meeting earnings benchmarks [J]. Contemporary accounting research, 2010, 27 (3): 855 - 888.

[138] GRULLON G, UNDERWOOD S, WESTON J P. Co-movement and investment banking networks [J]. Journal of financial economics, 2014, 113 (1): 73 -89.

[139] HONG H, KUBIK J, SOLOMON A. Security analysts' career concerns and herding of earnings forecasts [J]. Journal of economics, 2000, 31 (1): 121 -144.

[140] HE H, LIN Z. Analyst following, information environment and value relevance of comprehensive income - evidence from China [J]. Asia - Pacific journal of financial studies, 2015 (44): 688 -720.

[141] HOCHBERG Y V, LJUNGQVIST A, LU Y. Whom you know matters: venture capital networks and investment performance [J]. Journal of finance, 2007 (62): 251 -296.

[142] HEALY P M, PALEPU K G. Information asymmetry, corporate disclosure, and the capital markets: a review of the empirical disclosure literature [J]. Journal of accounting and economics, 2001, 31 (1): 405 -440.

[143] HOBERG G, PHILLIPS G. Product market synergies and competition in mergers and acquisitions: a text - based analysis [J]. Review of financial studies, 2010, 23 (10): 3773 -3811.

[144] IRVINE P J. The incremental impact of analyst initiation of coverage [J]. Journal of corporate finance, 2003 (9): 431 -451.

[145] ISHII J, XUAN Y. Acquirer - target social ties and merger outcomes [J]. Journal of financial economics, 2013, 112 (3): 344 -363.

[146] IRANI R M, OESCH D. Analyst coverage and real earnings management: quasi - experimental evidence [J]. Journal of fi-

nancial and quantitative analysis, 2016, 51 (2): 589 - 627.

[147] ISRAELSEN R D. Does common analyst coverage explain excess comovement? [J]. Journal of financial and quantitative analysis, 2016, 51 (4): 1193 - 1229.

[148] JAMES A, BLOOMQUIST K M, MCKEE M. When you know your neighbour pays taxes: information, peer effects and tax compliance [J]. Fiscal studies, 2017, 38 (4): 587 - 613.

[149] JIANG D, KUMAR A, LAW K K F. Political contributions and analyst behavior [J]. Review of accounting studies, 2016 (21): 37 - 88.

[150] KOTHARI S P, LI X, SHORT J E. The effect of disclosures by management, analysts, and business press on cost of capital, return volatility, and analyst forecasts: a study using content analysis [J]. The accounting review, 2009, 84 (5): 1639 - 1670.

[151] KHASAWNEH A Y, DASOUQI Q A. Sales nationality and debt financing impact on firm's performance and risk: evidence from jordanian companies [J]. EuroMed journal of business, 2017, 12 (1): 103 - 126.

[152] KADAN O, MADUREIRA L, WANG R, et al. Analysts' industry expertise [J]. Journal of accounting and economics, 2012, 54 (2): 95 - 120.

[153] KAUSTIA M, RANTALA V. Social learning and corporate group effects [J]. Journal of financial economics, 2015, 117 (3): 653 - 669.

[154] KIM Y, LOBO G J, MINSU A S. Characteristics, timing of forecast revisions, analyst forecasting ability [J]. Journal of banking and finance, 2011, 35 (8): 2158 - 2168.

[155] LIU L. Analyst coverage, syndicate structure, and loan contracts [J]. Eurasian economic review, 2015, 5 (1): 1-21.

[156] LI V. Do false financial statements distort peer firms' decisions? [J]. The accounting review, 2016, 96 (1): 251-278.

[157] LIN Y, MAO Y, WANG Z. Institutional ownership, peer pressure, and voluntary disclosures [J]. The accounting review, 2018, 93 (4): 283-308.

[158] LELAND H E, TOFT K B. Optimal capital structure, endogenous bankruptcy, and the term structure of credit spreads [J]. The journal of finance, 1996, 51 (3): 987-1019.

[159] LIM T. Rationality and analysts' forecast bias [J]. Journal of finance, 2001 (56): 369-385.

[160] LAN Z, WANG S, YU T, et al. Analyst coverage and earnings management: evidence from China [C]. The 19th international conference on industrial engineering and engineering management, 2013.

[161] LUO X, WANG H, RAITHEL S. Corporate social perfoemance, analyst stock recommendations, and firm future returns [J]. Strategic management journal, 2015 (36): 123-136.

[162] LEE C, SO E. Uncovering expected returns: information in analyst coverage proxies [J]. Journal of financial economics, 2017 (124): 331-348.

[163] LUO X, HOMBURG C, WIESEKE J. Customer satisfaction, analyst stock recommendations, and firm value [J]. Journal of marketing research, 2010 (47): 1041-1058.

[164] LEARY M T, ROBERTS M R. Do peer firms affect corpo-

rate financial policy? [J]. The journal of finance, 2014, 69 (1): 139 -178.

[165] LEE J, LEE K J, NAGARAJAN N J. Birds of a feather: value implications of political alignment between top management and directors [J]. Journal of financial economics, 2014, 112 (2): 232 -250.

[166] LANG M H, LUNDHOLM R J. Corporate disclosure policy and analyst behavior [J]. The accounting review, 1996, 71 (4): 467 -492.

[167] LANG M H, LINS K V, MILLER D P. ADRs, analysts, and accuracy: does cross listing in the United States improve a firm's information environment and increase market value? [J]. Journal of accounting research, 2003, 41 (2): 317 -345.

[168] LANG M H, LINS K V, MILLER D P. Concentrated control, analyst following and valuation: Do analysts matter most when investors are protected least? [J]. Journal of accounting research, 2004, 42 (3): 589 -622.

[169] LIU M H. Analysts' incentives to produce industry level versus firm - specific information [J]. Journal of financial and quantitative analysis, 2011, 46 (3): 757 -784.

[170] MANSO G. Motivating innovation [J]. The journal of finance, 2011, 66 (5): 1823 -1860.

[171] MOUSELLI S, HUSSAINEY K. Corporate governance, analyst following and firm value [J]. Corporate governance, 2014, 14 (4): 453 -466.

[172] MIKHAIL M B, WALTHER B R, WILLIS R H. The effect of experience on security analyst underreaction [J]. Journal of

accounting and economics, 2003 (35): 101 -116.

[173] MANSKI C F. Identification of endogenous social effects: the reflection problem [J]. The review of economic studies, 1993, 60 (3): 531 -542.

[174] MUSLU V, REBELLO M, XU Y. Sell - side analyst research and stock comovement [J]. Journal of accounting research, 2014, 52 (4): 911 -954.

[175] MORRIS J R. On corporate debt maturity strategies [J]. The journal of finance, 1976, 31 (1): 29 -37.

[176] MARTHA L W, TIMOTHY J R. The effects of observing a peer's likelihood of reporting income on tax reporting decisions [J]. In advances in taxation, 2015 (9): 65 -94.

[177] PARSONS C A, SULAEMAN J, TITMAN S. Group effects and corporate corruption [R]. Working paper, 2014.

[178] PIOTROSKI J D, ROULSTONE D T. The influence of analysts, institutional investors, and insiders on the incorporation of market, industry, and firm - specific information into stock prices [J]. The accounting review, 2004, 79 (4): 1119 -1151.

[179] PARK K. Does peer firm executive compensation affect earnings management? [J]. Managerial finance, forthcoming, 2018 (9).

[180] ROULSTONE D T. Analyst following and market liquidity [J]. Contemporary accounting research, 2003 (20): 551 -578.

[181] ROGERS J L, SKINNER D J, VAN B A. Earnings guidance and market uncertainty [J]. Journal of accounting and economics, 2009, 48 (1): 90.

[182] SHUE K. Executive networks and firm policies: evidence

from the random assignment of MBA peers [J]. Review of financial studies, 2013, 26 (6): 1401-1442.

[183] SHROFF K, RAMGOPAL V, XIN B. Leaders and followers among security analysts: analysis of impact and accuracy [C]. 14th Annual conference on financial economics and accounting (FEA), 2004.

[184] SUBRAHMANYAM A. Risk aversion, market liquidity, and price efficiency [J]. Review of finacial studies, 1991, 4 (3): 417-441.

[185] SCHMIDT B. Costs and benefits of friendly boards during mergers and acquisitions [J]. Journal of financial economics, 2015, 117 (2): 424-447.

[186] SCHARFSTEIN D S, STEIN C J. Herd behavior and investment [J]. American economic review, 1990 (80): 465-479.

[187] TRUEMAN B. On the incentives for security analysts to revise their earnings forecasts [J]. Contemporary accounting research, 1990, 7 (1): 203-222.

[188] XU N, CHAN K C, JIANG X, et al. Do star analysts know more firm-specific information? evidence from China [J]. Journal of banking and finance, 2013, 37 (1): 89-102.

[189] YU F. Analyst coverage and earnings management [J]. Journal of financial economics, 2008 (88): 245-71.

[190] YANG J, LIAN J, LIU X. Political connections, bank loans and firm value [J]. Nankai business review international, 2012, 3 (4): 376-397.

[191] YAZDANFAR D, ÖHMAN P. Debt financing and firm performance: an empirical study based on Swedish data [J]. The

journal of risk finance, 2015, 16 (1): 102 - 118.

[192] ZWIEBEL J. Corporate conservatism and relative compensation [J]. Journal of political economy, 1995 (103): 1 - 25.

[193] ZHONG T, ZHANG T. "Peer effects" in capital structure decision of Chinese firms empirical investigation based on Chinese A - share listed firms [J]. Nankai business review international, 2018, 9 (3): 289 - 315.

致谢

本书是本人在中南财经政法大学会计学院攻读博士学位的相关研究，本书的相关写作离不开我的所有老师、同学、同事和朋友的支持和帮助，在此一并对他们表示感谢。

第一，要感谢我的导师袁天荣教授。常言道，"一日为师，终身为父"，作为中南财经政法大学会计学院第一位女博导，应该算的上是"一日为师，终身为母"。作为一名博士生导师，对学术科研的热情不减，经常致力于热点问题的思考，尤其是实务界热点问题的思考，这给我和每一名博士生、硕士生都能够提供最新的选题视角，而最重要的并非于此，保持一定科研热情的同时，她更注重对学生品德素质、人格魅力、生活能力等方面的培养，做学问的前提一定是先做人，没有高尚的品德，学问再高都空谈，所以，她也以自己的言行去示范，乐于帮助他人而不求回报，这些行为也被学生看在眼里，并逐渐被感染。同时，袁老师经常通过自身的所读所见所闻给我的研究领域提出很多指导和建议，能够让我在做当前研究的同时思考未来可能的分析方向，这对于自身研究问题的系统性具有重要意义。此外，袁老师会通过实务操作和教材编写等任务，让我不断提升自主科研能力，更好地将理论科研工作与实务工作相结合。她作为10多个博士生的导师，经常和我们促膝谈心，探讨学习进展及短期规划，也会通过电话会议的方式去宣讲最近的热点案例，让大家能够交流探讨自己的科研进展、感触及经验，同时也能增进同门之间的情谊。袁老师对家庭的感悟及热情，让我领悟到陪伴是最长情的告白，人的一生不过短短900个月左右，在这么短的时间里，我们留给家庭的陪伴真的很少，读完大学，基本已经过去了1/3，在今后的学习工作中，要记得多花时间与家人在一起，真正做到工作与生活两不误。

第二，我要感谢我的家人。10年前，我来武汉上大学，高考失利的阴影依然在心中挥之不去，而父母始终以一种乐观的心态送我来读书，并叮嘱道，"走好未来的路，过去的就不要想了"，这坚定了我考研考博的决心及信心，让我从一个民办院校排名靠后的学生走到了今天，他们无微不至的关心，让我能够在高手如云的学校及社会中立足。我挚爱的家人一直是我披荆斩棘的强大后盾，谢谢我的父母！同时，亲友的关心与叮嘱也是我难以忘怀的，他们会通过自己的人生阅历教育我，并给予我生活上的支持，感谢所有亲友对我的照顾！

第三，我要感谢中南财经政法大学会计学院。能够进入国内知名财经院校一直是我的梦想，虽然27岁才踏入中南财经政法大学的校门，但我从来不觉得晚，只要怀揣那份梦想，花再多时间都不觉得晚。从大学到研究生，甚至是找工作，学校对自己的影响非常重要，不仅仅是因为学校本身在全国的影响力，更是因为学校及学院在图书、教学资源、科研资源及人际资源等各方面都极其丰富，可以让自己少走弯路，不断开拓眼界。重大的财务年会、每周的学术交流会及各种论坛等诸多学术盛宴都会在这里进行，这为自己科研水平的提高奠定了坚实的基础，并且能够从学院的相关活动中获得更多启发。此外，也非常感谢中南财经政法大学会计学院给予自己一次较为珍贵的赴台研修机会，在赴台研修中认识了饱含热情的王国刚教授、严谨治学的戚务君教授，也结识了李盈璇博士、邓英副教授、刘琼老师等优秀的老师，在台学习期间，他们在学习和生活上给予了我莫大的支持与帮助，再次感谢他们！

第四，我要感谢我的同门师兄师姐、师弟师妹。他们不仅会在生活上给予关心和照顾，在学习中，他们也会耐心地给予指导和建议。在本书的写作过程中，遇到问题会经常与他们进行交流与沟通，不少疑难问题通过向他们请教得到了较好的答案，从他们身上能够学到真正的社会知识，也能够让自己不断成长。

最后，还要特别感谢一些默默支持我的老师、同学和朋友，正是因为他们的精神支持，我才能顺利地完成本书撰写的各项任务。我要感谢武汉轻工大学龙子午教授，龙教授都给予我很多的关心及照顾，也一起参与过相关课题的申报及实地调研活动，提高了自身关于经济管理方面的新认识及实务知识；我要感谢我的大学室友，大学室友经常与我交流、沟通、互相学习，从他们身上看到了拼搏的精神，也给了我很多关于生活、未来就业的诸多经验，同时也要感谢家人杨依林对本书撰写及校稿工作的大力支持，感谢他们！

许汝俊于湖北工业大学
2022 年 12 月